国家出版基金项目
NATIONAL PUBLICATION FOUNDATION

当代国外马克思主义研究丛书

陈学明　吴晓明/丛 书 主 编
张双利　汪行福/丛书副主编

内格里的"非物质劳动"理论及其当代意义研究

李春建　马丽/著

重庆出版集团　重庆出版社

图书在版编目(CIP)数据

内格里的"非物质劳动"理论及其当代意义研究 / 李春建，马丽著. —重庆：重庆出版社，2016.12
（当代国外马克思主义研究丛书）
ISBN 978-7-229-11866-2

Ⅰ.①内… Ⅱ.①李…②马… Ⅲ.①内格里—马克思主义—政治经济学—经济思想—研究 Ⅳ.①F095.46

中国版本图书馆CIP数据核字(2016)第316131号

内格里的"非物质劳动"理论及其当代意义研究
NEIGELI DE "FEI WUZHI LAODONG" LILUN JI QI DANGDAI YIYI YANJIU

当代国外马克思主义研究丛书
李春建 马 丽 著
陈学明 吴晓明 丛书主编
张双利 汪行福 丛书副主编

责任编辑：别必亮 吴 昊
责任校对：李小君
装帧设计：蒋忠智 卢晓鸣

重庆出版集团
重庆出版社 出版

重庆市南岸区南滨路162号1幢 邮政编码：400061 http://www.cqph.com
重庆出版社艺术设计有限公司制版
重庆天旭印务有限责任公司印刷
重庆出版集团图书发行有限公司发行
E-MAIL:fxchu@cqph.com 邮购电话：023-62520646
全国新华书店经销

开本：787mm×1 092mm 1/16 印张：17 字数：260千
2016年12月第1版 2016年12月第1次印刷
ISBN 978-7-229-11866-2
定价：34.00元

如有印装质量问题，请向本集团图书发行有限公司调换：023-61520678

版权所有 侵权必究

《当代国外马克思主义研究》总序

对国外马克思主义的研究滥觞于20世纪70年代末和80年代初的"西方马克思主义热"。经过20多年来的发展,今天我们完全有把握说:国外马克思主义研究,尤其是当代国外马克思主义研究,已经成为一门显学。

国外马克思主义研究之所以成为显学,原因是多方面的。首先,马克思主义本身显示出强大的生命力。几乎可以说,在马克思以后,国际上出现的任何重大的社会思潮,都会自觉地或不自觉地从马克思主义那里借贷思想资源,甚至直接地或间接地用马克思主义来命名相关的思潮或学派。在这个意义上可以说,马克思仍然是我们的同时代人。其次,国内的马克思主义研究,特别是马克思主义基础理论研究,必须借鉴国外马克思主义研究的最新成果。作为发展中的国家,我国在现代化进程中尚未经历过的事情,许多国家已经经历过了。它们的经验教训是什么?这些经验教训蕴涵着哪些重大的理论问题?这些问题是否会导致我们对马克思主义基础理论理解上的重大突破?事实上,国外马克思主义者一系列原创性的研究成果,早已引起国内理论研究者的深切的关注和巨大的兴趣。再次,作为社会主义的国家,我国是以马克思主义作为自己的指导思想的,当然应该比任何其他国家都更多地致力于对国外马克思主义的探索,以便确保我国的精神生活始终站在马克思主义理论的制高点上。

作为国外马克思主义研究领域中的长期的耕耘者,我们也深切地体会到这一研究领域近20多年来发生的重大变化。复旦大学哲学系于1985年建立国外马克思主义研究室;1999年升格为复旦大学当代国外马克思主义研究中心;2000年成为教育部重点研究基地(该研究领域中唯一的重点研究基地,简称"小基地");2004年,在小基地之外,建立了复旦大学国外马克思主义与国外思潮国家级创新研究基地(该研究领域中唯一的国家重点研究基地,简称"大基地");2005年又建立了国内第一个国外马克思主义自设博士点。2006年,全国又建立了21个马克思主义一级学科,下设五个二级学科,其包括国外马克思主义研究。所以,从学科建设的角度来看,国外马克思主义已经从马哲史或外哲史的一个研究方向上升为独立的二级学科,而小基地和大基地的相继建立也表明,国外马克思主义的研究已经受到高度的重视。

我们之所以要策划并出版《当代国外马克思主义研究丛书》,其直接的起因是:通过投标和竞标,我们获得了2004年度教育部重大攻关课题《当代国外马克思主义思潮的现状、发展态势和基本理论研究》。这个课题促使我们凝聚大、小基地的全部学术力量,及博士后和博士生中的佼佼者,对当代国外马克思主义做出全方位的、有穿透力的研究。这套丛书具有以下三个特征:

其一,系统性。本丛书试图通过三种不同的研究进路,即"区域研究"、"流派研究"和"问题研究"来构建这种系统性。"区域研究"重点探讨亚洲、非洲、拉丁美洲和南美洲(包括一些社会主义国家,如越南、老挝、朝鲜、古巴)的马克思主义发展现状;"流派研究"主要探索国外最新的马克思主义流派,如"后马克思主义"、"解构主义的马克思主义"、"女性主义的马克思主义"、"解放神学"等;"问题研究"侧重于反思当代国外马克思主义者探索的一系列重大的理论问题,如"全球化背景下的现代性"、"市场社会主义"、"当代资本主义的最新发展"等。通过这三条不同的研究进路,这套丛书将全面而又有重点地勾勒出当代国外马克思主义发展的整体面貌。

其二,前沿性。本丛书对"前沿性"的理解是,把研究的焦点放在20世纪80年代和90年代初以来国外马克思主义的最新发展上。也就是说,重点考察在最近20年左右的时间里,国外马克思主义发展的最新态势是什么?国外马克思主义者发表了哪些有影响力的著作和论述?他们正在思考哪些重大的社会问题和理论问题?当然,为了把前沿问题叙述清楚,也需要做一些历史的铺垫,但探讨的重心始终落在国外马克思主义者所面对的最前沿的问题上。

其三,思想性。纳入本丛书出版规划的著作,除译著外,都充分体现出对思想性的倚重。也就是说,这些著作不仅是"描述性的",更是"反思性的"、"研究性的"。它们不仅要弄清新的现象和资料,而且要深入地反省,这些新的现象和资料可能给传统的理论,尤其是基础理论造成怎样的挑战?如何在挑战与应战的互动中丰富并推进马克思主义基础理论的发展?总之,它们不是材料的堆砌,而是思想的贯通。这也正是这套丛书不同于其他丛书的最显著的特点之一。

我们感到庆幸的是,这套丛书在策划的过程中就得到了重庆出版社总编辑陈兴芜编审和该社重点图书编辑室主任吴立平的热情支持。本丛书的出版也得到了2004年度教育部重大攻关课题《当代国外马克思主义思潮的现状、发展态势与基本理论研究》(课题批准号为04JZD002)的资助,在此一并表示感谢。

俞吾金　陈学明　吴晓明

《当代国外马克思主义研究》续总序

这套题为《当代国外马克思主义研究》的丛书,早在10年前就由重庆出版社推出,前后共出版了近20部书,由俞吾金教授任主编,陈学明、吴晓明任副主编。当今天再次筹划继续出版这套丛书时,俞吾金教授已谢世一年多,我们的内心充满了对他的敬意与怀念。

俞吾金教授在"总序"中已对出版这套丛书的宗旨、特点,以及对研究国外马克思主义的意义都已做出了明确的论述。这里,我们仅做若干补充。

与10年前相比,研究国外马克思主义,特别是研究西方马克思主义在当今中国的意义已越来越被人们所深刻认识到。我国的马克思主义理论一级学科中,明确设立了国外马克思主义的二级学科。但是,国外马克思主义,特别是西方马克思主义在当今中国的意义并不仅仅是成为一个二级学科,而主要是通过它在理论和现实生活中的实际作用体现出来的。西方马克思主义是在20世纪70年代末80年代初流传进我们中国的。中国学者已经对其进行了长达30多年的研究。西方马克思主义研究在中国的整个译介和研讨过程,大致可以分为三个阶段。这就是:从20世纪80年代初至90年代初;从20世纪90年代初至21世纪初;从21世纪初至现在。中国走上改革开放的道路,开辟新的历史时期,关键在于要破除原有的思想障碍,实现思想解放。而在各种思想障碍中,无疑对马克思主义的教条、僵化的错误理解是最大的思想障碍。在改革开放的历史性实践中,先前的思想障碍逐渐被破除,对马克思主义更加深入而全面的理解要求出现了。而西方马克思主义研

内格里的"非物质劳动"理论及其当代意义研究
The Contemporary Significance of Antonio Negri's Theory of Immaterial Labor

究的意义就是在很大程度上助成并促使人们从对马克思主义教条、僵化的理解中摆脱出来。20世纪80年代末90年代初,国际风云突变,这主要表现在东欧一批社会主义国家的易帜和苏联的解体。我国的西方马克思主义研究也进入了一个新的阶段。这一阶段我国的西方马克思主义研究的一个重要意义就是为增强马克思主义信念带来推动力,为正确地总结苏东剧变的教训提供借鉴。20世纪末到现在,我国的西方马克思主义研究主要是为开辟中国特色社会主义道路提供某种对照性的理论资源,既为论证中国道路的合理性与合法性提供有参考意义的理论说明,也为破解中国道路面临的难题提供借鉴性的理论启示。西方马克思主义与中国特色社会主义理论体系之间因而产生了紧密的联系。西方马克思主义研究伴随着中国改革开放的整个历史进程。西方马克思主义研究已经构成了当今中国的马克思主义研究,甚至整个理论研究的一个重要的有机组成部分。正因为国外马克思主义,特别是西方马克思主义在当今中国有着不可替代的作用,所以它也理所当然地成为当今中国学界的显学。我们这套丛书的价值与意义是同国外马克思主义、西方马克思主义的价值与意义紧密联系在一起的。

我们清醒地知道,一套丛书的命运固然主要是取决于社会对其需求的程度,但同时也离不开这套丛书自身的品质。为了顺应时代的发展和学术研究的深化,使这套丛书的品质在原有的基础上有进一步提高,我们打算做出以下四个方面的改进:

其一,原先收入本丛书的著作,主要是研究国外马克思主义、西方马克思主义的某一代表人物或者某种思潮、某种流派,现在我们力图强化"问题意识",在继续推出研究人物、思潮、流派的著作的同时,着重出版以问题为导向的著作。

其二,原先我们的视野主要局限于西方的那些以马克思主义者自居的思想家,现在我们试图进一步扩展视野,把更多的思想家包含进来。具体地说,本丛书所涉及的国外思想家将包括"三个圆圈":"核心的圆圈"还是那些以马克思主义者自居的思想家;再扩展到那些并不自称是马克思主义思想家的国外左翼学者;最后再往外扩展到那些"左翼"以外的学者,只要他的研究涉及到马克思主义,就将成为我们的研究对象。

其三,原先本丛书的作者主要是我们复旦大学当代国外马克思主义研究中心和复旦大学哲学学院的教师以及在这里就读的博士生,现在我们将本丛书扩展成整个中国国外马克思主义、西方马克思主义学界的丛书,热忱地欢迎国内外这一领域的相关学者将自己的研究成果列入本丛书出版。

其四,原先本丛书的著作基本上是以"述介"为主,即主要是进入研究对象的思想体系,用中国的思维方式和中国的语言把其讲清楚。现在我们提倡在走进研究对象的基础上,还要进一步从研究对象中走出来,用马克思主义的立场、观点、方法对其做出深刻的研究,本丛书还会继续出版"述介"型的著作,但将更加重视"研究"型的著作。

最后,我们在此对重庆出版集团致以谢意。我们在这里特别要指出,重庆出版集团是对中国的国外马克思主义,特别是西方马克思主义研究做出了重大贡献的。早在20世纪的八九十年代,他们就支持徐崇温教授推出了《国外马克思主义和社会主义研究》丛书。该丛书在中国的国外马克思主义,特别是西方马克思主义的研究史上留下了不可磨灭的印记。我们当时作为青年学者也积极参与了该丛书的写作和出版。我们所编写的《西方马克思主义名著提要》(三卷本),作为该丛书的一个部分,在上海推出时,时任上海市政府顾问的汪道涵先生亲自参加出版座谈会,并发表了热情洋溢的讲话,高度评价重庆出版集团所做的工作。近30年时间过去了,重庆出版集团不改初衷,继续竭尽全力支持国内学界对国外马克思主义,特别是西方马克思主义的研究。他们在与我们商谈出版这套丛书时,根本不与我们涉及当前出版图书通常所见的那种所谓"出版贴补"之类,这着实使我们感动。这使我们在重新策划这套丛书时,从根本上解除了"后顾之忧"。我们希望以交出更多的优秀著作来回报他们,并向他们表示深深的敬意。

陈学明　吴晓明

序

读完李春建、马丽的新著《内格里的"非物质劳动"理论及其当代意义研究》,内心充满了喜悦和感慨,几年前李春建复旦毕业时,他的博士论文就是内格里的非物质劳动理论,二者相比,无论广度、深度都实现了巨大的飞跃,可以说这是我看到的关于非物质劳动的最好著作,反映了年青学子广博的学术修养和分析世界重大事件的能力。

2000年《帝国》的发表,才使内格里进入华人的世界,哈特、内格里最大的学术贡献就是提出了与帝国主义理论不同的帝国理论,这是学术界的一件大事。资本主义最初只在国内发展,因而生产过剩,危机不断。19世纪下半叶,资本在国家的帮助下开始向外拓展,由此爆发了发达资本主义国家间的大战,即帝国主义时期。二战以后,才是资本主义发展的第三阶段,即帝国时期。因为第二次世界大战并没有推动资本的增长,相反使世界资本总量比战前减少一半,而大批社会主义国家的建立,不是扩大了世界市场,而是缩小了世界市场,战争的教训使发达国家由竞争走向垄断,走向针对落后国家的世界联合,各国放弃了殖民地战略,开始了美国以门户开放为主导策略的世界市场重建,联合国、世贸组织、世界银行、国际货币基金组织成为世界新秩序的代表,制定统一的游戏规则,以确保资本在任何国家的随意进出。这一战略不仅使资本恢复了元气,而且使国际资本总量很快超过了战前,随着苏东剧变,世界统一市场的真正形成,资本似乎到了自己的黄金时期。如何分析和解释这一现象,引发了广泛而深入的国际争论,世界历史终结论、共产主义消亡论、后现代论、知识经济论,纷纷登台,哈特、内格里正是在这样的背景下提出帝国理论和非物质劳动理论的。

哲学是时代精神的精华,如何把握时代的变化和本质,是哲学思考的首要使命。哈特、内格里认为当今的世界不是听命于某一个国家,而是听命于一种新的全球的主权形式,这种"新的全球的主权形式就是我们所称的帝国"[①]。"与帝国主义形成强烈对比的是,帝国并不建立权力中心,也不依赖固定的疆界或壁垒。帝国是一个去中心化与去地域化的统治工具。"[②]"过去曾经是数个帝国主义强权之间的冲突或竞争,在重要方面,已经被单一权力的观念所取代;这个单一的权力具有限制所有强权国家的优势,并以一元的方式组织它们,而且是在绝对后殖民与后帝国主义的共同权利观念下对待它们",因此,"在帝国的平坦空间中,权力的场所是不存在的——权力无所不在,亦无处存在"。虽然在形式上帝国不表现为国家,但是在本质上帝国依然是资本的代表,"帝国"可以被视为"帝国主义的最高阶段",代表的是"集体资本的秩序"。正是这种秩序确保了战后资本的迅速发展和人的全面异化。哈特、内格里赞成福柯、法兰克福、科学技术派对当代资本主义的分析,但又认为他们的分析过于片面,而结论又过于悲观而令人窒息。哈特、内格里认为分析现代社会不能离开现代社会的基本关系,这个关系就是资本与劳动的关系,但是这里的劳动不是一般的物质劳动,而是以非物质劳动为主的劳动,因此反抗资本的主体不是一般的物质劳动者,而是以非物质劳动者为主体的大众,非物质劳动者的重要性要高于物质劳动者。

物质劳动、物质生产方式、物质生产资料、物质生产条件是马克思分析历史的基本范畴和基本原则,但是在"左"的曾经占统治地位的"正统"马克思主义者那里,物质劳动往往被归结为工厂劳动,物质劳动者往往被归结为工人阶级,而其他的劳动者往往被看作是半革命、不革命甚至反革命的力量,这种理论的实质是看不到现代社会人民大众的普遍异化,因而形不成反抗资本主义的大众力量。在美国,产业工人的数量在不断减少,而且财富的绝大部分不再是产业工人创造,而是由

[①] Antonio Negri and Michael Hardt. *Empire*, Harvard University Press, 2000, p. xi.
[②] Antonio Negri and Michael Hardt. *Empire*, Harvard University Press, 2000, p. xii.

非产业部门创造,例如金融、科技、服务、管理,因而要完整地把握当今时代,必须把视野拓展到非物质生产部门。由于金融、科技、服务、管理领域的劳动者也是雇佣劳动者,因此在内格里看来,无产阶级的队伍不是缩小了,而是扩大了,"无产阶级已成为一个十分宽泛的范畴,它包含所有那些自己的劳动遭受直接的或间接的剥削,屈从于资本主义生产和再生产规范的人"[1]。因而当今的无产阶级不仅包括传统的物质劳动者,也包括一切非物质劳动者,即大众,"大众就是其在资本主义进入全球化阶段的替代自主的工人阶级的政治主体"[2]。这个思想与马克思恩格斯《共产党宣言》的思想不谋而合,"我们的时代,资产阶级时代,却有一个特点:它使阶级对立简单化了。整个社会日益分裂为两大敌对的阵营,分裂为两大相互直接对立的阶级:资产阶级和无产阶级。""资产阶级抹去了一切向来受人尊崇和令人敬畏的职业的神圣光环。它把医生、律师、教士、诗人和学者变成了它出钱招雇的雇佣劳动者。""以前的中间等级的下层,即小工业家、小商人和小食利者,手工业农民——所有这些阶级都降落到无产阶级队伍里来了。"因此,随着资本主义的发展,雇佣劳动者不是越来越少,而是越来越多,他们就是大众,尤其在经济全球化的今天,雇佣劳动者遍布全球,资本正是对全球的剥削,才达到今天的资本积累和资本帝国。因此李春建对内格里非物质劳动定位基本准确:"非物质劳动不仅是帝国得以构建的社会本体论,是解释当今资本主义生产现实的基础工具,而且也同样是大众这一全球无产阶级得以形成的基础。""内格里的非物质劳动理论并没有突破马克思的生产劳动与剩余价值学说,相反倒是在新的时代条件下激活和发展了马克思的理论,体现了马克思剩余价值学说的当代价值。"

不仅如此,李春建还认为"非物质劳动"是帝国理论的核心概念。帝国的统治必须依赖于两种劳动,一种是物质劳动,生产供人们吃、穿、住、用的生活资料和生产资料,另一种就是非物质劳动,"即创造非

---

[1] Antonio Negri and Michael Hardt. *Empire*, Harvard University Press, 2000, p. p.52—53.
[2] 刘怀玉、陈培永:《从非物质劳动到生命政治——自治主义马克思主义大众政治主体的建构》,载于《马克思主义与现实》(双月刊),2009年第2期,第73—82页。

内格里的"非物质劳动"理论及其当代意义研究
The Contemporary Significance of Antonio Negri's Theory of Immaterial Labor

质性产品,如知识、信息、交往、关系,甚或情感反应的劳动"[1]。其目的有三:一是通过科学、技术、信息、交往、金融推动物质生产的发展;二是通过知识、传媒、政治上层建筑维护资本与劳动的关系,即进行社会关系的再生产;三是通过服务、交往、情感交流推进人的自身再生产。内格里认为非物质劳动体现出一种取代物质劳动的霸权地位,"在20世纪的最后几十年中,工业劳动失去了它的霸权地位,取而代之出现的是'非物质劳动'"[2]。因此不了解非物质劳动,我们就不能理解今天的物质生产,今天的社会关系再生产和人的自身再生产。虽然"非物质性劳动在全球劳动中只占少数,而且,它只是集中在全球某些主导性地区"。但是"我们在说非物质性劳动占据霸权地位的时候,指的毋宁是非物质性劳动在质量上占据了霸权地位,并给其他劳动形式以及社会本身施加了一种倾向性影响。换句话说,非物质性劳动在今天所处的地位正如150年前工业劳动所处的地位一样,那时,工业劳动只占了全球生产的一小部分,并且集中于世界的一小部分地区,但却对其他的生产方式构成了霸权。正如在那时候所有劳动方式及社会本身都被推向了工业化一样,今天,劳动和整个社会都得进行信息化,要变得更智能化,更可交流化,更情感化"[3]。从历史唯物主义角度,非物质劳动的提出,实际上提出了社会有机体的全面生产理论,即除了物质生产,其他的人在干什么?马克思认为社会是一个有机整体,除了进行物质生产,还必须进行人的自身再生产、社会关系再生产、精神生产和人与自然关系的再生产,离开了其中任何一种生产,社会的生命就会中断,社会的真正生命在于五种生产的内在平衡。内格里用非物质劳动模糊地进入到社会生活的更高领域,这是值得庆贺的,但是他盲目地批判物质生产,批判马克思的物质生产理论却是偏颇的,既显得浮浅,也显得偏激。

为了超越唯经济主义的社会分析方法,内格里提出了生命政治理

---

[1] Antonio Negri and Michael Hardt. *Multitude*: *War and Democracy in the Age of Empire*, New York: The Penguin Press, 2004, p.108.
[2] Antonio Negri and Michael Hardt. *Multitude*: *War and Democracy in the Age of Empire*, New York: The Penguin Press, 2004, p.108.
[3] Antonio Negri and Michael Hardt. *Multitude*: *War and Democracy in the Age of Empire*, New York: The Penguin Press, 2004, p.109.

论,即从人的生命权力的角度提出对帝国的评判。在内格里看来,人的生命权力是人的最高权力,它是人的一切行为的根本出发点和归宿,但是在资本的统治下,人的生命权受到极大的摧残,因此,内格里特别强调"我们的分析必须聚集在生命权力的生产维度上"①。"要把所有这些讨论引到生命的生产性维度这一问题上。……要确定这一概念的物质性维度,从而超越任何纯自然主义的或人类学意义上的概念。"②也就是说,要从生命的历史生成角度研究人的生命权力,不能把人仅仅看成经济动物,从这个角度讲,人在帝国的统治下受到全面的异化,大众不仅在经济上受剥削,而且在政治上和意识形态上受奴役,经济、政治和意识形态的"权力已经表现为一种控制,它伸展到民众的意识和肉体的最深处,同时也跨越社会关系的全部"③。"借用马克思的说法,帝国是一只死劳动积累的吸血蝙蝠,它只有靠吸食活人的血液才能生存下去。"④与福柯和法兰克福学派不同,内格里看到的不是绝望,而是希望。因为压迫越深,反抗越烈,未来主导世界的大众正是在反抗帝国的过程中成长。"与其说是在压制,不如说是在生产主体。"⑤主体正是在反抗压制的过程中生成的。他认为福柯提出了生命政治的概念,但福柯的结论却是悲观的,"福柯的身体令人感到绝望,它永远是静默而被动的,它处在各种权力的摆布和操作下而听天由命,它被塑造,被生产,被改造,被操纵"⑥。内格里认为在资本压迫下成长起来的大众才是未来社会的真正主体,"大众才是我们的社会和世界的生产力量,而远离大众的活力,帝国仅只是一件用来俘获的工具"⑦。因此,"生命政治生产的最终核心不是为主体去生产客体,而是主体性自身的生产。这是

---

① Antonio Negri and Michael Hardt. *Empire*, Harvard University Press, 2000, p. 27.
② Antonio Negri and Michael Hardt. *Empire*, Harvard University Press, 2000, p. 421.
③ Antonio Negri and Michael Hardt. *Empire*, Harvard University Press, 2000, p. 24.
④ Antonio Negri and Michael Hardt. *Empire*, Harvard University Press, 2000, p. 62.
⑤〔美〕哈特、〔意〕内格里著,王行坤译:《大同世界》,中国人民大学出版社2015年版,第45页。
⑥ 汪民安:《福柯的界线》,南京大学出版社2008年版,第154页。
⑦ Antonio Negri and Michael Hardt. *Empire*, Harvard University Press, 2000, p. 62.

内格里的"非物质劳动"理论及其当代意义研究
The Contemporary Significance of Antonio Negri's Theory of Immaterial Labor

我们的伦理和政治筹划的出发点"①。也就是说,内格里通过生命权力和生命政治的分析,发现了取代帝国的主体力量——大众。而这一结论是通过高扬人的生命权力达到的。"工人阶级不是资本主义发展的衍生物,而是一种真正对立的主体,它能够通过自己的斗争打破资本的逻辑和资本的统治,建立一种新社会。"②因而理论的"第一位和最基本的任务是去确认、肯定和促进现存社会力量中的积极因素,它们指向一种新的替代型的社会,一个即将来临的社会。潜在的革命总是内在于当代社会领域"③。并且是内在于劳动的。从历史唯物主义角度讲,超越理性经济人的狭隘眼界,从完整的人的全面生产角度,才能真正发现推动社会全面进步的主体力量,内格里虽然没有达到历史唯物主义的水平,但努力的方向是正确的,也正因此,内格里非常重视马克思《政治经济学批判大纲》的哲学地位,认为"《大纲》是一个确立革命主体性的文本"④。李春建认为只有从主体的角度,从劳动主体的角度,才能真正理解非物质劳动的当代意义,这一结论是正确的,也正是在这里,内格里超越了福柯,超越了法兰克福学派。

由于内格里的理论立场是生命政治权力,因而并没有真正达到历史唯物主义,这表现在两个方面,一方面,他所思考的人,往往是一般的人,而不是具体历史环境中的人,因而过于思辨。另一方面,他虽然坚持劳动这一维度,但表现为对物质劳动的过于排斥,而没有真正弄清楚物质劳动与非物质劳动之间的关系。正如内格里所说:"我对如何去捍卫马克思主义、如何去复活马克思主义的传统以及复活马克思主义的劳动概念都不感兴趣;我更感兴趣的是如何阐释出一套当代的关于生产力、创造性、剥削、劳动和价值生产的新的生命政治的框架,这样一

---

① 〔美〕哈特、〔意〕内格里著,王行坤译:《大同世界》,中国人民大学出版社2015年版,第4页。

② 〔意〕内格里著,刘长缨译:《超越马克思的马克思·前言》,载于《国外理论动态》,2008年第9期,第55—58页。

③ Paolo Virno and Michael Hardt, eds. *Radical Thought in Italy: A Potential Politics*, Minnesota: University of Minnesota Press, 1996, p.7.

④ Antonio Negri. *Marx beyond Marx: Lessons on the Grundrisse*, Trans. Harry cleaver et al. New York, London: Autonomedia & Pluto Press, 1991, p.8.

个框架要比马克思主义的劳动框架更有用。它提示我们,当代的资本主义的生产,不只是在生产剩余价值,或者是在生产劳动产品,它是在生产一种社会形式,在生产一种价值体系,在生产一种社会经验的结构。"①内格里的视野是可取的,但一切非物质劳动的存在和发展都必须以物质劳动为前提和基础。任何人不可能停止吃、穿、住、用,因此任何社会都不能停止物质生产,这是一切人生存的基础,也是一切政治、上层建筑的基础。剥削阶级是以无偿占有劳动者的剩余劳动时间和剩余劳动产品为生的。整个上层建筑是以国家占有社会的剩余劳动时间和剩余劳动产品为前提的。非物质劳动者,例如政治家、思想家、科学家、艺术家、宗教活动家之所以能不劳动,也是以一定的方式,即非物质劳动方式占有社会的剩余劳动产品和时间为基础的。正如马克思所说:"这种剩余产品是除劳动阶级外的一切阶级存在的物质基础,是社会整个上层建筑存在的物质基础。"②"这些不劳动的人从这种剩余劳动中取得两种东西:首先是生活的物质条件,……其次是他们自由支配的自由时间,不管这一时间是用于闲暇,是用于从事非直接劳动(如战争、国家的管理),还是用于发展不追求任何直接实践目的的人的能力和社会的潜力(艺术、科学等等),……不劳动的社会部分的自由时间是以剩余劳动或过度劳动为基础的,是以劳动的那部分人的剩余劳动时间为基础的;一方的自由发展是以工人必须把他们的全部时间,从而他们发展的空间完全用于生产一定的使用价值为基础的;一方的人的能力的发展是以另一方的发展受到限制为基础的。"③

  颠倒了这个原理,就是对历史唯物主义基本原则的颠倒。从这点讲,内格里又是偏离历史唯物主义的。正如李春建对内格里所作的正确评价:"内格里的非物质劳动理论继承了马克思劳动解放的传统,在劳动领域挖掘革命的潜能和建构政治的主体,揭示出非物质劳动已被

---

①〔美〕哈特、〔意〕内格里:《帝国与大众——迈克尔·哈特、安东尼奥·内格里与上海学者座谈会》,载于许纪霖主编:《帝国、都市与现代性》,江苏人民出社2005年版,第56—81页。
②《马克思恩格斯全集》(第47卷),人民出版社1979年版,第216页。
③《马克思恩格斯全集》(第47卷),人民出版社1979年版,第215页。

资本所吸纳并成为当代资本主义生产劳动的主要形式。但是,从彻底性上讲,内格里的非物质劳动是经验主义意义上的概念,作为其替换形式的生命政治劳动则是人本主义意义上的概念,两者都没有达到马克思历史唯物主义的高度,还无法真正揭示资本主义的内在矛盾。"

除了弄清非物质劳动并揭示它的当代意义,本书的另一个优点是它的学术性。为了弄清帝国的内涵和本质,李春建在序言里思考了二战前卢森堡、霍布森、列宁的帝国主义理论,思考了二战后弗兰克、沃勒斯坦的依附理论、伊曼纽尔的不平等交换理论、哈维的新帝国主义理论与伍德的资本的帝国理论。为了弄清内格里的非物质劳动理论,李春建不仅细读内格里的《帝国》、《大众》、《大同世界》三部曲,作了深入的文本梳理,而且认真研读《资本论》,认真研究西方马克思主义是如何从《资本论》立场后退并进入文化和意识形态领域的。第四章专门对非物质劳动概念作了历史性的学术考察。并用二章对内格里非物质劳动理论的学术地位和学术价值作了探讨,尤其是学术价值的探讨,非常出色,正是在这里,作者把内格里思想与当代最有国际影响的著作作了比较,以揭示非物质劳动的当代意义。这些著作有丹尼尔·贝尔的《后工业社会的来临》(1973)、彼得·德鲁克的《后资本主义社会》(1993)、杰里米·里夫金的《工作的终结》(1995)、《第三次工业革命》(2011)、阿尔文·托夫勒的《财富的革命》(2006)和安德烈·高兹的《告别工人阶级》(1982)、《非物质:知识、价值和资本》(2010),充分显示了本著作的学术功底与思考的广度和深度。

哲学是对时代思维的考察,要把握时代的本质是非常难的,文中虽然存在着一些难免的缺点和不足,但不失为青年学子对时代本质的一次认真思考,谨写此序,以引起学界的共鸣与思考。

孙承叔

目 录

《当代国外马克思主义研究》总序　1
《当代国外马克思主义研究》续总序　1
序　1

导论　后现代主义语境下马克思式的政治经济学冒险　1

第一章　"非物质劳动"概念的由来、研究现状和意义　54
　第一节　"非物质劳动"概念的由来　54
　第二节　"非物质劳动"概念的研究现状　60
　第三节　"非物质劳动"概念的理论意义　68

第二章　马克思的劳动理论及其研究方法　74
　第一节　劳动是马克思政治经济学批判的出发点　74
　第二节　生产劳动是马克思劳动问题的本质　80
　第三节　历史唯物主义是马克思劳动理论的研究方法　89

第三章　马克思政治经济学批判的回归　100
　第一节　西方马克思主义对马克思政治经济学批判的偏离　100

第二节　内格里对马克思政治经济学批判的继承　111
第三节　马克思政治经济学批判的恢复　116

第四章　21世纪的劳动理论：内格里的非物质劳动理论　128
第一节　非物质劳动概念的提出　128
第二节　非物质劳动定义的内容　134
第三节　非物质劳动的理解框架——生命政治学　145
第四节　内格里的非物质劳动霸权思想　153

第五章　对内格里"非物质劳动理论"的学术定位　173
第一节　对内格里"非物质劳动"概念的学术考察　173
第二节　基于历史唯物主义的内格里"非物质劳动理论"
　　　　研究　188

第六章　内格里"非物质劳动理论"的学术价值　198
第一节　劳动重心的转移：从物质劳动到非物质劳动　198
第二节　新固定资本和社会生产力的发展　208

第七章　内格里"非物质劳动理论"的现实意义　223
第一节　非物质劳动理论深化和发展了马克思的劳动理论　223
第二节　非物质劳动理论为中国特色社会主义的创建提供理论
　　　　启示　228

结语　堂·吉诃德与风车　237

参考文献　240

后记　250

导论
后现代主义语境下马克思式的政治经济学冒险[①]
——意大利学者安东尼奥·内格里的思想阐释

一、超越马克思的马克思与后结构主义的相遇

马克思在19世纪开创的资产阶级政治经济学批判传统,如今已经难觅踪迹。虽然法兰克福学派在某种程度上继承了马克思的社会批判传统,但是自卢卡奇以降却发生了偏离,他们更多的是用文化和意识形态的分析取代了政治经济学的批判。在这样的背景下,内格里在后现代的语境下试图重复马克思式的政治经济学批判,力图达到诊断和颠覆资本主义的目的,其实践和理论勇气值得敬佩。可以说,内格里在新的时代条件下,一定程度上恢复了马克思政治经济学批判的传统,重现了马克思的理论逻辑,即资本主义的发展本身就是无产阶级解放的条件,继承了马克思从劳动领域寻找革命潜能和解放理想的传统,不断建构无产阶级的政治主体,希冀创建新型社会。

然而,对于内格里理论的定位,有学者并不这样认为。齐泽克说,内格里的《帝国》是一本旨在为21世纪重写的《共产党宣言》。内格里

[①] 本书系江苏大学高级技术人才科研启动基金项目[项目编号:11JDG176]、江苏高校哲学社会科学研究资助项目"劳动非物质化的社会历史范式研究"[项目编号:2015SJB825]阶段性研究成果。

内格里的"非物质劳动"理论及其当代意义研究
The Contemporary Significance of Antonio Negri's Theory of Immaterial Labor

一反左翼主流观点,信任技术的进步和发展,在最新资本主义动力体系中寻找革命潜能,这值得称道。但是,内格里的社会经济分析缺乏具体的洞见,只使用了一些后结构主义,如德勒兹式的空洞术语,没有能够在当前的条件下去重复马克思式的分析,即无产阶级的革命前途就蕴含在资本主义生产方式的内在矛盾中。①

无论齐泽克的上述评价是否恰当,但至少说明了一个问题,即内格里借用了后结构主义来重新发现马克思的理论,可以说是通过类似詹姆逊的"中介和转码",在后现代意义上重新表述了马克思的理论,试图解读新历史语境,达到马克思意义上的政治经济学批判。然而,后结构主义与马克思主义之间到底有没有内在关联?内格里进行这样的理论融合是否可行?学界是否接受和承认这样的解读?一本论文集的出版,比较集中呈现了学界对马克思主义与后结构主义之间关系的争论和态度,也许能够给予我们一些回答。1999 年,美国学者米切尔·斯普林格(Michael Sprinker)编辑出版了一本论文集:《幽灵的界线:与德里达论战》。该论文集出版的背景是后结构主义学者德里达《马克思的幽灵》的发表引发了来自各方面的质疑和论战。文集收录了当代马克思主义理论家对《马克思的幽灵》一书的评论。其中,包括以詹姆逊、内格里、蒙塔格、曼彻瑞为代表的支持派认为,后结构主义与马克思主义相结合,有助于在当代语境中重新阐释马克思主义,并将深化马克思的当代理解。② 而作为后结构主义重要的代表,福柯的观点也给予过正面的回应。他说,事实上,我们每一个人都依赖马克思,我们没有必要非得以文献证明与马克思之间的依赖关系。

因此,内格里的总体思路与齐泽克的批评正好相反,内格里是在当前的条件下,结合意大利区域无产阶级政治运动实践,借用后结构主义资源,试图重复马克思式的政治经济学批判,希冀在资本主义最新发展中挖掘无产阶级解放的条件和革命的潜能。

---

① [斯洛文尼亚]斯拉沃热·齐泽克:《哈特和内格里为 21 世纪重写了〈共产党宣言〉吗?》,罗岗主编:《帝国、都市与现代性》,江苏人民出版社 2006 年版,第 82—92 页。
② Michael Sprinker. *Ghostly Demarcations*: *A Synqosiun on Jacques Derrida Apecters of Marx*, Verso, 1999.

导论　后现代主义语境下马克思式的政治经济学冒险

超越马克思的马克思与后结构主义相遇,缘于内格里1983年因国内政治迫害而流亡法国之时。内格里在20世纪六七十年代,创办《红色笔记》(Quaderni Rossi 1961—1963)和《工人阶级》(Classe Operaia 1964—1967)杂志,成立"工人力量"和"工人自治"的政治团体,引导和直接参与无产阶级政治斗争,试图颠覆资本主义制度,创建新型社会。遗憾的是,这一时期,左翼运动的政治光芒和理论贡献被恐怖主义组织的暗杀活动给掩盖了。1978年,包括内格里在内的许多工人自治运动成员,因恐怖主义团体"红色旅"绑架和暗杀了右翼势力天主教民主党主席阿尔多·莫罗(Aldo Moro),被意大利当局以武装反政府恐怖组织领导人以及绑架前总理莫罗之名逮捕入狱。由于处于非常时期,意大利当局并没有马上对内格里等人进行指控,而是将他们一直关在监狱里,直到1983年才开始对他进行公开的法律审判。然而,审判刚开始,内格里因被当选为意大利国会议员而被豁免,躲避了牢狱之灾。意大利当局十分恼火。两个月后,议会则通过投票,取消了内格里国会议员资格。最终,内格里迫于形势,选择流亡法国暂避,一去就是将近15年。在法国期间,内格里并没有虚度光阴,而是继续用理论进行战斗。他在巴黎第八大学和国际哲学学院执教,撰写了大量的论文书著。在此流亡时期,内格里正好碰上了法国后结构主义思潮的兴起。可以这样说,法国后结构主义深刻地影响了内格里。近15年的法国流亡生活,让内格里有了这样的切身感受:"在20世纪八九十年代,在巴黎,就我们自己而言,我们开始意识到自己置身于后现代,一个新的时代。此外,我们确信,而且现在仍然坚信,马克思可以被运用到后现代性的分析方法中来。在作出新的巨大的断裂决策时,马克思主义总有用武之地。"[1]因此,在理论中,内格里把超越马克思的马克思和法国的后结构主义结合在了一起。

为什么是超越马克思的马克思,而不是马克思与后结构主义相遇?那是因为内格里解读马克思的《1857—1858年经济学手稿》(以下简称

---

[1] 黄晓武编:《帝国与大众(上)——内格里论全球化的新秩序》,载于《国外理论动态》,2003年第12期,第39—43页。

《大纲》),所得出的判断。内格里结合自身的政治实践经验认为,真正的马克思不是客观主义者和经济学家,而是革命者。所谓正统的马克思主义,割裂了马克思主义思想中客观主义(经济)立场与主观主义(政治)立场,缺乏适当的政治角度。"因此,我们必须用马克思的整体性精神超越马克思,超越令人窒息的传统正统性。"[1]内格里认为,"在《大纲》中,马克思主义是一种反经济的理论,这种批判拒绝回到政治经济学,然而恰恰相反,科学是一种对抗性的运动。"[2]对内格里来说,《大纲》中的马克思是一位充满"革命意志"的行动者,而非只致力于《资本论》第一版序言所谓的"揭示现代社会的经济运动规律"。"《资本论》中范畴的客体化阻碍了革命主体性的行动,《大纲》是一个确立革命主体性的文本。"[3]《大纲》代表了马克思革命思想的顶点。唯物主义的道路精确地通向了主体性。资本与劳动之间的分离逻辑或对抗关系是马克思理论检验的全部内容,如果不在这样的思路下讨论资本主义和进行政治经济学批判,所有的一切分析都显得抽象而且充满乌托邦。"我们若要再度正确地解读《资本论》,就必须以《政治经济学批判大纲》来批判《资本论》,必须透过《政治经济学批判大纲》的范畴来重新阅读《资本论》——前者充满了无产阶级的能力所领导的、无法超越的敌对关系。"[4]所有避免主体性的理论领域,都是错的。劳动阶级是主体,分离的主体,是他们催生了发展、危机、过渡,乃至共产主义。由此,内格里得出:《大纲》中的马克思超越了所谓正统的马克思。

然而,法国后结构主义理论,在学界一直被视为是逃避政治经济学的,但在《帝国》里却被内格里创造性地转换到社会历史领域,开启了马克思式的政治经济学的冒险。内格里借用的法国后结构主义资源,

---

[1] Antonio Negri. *Marx beyond Marx*: *Lessons on the Grundrisse*, Trans. Harry cleaver et al. New York, London: Autonomedia & Pluto Press, 1991, p. 137.

[2] Antonio Negri. *Marx beyond Marx*: *Lessons on the Grundrisse*, Trans. Harry cleaver et al. New York, London: Autonomedia & Pluto Press, 1991, p. 10.

[3] Antonio Negri. *Marx beyond Marx*: *Lessons on the Grundrisse*, Trans. Harry cleaver et al. New York, London: Autonomedia & Pluto Press, 1991, p. 8.

[4] Antonio Negri. *Marx beyond Marx*: *Lessons on the Grundrisse*, Trans. Harry cleaver et al. New York, London: Autonomedia & Pluto Press, 1991, p. p. 18—19.

主要包括福柯、德勒兹和瓜塔里的理论。他们的"权力理论"启发了内格里对马克思的理解。与马克思的社会理论、韦伯和法兰克福学派的社会理论以及自由主义的社会理论不同,福柯从权力的视角提出了自己的历史和社会理论,并将现代社会(资本主义社会)描述为规训社会和控制社会。在规训社会中,传统压制性与否定性的权力表现为肯定性与生产性的权力,规训权力的核心要素是规范和纪律,它在监狱、学校、医院、工厂和军营等空间内生产符合资本主义生产规范和纪律的对象和知识。这主要是早期资本主义社会状况。而在控制社会里,福柯认为,权力发展为生命权力,权力开始普遍化和内化,权力翻越工厂和身体等空间的界线,渗透到社会生活的各个领域以及人的意识和欲望,每时每刻随时随地对身体进行塑造和控制,旨在生产出驯顺的主体,有利于促进资本主义的经济发展。这是用来描述晚期资本主义或发达资本主义社会。因此,"福柯关注的历史,是身体遭受惩罚的历史,是身体被纳入到生产计划和生产目的的历史,是权力将身体作为一个驯服的生产工具进行改造的历史。那是个生产主义的历史。而今天的历史,是身体处在消费主义中的历史,是身体被纳入到消费计划和消费目的中的历史,是权力让身体成为消费对象的历史,是身体受到赞美、欣赏和把玩的历史。身体从它的生产主义牢笼中解放出来,但是,今天,它不可自制地陷入了消费主义的陷阱。一成不变地贯穿着这两个时刻的,就是权力(它隐藏在政治、经济、文化的实践中)对身体精心而巧妙地改造"。①

内格里根据这样的权力理论,政治性地解读马克思的《大纲》,试图在当代思考中激活马克思。内格里认为,"《大纲》中对货币的讨论为我们提供了一个具有普遍意义的研究视角,我们将从货币的批判转入到对权力的批判。"②这是内格里在后现代主义语境下解读马克思重要的一环,揭示货币背后蕴含着社会关系的对抗,将马克思的货币批判

---

① 汪民安、陈永国:《后身体:文化、权力和生命政治学》,吉林人民出版社2003年版,第20—21页。
② Antonio Negri. Marx beyond Marx: Lessons on the Grundrisse. Trans. Harry cleaver et al. New York, London: Autonomedia & Pluto Press, 1991, p.40.

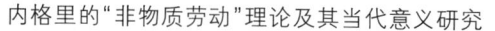

内格里的"非物质劳动"理论及其当代意义研究
The Contemporary Significance of Antonio Negri's Theory of Immaterial Labor

置换成为后结构主义的权力批判。内格里认为,"货币,作为一个符号,最终改造了现实。马克思这样的观点表明,货币是权力的同语反复。"①因此,"在资本和劳动之间的敌对关系中,资本主义关系直接就是权力关系。"②由于矛盾和对立的发展造成了货币的似乎先验的权力,在社会生活中,按照资本自身的意志和设计不断地塑造和控制劳动者或他者。如果内格里的解读仅仅停留于此,只能达到解释世界的作用,然而,内格里的理论旨趣是在于改变世界,挖掘解放条件和革命潜能,颠覆资本主义,创建新的社会。内格里认为,福柯的分析很完美,但遗漏了主体性。福柯的身体是被动的,历史就是权力将身体驯顺为生产工具的过程。福柯的权力理论,虽然对于揭示资本主义的最新发展有帮助,但仍然与法兰克福学派的社会批判理论一样,带有悲观主义的色彩。福柯的"监狱群岛"与哈贝马斯的"生活世界殖民化"非常相似。"确实,福柯在权力和个人身体的关系层面上,没有给身体留下自主的空间,身体在这种规训权力面前是被动的,无能为力的。它完全被权力所覆盖和笼罩,被权力进行反复的矫正、改造和训练。对这种规训权力进行放大和强化的监狱是现代社会的一个隐喻,它致力于规范化权力,生产被规训的个体,人们确确实实在这种冷酷的规范化权力机制的实践中,看不到希望。"③因此,"福柯的身体令人感到绝望,它永远是静默而被动的,它处在各种权力的摆布和操作下而听天由命,它被塑造、被生产、被改造、被操纵"。④ 不同的是,福柯从权力的角度完成他的研究,而哈贝马斯则是沿着法兰克福学派的传统从理性的角度进行考察的。福柯曾谦虚地承认过这一点:"如果我早一点了解法兰克福学派,如果那时就知道他们的话,我就不会说那么多蠢话,绕那么多的弯路——实际上,法兰克福学派那时已经打开了通道,两种极其相似的思

---

① Antonio Negri. *Marx beyond Marx: Lessons on the Grundrisse*, Trans. Harry cleaver et al. New York, London: Autonomedia & Pluto Press, 1991, p.35.
② Antonio Negri. *Marx beyond Marx: Lessons on the Grundrisse*, Trans. Harry cleaver et al. New York, London: Autonomedia & Pluto Press, 1991, p.138.
③ 汪民安:《福柯的界线》,南京大学出版社2008年版,第222页。
④ 汪民安:《福柯的界线》,南京大学出版社2008年版,第154页。

想没有相互渗透,这非常奇怪,也许,这就是因为它们太相似了。"[1]

因此,内格里认为,福柯的权力理论没有能动的主体性,没有抓住社会发展的真实动力,而德勒兹的理论倒是弥补了福柯理论一定的不足。虽然福柯和德勒兹都是当代最伟大的尼采信徒,都受"权力意志"启发,但是两人的理论侧重点和旨趣是有差别的。德勒兹对权力和身体的关系研究与福柯正好是相反的。福柯强调权力的作用,而在德勒兹这里,注重的是强力意志,身体不再是被动的,更多的是一种积极主动的,一种不可遏制的力量,是以力比多[2]为核心的力量之流。因此,德勒兹的身体理论拥有重估和反抗的力量。然而,内格里还是认为:德勒兹的理论仍然没有把握社会生产与生命权力的关系。福柯和德勒兹的生命政治学把握到了社会现实中资本对劳动的控制已经深化到内在性方面,然而其理论在社会内容上仍然是抽象的,尤其是生命政治没有建构在社会生产的维度上,这必然就成了没有历史根基,没有真实动力,没有政治主体的抽象概念。内格里指出:"我们的分析必须聚集在生命权力的生产维度上"[3]。"最根本的还是要把所有这些讨论引到生命的生产性维度这一问题上。换句话说,也就是要确定这一概念的物质性维度,从而超越任何纯自然主义的或人类学意义上的概念"[4]。因此,必须将福柯和德勒兹的生命政治与马克思的社会生产联系起来,才能为抽象的生命政治理论找到客观基础,使其能够有效地发挥诊断资本主义的革命作用。

因此,内格里与马克思一样,仍然从社会现实生产领域中发现真实动力和重构政治主体。内格里认为,历史不是只有资本一个主体,历史的另一个主体即工人阶级主体,一直存在并一定会涌现出来,"因为资本主义的征服没有抹杀他的身份,只是控制了他的行为"。正如马克思所说:"无产阶级宣告迄今为止的世界制度的解体,只不过解释自己

---

[1] *Politic, Philosophy, Culture: Interviews and Other Writings*, 1977—1984, edited by Lawrence D. Kritzman, London, 1990, p. 26.

[2] 力比多:Libido 即性力,精神分析术语,由弗洛伊德提出,泛指人的心理现象发生的驱动力。

[3] Antonio Negri and Michael Hardt. *Empire*, Harvard University Press, 2000, p. 27.

[4] Antonio Negri and Michael Hardt. *Empire*, Harvard University Press, 2000, p. 421.

内格里的"非物质劳动"理论及其当代意义研究
The Contemporary Significance of Antonio Negri's Theory of Immaterial Labor

本身存在的秘密,因为它就是这个世界制度的实际解体。"资本这一内在矛盾是不可克服的,它永远被迫将自己视为一种关系,而这种关系的表现形式就是资本与劳动双方的斗争和对抗。因此,"如果一方面资本是主体,那么在另一方面,劳动一定也是主体"。①资本主义永远无法抹杀无产阶级主体的独立性。内格里一直很遗憾的是,马克思的《雇佣劳动》一书没有出现。因为他认为,《雇佣劳动》的主题也是唯一主题,必将是从工资到主体,从资本关系到阶级斗争。内格里甚至认为,马克思之所以没有就雇佣劳动单独写一本书,是因为他所有的作品都不断地回归这个主题,孜孜不倦地寻求触及阶级斗争、颠覆、革命。这才是真正的马克思。马克思的辩证法,不是黑格尔意义上的中介,不是蒲鲁东主义的价值规律,而是对立、危机和开放的逻辑。内格里研究发现,马克思最能体现这一主题的或"具有能动性的矛盾的最重要的案例被描述在关于小流通的那一节中"②。马克思认为:"表现为工资的那部分资本的流通,是伴随着生产过程而进行的,作为经济的形式关系和生产过程并列,和生产过程同时进行并和它交织在一起。"③内格里是这样解读这一内容的,他认为:"同步性与平行性突出了工人主体的独立性,它的自我价值增殖机制与资本主义的价值增殖机制相对立而存在。"④大卫·哈维通过"身体"概念的研究,也认同内格里的观点,认为马克思关于劳动者在可变资本循环中处境的描述,并非纯粹是经济学意义的或客观主义的,而是具有政治要求的。"虽然马克思《资本论》的理论框架被解读为一种悲观主义基调,描述了身体是如何被资本循环和积累的外部力量所塑造,认为身体是承担这种特定述行经济角色的被动实体,但正是这种分析激活了他在其他方面的考虑,人类抵

---

① Antonio Negri. *Marx beyond Marx*: *Lessons on the Grundrisse*, Trans. Harry cleaver et al. New York, London: Autonomedia & Pluto Press, 1991, p. 132.
② Antonio Negri. *Marx beyond Marx*: *Lessons on the Grundrisse*, Trans. Harry cleaver et al. New York, London: Autonomedia & Pluto Press, 1991, p. 178.
③《马克思恩格斯全集》(第31卷),人民出版社1998年版,第70页。
④ Antonio Negri. *Marx beyond Marx*: *Lessons on the Grundrisse*, Trans. Harry cleaver et al. New York, London: Autonomedia & Pluto Press, 1991, p. 135.

抗、渴求改革、反抗和革命。"[1]因此,哈维认为,"身体研究的基础必须立足于对物质实践、再现、想象、制度、社会关系和政治经济力量的主要结构之间的真正的时空关系的理解。这样,身体就可以被看作是一个连接点,解放政治学的可能性借此得以研究……身体'从最深层的意义上来说可以是一个积累策略',但它也是政治抵抗的场所……我们是最名副其实的政治动物,具有道德主张并因此能够变革处于任何市民社会中心地位的社会关系和制度。总之,劳动者可以要求与尊严、需要以及对公益所做贡献相等的各项权利。如果这些主张在可变资本的循环内不能实现,那么解除这些限制的革命性要求似乎就是身体政治学必须关注的根本方面。"[2]

上述分析,我们发现,内格里主要是借用福柯的生命权力理论,完成了对《大纲》中马克思的政治性地解读。内格里为什么会进行这样的解读？内格里自己解释,主要是因为福柯的生命权力理论,在新的时代条件下确认了马克思曾经讨论过的"资本对劳动实质吸纳"观点,福柯以权力为视角发现了资本对劳动的剥削已经深化到生命统治的阶段:"在规训社会向控制社会的转变中,我们可以说资本主义在发展过程中,始终孜孜以求的一切社会力量互为影射的关系得到全面实现,马克思曾确认某种类似的东西,他称之为资本对劳动力的形式吸纳到实际吸纳的过渡。后来法兰克福学派的哲学家们也分析了一个与之紧密相连的过程——文化(以及社会关系)被吸纳入集权国家,或更确切地说被吸纳入畸形的启蒙辩证法的过程。"[3]我们发现,这里有必要交代清楚,马克思称之为"资本对劳动力的形式吸纳到实际吸纳的过渡"指的具体是什么？法兰克福学派是如何将马克思的这一逻辑不断推向极致？

内格里所谓"形式吸纳"和"实质吸纳",是从资本的角度来表述

---

[1]〔美〕大卫·哈维著,胡大平译:《希望的空间》,南京大学出版社2005年版,第98页。
[2]〔美〕大卫·哈维著,胡大平译:《希望的空间》,南京大学出版社2005年版,第124—125页。
[3]Antonio Negri and Michael Hardt. *Empire*, Harvard University Press, 2000, p.25.

的,揭示资本对劳动的剥削。而马克思关于所谓"形式吸纳"和"实质吸纳"的原文表述是"劳动对资本的形式上的从属和实际上的从属",这是从劳动的角度考察所得出的表述。马克思在《1857—1858年经济学手稿》中区分的"劳动对资本从属"的两种形式:以绝对剩余价值生产为基础的形式,叫做劳动对资本的形式上的从属;以相对剩余价值生产为基础的形式,叫做劳动对资本的实际上的从属。所谓劳动在形式上从属于资本,指的是劳动过程被置于资本的控制和监督之下,但还没有涉及到生产方式本身的改变,只是外在地从属,主要通过延长工作日来榨取剩余价值。然而,这样的生产方式自然会遭遇人类生理的限制并激起工人的反抗,从而阻碍了绝对剩余价值的生产。马克思指出,资本为了克服这一限制,第一次创造出它自己所特有的生产方式,如大机器生产的介入,颠覆了劳动的地位,从而使劳动实际上从属于资本。马克思分析到,机器大生产虽然缩短了工作日,带来了工人生活的改善,但丝毫没有改变相对剩余价值的性质和规律,进一步造成了对人的身体和精神的全面浪费和损害。内格里认为,马克思对劳动与资本关系的讨论富有洞见,但马克思考察的"实际吸纳"更多的是局限于物质生产领域,还没有意识到这种吸纳的进一步的后果是:劳动将被更深入地整合入资本之中,而社会也将完全地由资本所形塑,即"机器"霸权将穿透整个生活。内格里认为,在当今社会,马克思所说的实质吸纳已经不仅包含社会的经济或文化维度,而且还包含了整个社会有机体。"它是对整个市民社会的吸纳,是对所有在资本逻辑中的劳动时间和生活时间的吸纳,它就是资本对劳动者的控制,对劳动者身体、灵魂、意识的完全支配,这与马克思所说的在资本主义的冲击下从手工劳动向工业劳动转变的实质吸纳明显不同。"[1]而后来的法兰克福学派只是将马克思的资本对劳动力的形式吸纳向实际吸纳发展的逻辑推向了极致,认为科学技术、文化、艺术都具有了资本属性,成为资本剥削劳动的意识形态,缺乏辩证的和政治的维度,因此,他们的社会批判理论,只关

---

[1] 刘怀玉、陈培永:《从非物质劳动到生命政治——自治主义马克思主义大众政治主体的建构》,载于《马克思主义与现实》(双月刊),2009年第2期,第73—82页。

注资本不断同化和深化控制劳动的一面而进行伦理批判,而没有将劳动方式的变化和科学技术的进步与马克思的人类解放思想积极联系起来。

因此,内格里并不满意正统马克思主义和法兰克福学派的解读方式和理论思路,认为"我们所提到的转变过程与上述过程有着根本区别。马克思(正统马克思主义所理解的马克思——作者注)的描述关注过程的单维性,法兰克福学派后来仅仅对马克思的描述进行了重述和补充。与之不同,福柯论及的过程在根本上触及多元性和复杂性——在德勒兹和瓜塔利那里,这种观察视角发展得更为明确"。[①] 内格里认为:法国后结构主义并不是逃避政治经济学的,而是从内在性的层面把握到了资本对劳动的深入剥削和劳动作为一股力量冲动存在的现实,这给予我们思考资本主义的最新发展以极大的启发。福柯、德勒兹等人通过权力理论对资本主义的分析和批判,打破了马克思和法兰克福学派理论中表现出来的线性逻辑和客观主义倾向,恢复了历史发展的多元性和复杂性,历史的发展并不仅仅是资本统治劳动的历史,而更应该是劳动反抗资本的历史。劳动也是历史主体,而且一直作为资本主体的对立面而存在着,终将控制资本,实现自身的解放。面对这样的解读方式和分析思路,别说是意大利马克思主义学者内格里,就是我们也会有如此熟悉而又陌生的感受。熟悉的是,这正是马克思毕生所宣扬的无产阶级政治斗争的内容;陌生的是,身处去政治化的环境下,我们已然忘记了劳动应有的历史地位和巨大力量。因此,内格里认为,在后结构主义理论中,他发现了超越马克思的马克思。

小结

内格里政治性地解读马克思,试图超越正统意义上的马克思,致力于主体性的确认和建构。传统马克思主义只关注历史过程的资本单维性,法兰克福学派仅仅将这一理论逻辑推向了极致,缺乏辩证的和政治的纬度,与之不同的是,后结构主义中的权力理论在根本上触及了历史

---

① Antonio Negri and Michael Hardt. *Empire*, Harvard University Press, 2000, p. 25.

内格里的"非物质劳动"理论及其当代意义研究
The Contemporary Significance of Antonio Negri's Theory of Immaterial Labor

发展过程的多元性和复杂性。历史的发展并不仅仅是资本统治劳动的历史,而更应该是劳动反抗资本的历史。劳动也是历史主体,而且一直作为资本主体的对立面而存在着,终将控制资本,实现自身的解放。

二、21世纪版本的《共产党宣言》

齐泽克说,内格里的《帝国》是一本旨在为21世纪重写的《共产党宣言》。内格里确实希望通过理论的研究,试图揭示当代资本主义的实质和内在矛盾,进而寻找革命的潜能,建构革命的主体。然后,通过影响甚至领导新无产阶级的政治运动,企图推翻资本主义的生产逻辑,建立可以实现无产阶级自我价值增殖的新型社会。这与马克思的思路是一样的,通过无产阶级的革命推翻资本主义的统治,建立共产主义社会。

齐泽克认为,内格里理论的分析是有局限的。他"使用了一些德勒兹式的空洞术语,如诸众、去地域化等"[1],这使得他对社会经济分析缺乏具体的洞见。"他们没有能够在当前的条件下去重复马克思的分析,即无产阶级革命的前途就蕴含在资本主义生产方式的内在矛盾中。"[2]因此,齐泽克指出:"这意味着,今天经济分析的迫切任务仍然在于再次重复马克思关于政治经济学的批判,而不是寄希望于作为'后工业'社会意识形态的诸众这一诱惑。"[3]齐泽克十分敏锐地发现了内格里理论的问题所在,但是他并没有在当代进行马克思式的政治经济学批判,而是直接跳过了理论分析,走向了列宁,走向了政治革命。在条件成熟时,政治革命自然是需要的,但是缺乏理论洞见的政治革命可能成功吗?当然不能。因此,我们需要进行理论分析,需要进行马克思式的政治经济学批判。内格里的《帝国》就是这样做的。

马克思在《共产党宣言》中说道:"一个幽灵,共产主义的幽灵,在欧洲游荡。"[4]而内格里则认为:如今,这个幽灵不仅在欧洲,而且在全

---

[1] 许纪霖主编:《帝国、都市与现代性》,江苏人民出版社2005年版,第84页。
[2] 许纪霖主编:《帝国、都市与现代性》,江苏人民出版社2005年版,第85页。
[3] 许纪霖主编:《帝国、都市与现代性》,江苏人民出版社2005年版,第83页。
[4] 《共产党宣言》,人民出版社2006年版,第26页。

球游荡。"今天,我们大家理应都清楚意识到这样一个无产阶级式的国际主义时代已终结……今日之无产阶级的确已发现自身不仅是国际的,更是全球的。"①资本主义发展进入"帝国"阶段,资本已经统治了全人类,甚至深入到社会生活的各个领域以及人类的意识与欲望。按照内格里的话来说,当今资本主义社会已经实现了完全意义上的资本主义秩序。

内格里对当今资本主义的解读是这样的:资本主义已经从列宁所讲的"帝国主义"阶段发展到"帝国"阶段。简单来说,帝国主义就是指资本的国家化,而帝国是指资本的全球化。这反映的是一个历史发展的进程。资本首先在一个国家实现自身的统治,然后开始扩张到其他国家,直至全世界。在这一历史进程中,国家的主权逐渐衰落,种族的划分、地理的界限、国家的边界逐渐瓦解,资本主义的生产、交换、分配和消费越发地在全球自由地开展。因此,内格里指出,以国家主权为中心的帝国主义正在衰落,而无中心、无疆界的帝国正在我们眼前呈现。在这一新的阶段,资本可以不受任何疆界和界限的束缚实现自由的流动,跨国公司成为了世界的主角。

对于资本来说,帝国是一个理想的时期,它允许资本自由地流动,有利于资本实现不断的增殖,如经济的全球化,然而,对于劳动者来说,帝国则是一个更具毁灭性的时期,它进一步压制人的生存和发展,甚至使得人类会走向毁灭,如环境的恶化、资本的普遍人格化。然而,内格里认为,虽然帝国具有更大的压迫和毁灭的力量,但是"通往帝国的道路和全球化的进程对自由的力量提供了新的可能性"。②帝国在快速实现资本增殖的同时,也在创造规模庞大的掘墓人——大众。"反抗和颠覆帝国的斗争以及建立一个真正的替代物的斗争,将因此在帝国自身的区域发生。确实,这种新的斗争已经开始出现。通过这些斗争和许多残酷似它们的斗争,大众将创造新的民主形式和新的宪政力量,

---

①〔美〕迈克尔·哈特、〔意〕安东尼奥·内格里著,杨建国、范一亭译:《帝国:全球化的政治秩序》,江苏人民出版社2003年版,第64页。

②〔美〕迈克尔·哈特、〔意〕安东尼奥·内格里著,杨建国、范一亭译:《帝国:全球化的政治秩序》,江苏人民出版社2003年版,第5页。

它总有一天将带领我们穿越和超越帝国。"①

　　内格里所谓的大众,和我们以往印象中的无产阶级是不一样的。内格里指出,"我们要认识到,劳动和反抗的主体已发生了深刻的变化。无产阶级的构成已经历了转化,故而我们的理解也必须转变。从概念上讲,无产阶级已成为一个十分宽广的范畴,它包含所有那些自己的劳动遭受直接和间接的剥削,屈从于资本主义生产和再生产规范的人。在过去的一个时代,这个范畴将重心建立在产业工人阶级之上,并一度被实际上纳入后者名下。它的典范形象是男性产业工人大众。无论是在经济分析中,还是在政治运动中,产业工人阶级都被赋予领导作用,其地位凌驾于其他所有劳动者之上。时至今日,那个阶级已从我们的视线中彻底消失了。它其实并未消亡,只不过它在资本主义经济中的特殊位置及它在无产阶级构成中的霸权地位已被取代。无产阶级已不再是昔日的旧模样,但这并不意味着它消亡。这仅仅意味着我们再度面临这一艰巨的任务:把无产者作为一个阶级,对它的新构成进行分析、理解。"②也就是说,如今的无产阶级已经不仅仅包括产业工人,而是包括一切受资本剥削的人。"我们理解的无产阶级范畴包括一切受剥削于、受支配于资本主义的人。"③产业工人退出历史舞台,并非意味着无产阶级的消失和资本主义生产方式的结束,而是说明无产阶级的历史主体发生了改变,只不过如今的经济条件还没有让新的无产阶级意识到自身的地位和共同的利害关系,还没有使他们形成一个自为的阶级。因此,内格里通过理论的研究,希望让新的无产阶级意识到自己的地位和历史任务。

　　内格里没有意识到的是,人们对帝国和自身地位的认识是需要时间的。尤其是当帝国吃人的本性还没有完全暴露出来之前,人们还会对帝国抱有幻想,还发现不了自身的地位和利害关系,因此,还不能团

---

① 〔美〕迈克尔·哈特、〔意〕安东尼奥·内格里著,杨建国、范一亭译:《帝国:全球化的政治秩序》,江苏人民出版社2003年版,第5页。
② 〔美〕迈克尔·哈特、〔意〕安东尼奥·内格里著,杨建国、范一亭译:《帝国:全球化的政治秩序》,江苏人民出版社2003年版,第67页。
③ 〔美〕迈克尔·哈特、〔意〕安东尼奥·内格里著,杨建国、范一亭译:《帝国:全球化的政治秩序》,江苏人民出版社2003年版,第68页。

结起来形成自为的阶级进行斗争。内格里正处于帝国的上升期,帝国正在不断地变革以往全部的社会关系,这一方面使人们很难认清帝国的本质,另一方面使人们无法冷静地看待他们的生活地位和相互关系。只有当帝国发展到这样的阶段,它把大部分人变成某一类人。这类人慢慢地意识到自身的同等地位和共同的利害关系,然而在斗争中逐渐形成一个自为的阶级,他们才会变革现存的社会生产关系,建立新的社会。马克思曾经也遭遇到过这样的处境,如资本主义社会初期,但是马克思很快敏锐地从生产领域揭示了资本主义的本质和人们的社会地位。"经济条件首先把大批的居民变成工人。资本的统治为这批人创造了同等的地位和共同的利害关系。所以,这批人对资本来说已经形成了一个阶级,但还不是自为的阶级。在斗争中,这批人逐渐团结起来,形成一个自为的阶级。他们所维护的利益变成阶级的利益。而阶级同阶级的斗争就是政治斗争。"①马克思在这里明确地揭示了人们的社会地位,即受压迫和剥削的工人。他们需要通过斗争推翻资本的统治,实现自身的解放。"被压迫阶级的解放必然意味着新社会的建立。要使被压迫阶级能够解放自己,就必须使既得的生产力和现存的社会关系不再继续并存。"②人们变革资本主义的生产方式,创建更加适合人存在和发展的生产方式。

内格里继承了马克思从劳动领域寻找革命潜能和解放理想的传统,认为:"正如马克思要求我们离开喧嚣的交换领域,自下而上地进入生产的潜在住所一样,我们打算使这一立足点的转变发挥类似在《资本论》当中的这种转移的功能。生产的王国是社会不平等清晰的表现之所在,甚至是对帝国的力量最有效的抵抗和替代出现之所在。"③因此,"我们理解大众(无产阶级的新形象)的真实存在状况的一个策略是考察当代劳动的形式和劳动的分类。从许多方面来说,劳动界定了大众的存在方式和潜能。一些学者认为我们把分析的重点放在生产劳动的非物质性层面上,没有能够对大众的主体性作出成功的分

---

① 《马克思恩格斯选集》(第1卷),人民出版社1972年版,第159页。
② 《马克思恩格斯选集》(第1卷),人民出版社1972年版,第160页。
③ Antonio Negri and Michael Hardt. *Empire*, Harvard University Press, 2000, p. xvii.

析。在这里至关重要的是我们关于非物质劳动在当代经济生活中占主导地位的论述。……无论是从系统的生产力的角度还是从反抗帝国权力、寻找替代力量的角度出发,我们都无法想象不把非物质劳动置于帝国的中心"[①]。内格里也希望从生产领域揭示资本主义的本质和人们的社会地位,如从非物质劳动中揭示资本主义剥削的实质和建构无产阶级政治主体。"在后面,我们要争辩,在活跃在今天的各种生产成分中,非物质劳动力量(从事通讯交往、合作及各种情感的生产与再生产)在资本主义的生产图式和无产阶级的构成中占据了核心位置,且这种核心性仍在与日俱增。我们的观点是,所有这一切劳动形式都在某种意义上屈从于资本主义规范和资本主义生产关系。"[②]内格里甚至提出非物质劳动霸权思想,希望借此不断地建构出新的无产阶级主体,即大众。然后,内格里在实践中号召一切受资本剥削的非物质劳动者联合起来,共同颠覆资本主义的生产逻辑。内格里在这里重现了马克思《资本论》的逻辑:资本主义的发展本身就是无产阶级解放的条件。在这个意义上,内格里对非物质劳动的讨论,不仅对于在当代激活马克思主义,而且对于理解当代的资本主义的实质、劳动的新形式和无产阶级的时代状况,都具有特别的意义。

关于内格里对于帝国和反帝国的讨论,我们到处都可以发现马克思的影响。如内格里在对帝国进行判断时,就是基本上沿用了马克思的思路。"马克思称,资本主义比在它之前的社会形态和生产方式先进,同样,我们也要宣称,同过去相比,帝国具有先进性。马克思的观点的基础是:一方面,他对资本主义之前的社会中狭小、森严的等级制度感到一种强烈的厌恶感;另一方面,他认识到,在新的境况中,解放的潜能在增长。与之相同,今天我们也看到,帝国结束了现代权力的残酷统治,解放的潜能同样也在增长。"[③]熟读马克思《共产党宣言》的人应该

[①] 〔美〕迈克尔·哈特、〔意〕安东尼奥·内格里著,陈飞扬摘译:《大众的历险》,载于《国外理论动态》,2004年第8期,第38—41页。
[②] 〔美〕迈克尔·哈特、〔意〕安东尼奥·内格里著,杨建国、范一亭译:《帝国:全球化的政治秩序》,江苏人民出版社2003年版,第68页。
[③] 〔美〕迈克尔·哈特、〔意〕安东尼奥·内格里著,杨建国、范一亭译:《帝国:全球化的政治秩序》,江苏人民出版社2003年版,第58页。

对内格里所表述的观点再熟悉不过了。马克思在《共产党宣言》中无情地批判了资本主义,但是也指出资本主义的历史作用。马克思认为,资本主义在历史上具有革命的作用,它颠覆了束缚生产发展的封建等级关系,资本主义创造了巨大的生产力,它创造的生产力远远大过以往一切时代全部生产力的总和。内格里在讨论帝国时,也是基于这样的思路。帝国相对于以往的帝国主义可以更好地促进生产力的发展。同时,帝国的发展也为无产阶级的解放在不断创造条件。

而关于反帝国的认识,内格里认为,马克思的鼹鼠斗争策略已经不适合当今社会了。"在19世纪,当无产阶级斗争圈出现于当时的欧洲之时,马克思曾试图把它的连续性理解为鼹鼠和它的地下通道。当阶级矛盾趋于公开之时,马克思的鼹鼠也会钻出地面。然后,它又会钻入地下,可并不是去消极地冬眠,而是去巩固它的地道。这只鼹鼠随着时代和历史一道前进,每当时机成熟之时,它就会从地洞之中一跃而出。"[1]然而,内格里认为,马克思的这只鼹鼠已经不复存在了。如今,蛇的游移取代了鼹鼠的地下通道。因为内格里认为,"帝国向我们呈现出一个平面的世界,从任何一点出发,穿过表面,就可以抵达帝国的核心。"[2]因此,内格里认为,分散的缺乏组织结构的斗争并非是劣势,而是优势。如今"斗争不再是横向连接,而是纵向跳跃,直击帝国的核心。"[3]内格里的这一斗争策略虽然还无法实现颠覆资本主义的最终目的,但它是新无产阶级形成自为阶级必不可少的环节。政治的偏见(意大利共产党和工会的右倾,使得内格里对有组织的斗争抱有偏见)和技术的自信(科技的力量容易使人乐观地相信科技可以改变世界,如网络斗争)都会被历史慢慢纠正,新无产阶级会慢慢意识到同盟和组织的重要性。正如马克思在讨论农奴只身进入城市时的处境一样,分散的农奴相对于组织严密、武装齐备的团体而言,是没有任何力量

---

[1]〔美〕迈克尔·哈特、〔意〕安东尼奥·内格里著,杨建国、范一亭译:《帝国:全球化的政治秩序》,江苏人民出版社2003年版,第72页。

[2]〔美〕迈克尔·哈特、〔意〕安东尼奥·内格里著,杨建国、范一亭译:《帝国:全球化的政治秩序》,江苏人民出版社2003年版,第72页。

[3]〔美〕迈克尔·哈特、〔意〕安东尼奥·内格里著,杨建国、范一亭译:《帝国:全球化的政治秩序》,江苏人民出版社2003年版,第73页。

的。即使他们也会举行暴动来反对整个城市制度,但这种暴动最终往往是不了了之。而只有当他们进行联盟,进行有组织的斗争时,他们才会逐步获得解放和自由。

内格里关于当代资本主义本质和斗争策略的认识,都表明内格里的理论更多的是具有过渡性质,还不能说是科学的。我们可以将《帝国》理解为是一本旨在为21世纪重写的《共产党宣言》,但是并不成功。内格里的这一后现代主义版本的《共产党宣言》难以达到马克思《共产党宣言》所产生的社会影响。正如齐泽克所言,内格里的理论是缺乏洞见的。之所以缺乏洞见,是因为内格里没有继承马克思的历史唯物主义思想,转而采用新的理论资源和范式来解释马克思主义。"西方马克思主义者(像我们一样)都是时代的产物,他们往往通过自己时代占支配地位的思想范式来解释马克思主义。我认为这是理解西方马克思主义发展变化的一种有益方式。"[1]内格里也概莫能外。内格里在法国流亡时期,恰逢后结构主义盛行,因而他深受其理论影响。故,内格里在《帝国》中大量借用了后结构主义的思想和术语,即内格里所说的生命政治框架,去重述马克思的《共产党宣言》,包括重新解读马克思的劳动理论。后结构主义不能说没有理论贡献,但是它并没有达到马克思历史唯物主义的高度,难以揭示资本主义的内在矛盾。如内格里虽然继承了马克思劳动解放的传统,但是没有抓住劳动问题的本质,即生产的社会关系,使其劳动解放理论显得空洞和乏力。因此,"他们没有集中在具体到政治和经济的分析,而是比马克思主义更无政府主义,把政府的权力而不是经济关系视为人类解放的主要障碍。"[2]

三、帝国与马克思主义的帝国主义理论

为了便于理解内格里的帝国理论,我们需要梳理一下马克思主义

---

[1]〔英〕戴维·麦克莱伦著,孟高峰译:《西方马克思主义的演化及前沿问题》,载于《华南师范大学学报》(社会科学版),2011年第5期。
[2]〔英〕戴维·麦克莱伦著,孟高峰译:《西方马克思主义的演化及前沿问题》,载于《华南师范大学学报》(社会科学版),2011年第5期。

的帝国主义理论。

(一)西方马克思主义为什么要提出帝国主义理论

西方马克思主义的帝国主义理论曾经一度影响重大,如马克思主义的经典帝国主义理论对20世纪的俄国及世界历史的发展进程产生过重大影响。但是,自20世纪80年代以后,苏联解体以及经济全球化的实现,大大削弱了它的影响力。而如今,马克思主义的帝国主义理论又开始兴起,成为学界的热门话题,如安东尼奥·内格里《帝国》一书的热议体现了这一点。

那么,西方马克思主义为什么要提出帝国主义理论呢?这一理论到底有什么样理论和现实意义值得我们研究?首先,马克思主义的帝国主义理论,作为一种理论体系,不但在学术上具有重要的价值,而且对于现实的国际政治和国际关系也有着重要影响。如安东尼奥·内格里在《帝国》中这样指出,资本主义已经发展到"帝国"阶段,即资本主义的最新发展阶段,或者是马克思所谓的世界市场阶段。这是资本主义社会真实任务所要建立的阶段。如果我们不能理解这一事实,就无法把握时代的基本矛盾和对抗形式的变化。

帝国主义理论,在早期经典马克思主义的帝国主义理论时期,主要代表人物包括希法亭、布哈林和列宁,它之所以被提出,主要是揭示资本主义的实质和发展趋势,以便为国际工人运动和民族解放运动提供理论指导。如帝国主义的概念最早主要指资本主义国家之间的竞争,这体现在以政治、军事以及经济方式进行争夺的冲突中,最终导致帝国主义之间的战争。这在当时对于我国民族解放和国家独立的影响是巨大的,尤其是列宁的帝国主义理论。

后来帝国主义更多的是被理解为政治统治和经济剥削的世界体系。现在西方马克思主义研究帝国主义理论,更多的是研究资本主义世界经济发展的本质,发掘其在落后国家现代化问题上所具有的价值。因此,对于马克思主义的帝国主义理论的研究,对于正处于现代化进程中的中国,有着重要的启示意义。

（二）主要内容

1. 马克思：资本主义具有发展生产力的作用

我们这里研究的是马克思主义的帝国主义理论，如果从这一角度来说，主要内容是讨论马克思主义与帝国主义理论之间的关系，这必然要分析马克思主义关于帝国主义的思想或对帝国主义思想的形成起过重要作用，比如资本主义的原始积累，资本主义的扩大再生产以及关于殖民地的分析等等。

马克思本人虽然没有专门讨论过"帝国主义"，但是，从马克思主义的帝国主义理论发展史中，我们发现，他为马克思主义的帝国主义理论建立了基本的分析框架[①]，或者说后来的马克思主义学者从马克思的理论中引出了帝国主义不同的原理。如果把帝国主义界定为资本主义的扩张政策，那么马克思的扩大再生产理论为后世的"消费不足论"和"过度积累论"提供了来源；如果把帝国主义描述为资本主义的一个发展阶段，即垄断资本主义阶段或金融资本主义阶段，那么马克思讨论的资本的积聚和集中，最终预见垄断的发展是竞争过程不可避免的结果，以及金融资本的投机性的观点，为继承者提供了重要的提示；如果把帝国主义理解为先进国家剥削落后国家的体系，那么马克思关于殖民主义的零散分析，开启了这方面的先河，虽然巴兰等人没有将马克思论述殖民地的著作作为他们分析帝国主义的基础，而是给出了与马克思"资本主义的征服有进步作用"相反的观点，认为垄断资本主义是先进国家和不发达国家停滞的根源。

第一，马克思对扩大再生产的分析与帝国主义理论十分相关，其中争论最大的是市场问题。卢森堡、霍布森、巴兰、斯威齐等人认为，资本主义进行扩大再生产时，将长期遭遇剩余价值的"实现"问题。由于国内的消费不足，资本主义必然要寻求国外市场。这就是"消费不足论"的主要观点。这在历史上解释了对国外市场的寻求弥补了国内需求的不足。但是，这种理论是错误的。马克思本人就专门分析过这一问题，他认为，受到剥削而导致购买能力有限的工人虽然不能完全实现在产

[①] 〔英〕布鲁厄：《马克思主义的帝国主义理论》，重庆出版社2003年版，第19页。

品中的剩余价值,但是,资本家之间也会相互购买生产性的产品,这可以在一定程度上解决消费不足的问题,资本主义并非一定要有非资本主义环境。而且马克思认为,竞争是资本主义发展的主要动力,那么在竞争的压力下,资本主义进行扩张更主要的是寻求原材料和廉价劳动力。需求问题不是最困难的问题,困难的是为资本寻求投资的机会。资本主义的目的是实现资本的增殖和不断积累,也即是资本主义的扩张和发展要有赢利的前景,而不是消费的扩大。因此,大卫·哈维等认为,资本主义的危机并非来自消费不足,过度积累(缺乏赢利性投资的机会)才是问题的根本所在。

第二,马克思关于垄断趋势的预测与列宁的帝国主义理论直接相关。马克思认为,竞争是资本主义发展的主要动力,它迫使资本家不断地降低成本。马克思指出,一般来说,大规模的生产比小规模的生产更有效率且成本更低,因此,竞争迫使资本家尽可能地积累和再投资,以便扩大生产规模。马克思在讨论竞争的过程中,分析认为,竞争会有产生垄断的趋势。这为继承者指明了垄断资本将是现代工业之后的一个阶段。列宁在《帝国主义是资本主义的最高阶段》中明确提出:帝国主义是资本主义的最高阶段,即垄断资本主义阶段。后来阿伦特认为,19世纪末帝国主义的兴起"是资产阶级取得政治统治权的第一阶段,而非资本主义的最终阶段"。[1]《帝国》的作者,意大利马克思主义学者安东尼奥·内格里在当代专门讨论帝国主义的最新发展阶段。他认为,类似于马克思世界市场模式的"帝国"正在我们眼前物质化。"与帝国主义形成强烈对比的是,帝国并不建立权力中心,也不依赖固定的疆界或壁垒。帝国是一个去中心化与去地域化的统治工具,并且逐渐将全球领域并入其开放与扩张的整体中。"[2]现实表现是,跨国公司和全球性机构(如世界银行、国际货币基金会)支配了世界经济,使民族国家的地位走向衰落。然而大卫·哈维并不赞同这一观点,他认为,全球性机构仍然是在美国的主导下,帝国主义仍然类似于历史上英帝国主义,可以称之为金融帝国主义。[3] 马克思在《资本论》第3卷描述过

---

[1] [德]汉娜·阿伦特:《帝国主义》,(台)联经出版事业公司1932年版,第24页。
[2] Antonio Negri and Michael Hardt. *Empire*, Harvard University Press, 2000, p. xii.
[3] [英]大卫·哈维:《新帝国主义》,社会科学文献出版社2009年版,第147页。

资本主义的这种发展趋势,他认为"银行和信用同时又成了使资本主义生产超出它自身界限的最有力的手段,也是引起危机和欺诈行为的一种最有效的工具"。①"那种以所谓国家银行为中心,并且有大贷款人和高利贷者围绕在国家银行周围的信用制度,就是一个巨大的集中,并且它给予这个寄生者阶级一种神话般的、不仅周期地消灭一部分产业资本家,而且用一种非常危险的方法来干涉现实生产的权力——而这伙匪帮既不懂生产,又同生产没有关系。"②当今金融资本的发展正好印证了这一判断。金融部门日益掌控着经济发展的模式和规则,巨额财富的积聚日益与金融活动而非生产过程相关,非金融公司开始大量涉足资本市场和货币市场,影响、压制甚至取消生产性的投资活动,纯粹以金融投资为活动内容和利润渠道。

第三,马克思关于殖民地的讨论与帝国主义理论中不发达理论相悖。马克思在《共产党宣言》中主张,资本主义具有发展生产力的作用。"资产阶级在它不到一百年的阶级统治中所创造的生产力,比过去一切时代创造的全部生产力还要多,还要大。"③资本主义早期的对外关系是以商人资本为中介的,这并没有改变被引入世界市场的其他社会的生产关系。有学者后来指出,商人资本的统治是延误不发达地区资本主义发展的一个重要因素。然而,一旦工业资本占据主导地位,资本主义的征服就能够通过开始资本主义工业化而起到一种进步的作用,虽然常常伴随着野蛮和暴力。马克思正是在这样的背景下指出:资本主义的殖民统治客观上促进了殖民地地区的历史进步,推动了殖民地国家工业化和现代化的进程。后来,弗兰克等人就是混淆了商人资本和现代垄断资本的历史作用(垄断资本比工业资本更具有发展生产力的作用),不加区分地认为:资本主义的发展是以牺牲外围为代价的,即仅仅是通过商人资本的垄断体系榨取剩余价值,而不引入资本主义生产和现代技术,外围被迫处于依附的状态,外围自身的发展受到资本主义的抑制。这种理论虽然可以解释剩余价值被转移到资本主义国

---

① 〔德〕马克思:《资本论》(第3卷),人民出版社2004年版,第686页。
② 〔德〕马克思:《资本论》(第3卷),人民出版社2004年版,第618页。
③ 《共产党宣言》,人民出版社2006年版,第32页。

家,但不能解释外围国家自身资本主义的发展。原因是,弗兰克等依附论者的资本主义生产方式概念与马克思的概念截然相反,对于他们来说,中心—外围关系是资本主义的一个本质特征。马克思是从生产关系的角度定义资本主义生产方式的,而弗兰克等人却仅仅把资本主义定义为一种交换关系的体系,虽然两者表面上相似,但后者的资本主义没有在生产关系上发生真正的改变。

2. 卢森堡:资本主义需要"外部"才能存在

罗莎·卢森堡,在马克思主义的帝国主义理论发展过程中有着特别的意义,她把马克思关于资本主义扩张的描写扩展到其周围的前资本主义社会,这与后来的帝国主义理论就更加相关了。

马克思认为,在纯粹的资本主义经济范围内,工人所生产的超过其劳动力价值的剩余价值是可以被实现的。资本家在实现资本主义的简单再生产和制度再生产基础上,还要进行扩大再生产,以增强自己的竞争力和榨取更多的剩余价值。卢森堡却并不这么认为。她指出,在纯粹资本主义经济中,扩大再生产是无法做到的。首先,卢森堡不愿意接受资本家居然购买他们自己的产品。因为资本家是不可能作为消费者的,这种消费支出只会牺牲积累为代价,并不能带来积累和扩大再生产。那么,购买力有限的工人是不可能消费掉所有产品的,资本主义经济将遭遇长期的"实现"问题,因此,必须寻找国外市场,寻找资本主义生产关系之外的购买者。[①] 其次,与上述思路相似,资本家在竞争的压力下进行扩张,扩大生产规模和降低劳动力成本,这必将出现生产资料的短缺和劳动者的罢工,因此,必须在资本主义之外寻找原材料和廉价劳动力。卢森堡认为:无论发生上述哪种情况,资本主义都必然要使用武力。[②] 武力是资本可以使用的解决问题的唯一办法,而且一直延续至今。关于第一点,卢森堡的问题在于,她不承认资本主义制度内部组成要素或单位之间的区别和交换,她考察"实现"的问题是在总的社会

[①] 〔德〕罗莎·卢森堡:《资本积累论》,生活·读书·新知三联书店1959年版,第283页。
[②] 〔德〕罗莎·卢森堡:《帝国主义与资本积累》,黑龙江人民出版社1982年版,第159页。

资本的角度下给出不同于马克思的结论。另外,这一观点与霍布森提出的"消费不足论"非常相似,虽然这种观念在帝国主义历史中一再以各种形式出现,但是这种理论是错误的。资本主义扩张的动机并非来源于消费的不足,而是寻找原材料和廉价劳动力。关于第二点,即争夺廉价劳动力和原材料的斗争,它能够解释帝国主义之间的竞争甚至战争,而且这也成为了后来布哈林和列宁帝国主义观点的重要组成部分。

因此,卢森堡理论的主要观点是,资本主义需要非资本主义环境才能存在。她将世界划分为资本主义和非资本主义,并且始终坚持这一点。虽然卢森堡的观点遭受诸多批判,列宁甚至说她胡说八道,而且卢森堡的理论确实有不足的方面,但是,她对于帝国主义理论还是有一定贡献的。首先,卢森堡凸显了马克思主义理论中资本主义扩张的主题,她对于资本主义与非资本主义之间剥削关系的强调是有价值的,已经被后来的学者所发展。其次,卢森堡揭示出了武力在资本主义扩张过程中的意义。她认为,武力是资本主义扩张和积累的永恒武器,它将贯穿于资本主义历史的始终。只要资本主义与非资本主义相遇,就会有武力的影子。相遇不仅仅是地理的相遇,而且还是社会的相遇。武力不仅发生于国家之间,而且还发生于各国家内部。殖民侵略属于前者,镇压工人运动属于后者。历史已经证明了其理论的正确性。

3. 霍布森:消费不足论

J. A. 霍布森,虽然不是马克思主义的帝国主义理论家,但是他最早对帝国主义理论进行了系统的研究,尤其是他的消费不足理论,对马克思主义的帝国主义理论有着深远的影响。有学者认为,作为严格的学术体系,帝国主义理论来源于霍布森的《帝国主义》,后由若干马克思主义学者所发展,最终因列宁《帝国主义是资本主义的最高阶段》的小册子使之声名鹊起。这一研究路线,在学界通常被称之为霍布森—列宁路线。

"帝国主义",作为一个理论概念,就是由霍布森首先提出的。他认为,帝国主义是一种政策,即是资本主义的扩张政策,不过不再是单一势力的发展,而是各个帝国之间相互竞争,其中金融资本或投资势力开始占有优势。霍布森既揭示了新帝国主义与旧帝国主义之间的区别,又指出了帝国主义发展的新趋势——金融资本和资本输出。①

霍布森帝国主义理论中最著名的当属"消费不足理论",它是后来许多马克思主义的帝国主义理论家,比如列宁、巴兰等的理论版本或重要因素。霍布森认为,帝国主义扩张的原因是国内消费不足和过度储蓄,资本只有对外投资和寻找市场才能实现自身不断的增殖。在这样的过程中,自然就会引起发达资本主义国家与不发达国家之间的矛盾,同时也引起了发达资本主义国家之间的争夺,在政治上就表现为侵略和战争。

霍布森的消费不足理论,在历史上虽然解释了对国外市场的寻求弥补了国内需求的不足,正确地解释了对外投资,但是,这种理论仍然是错误的,错误地相信它是帝国主义形成的原因。国家垄断资本主义为寻求盈利性投资而进行的扩张,才是帝国主义的实质。

4. 希法亭:金融资本

鲁道夫·希法亭,布鲁厄称他为经典马克思主义的帝国主义理论真正创始人。为什么会这样评价他?因为希法亭的《金融资本》几乎涵盖了帝国主义理论的每一个要点,只不过他没有把他的论证集中起来形成一个明确的帝国主义概念。

在经典马克思主义的帝国主义理论中,"帝国主义"概念一般指的是主要资本主义国家之间的竞争,这体现在以政治、军事以及经济方式进行争夺的冲突中,最终导致帝国主义之间的战争。这是当时经典马克思主义的帝国主义学者的时代背景。

希法亭对马克思关于垄断趋势的预测进行了历史性的分析,当时德国就处于这一过程中。当时资本积聚和集中主要采取股份公司的形式,形成大公司,排挤小公司,最终慢慢产生行业的垄断。然而,对希法亭来说,垄断发展中的主角是银行。银行能够集聚和控制大量的资金,提供贷款,这可以影响甚至决定产业资本的发展。这使得垄断在银行资本中迅速发展。希法亭把这些转变概括为"金融资本"的兴起。② 这

---

① [英]霍布森:《帝国主义》,上海人民出版社1960年版,第242页。
② [奥地利]希法亭:《金融资本》,商务印书馆1994年版,第253页。

一概念当时主要指的是产业资本和银行资本的结合,还不能把金融资本与银行资本混为一谈。金融资本意味着资本的统一,即垄断。但是这种垄断集团(如卡特尔)还不能控制世界市场,它们需要关税的保护。因此希法亭认为,垄断必定在一个国家的基础上形成,不会建立在国际的基础之上。这一点体现出希法亭的讨论主要涉及先进资本主义国家的内部发展。布哈林正是看出了这里的问题——垄断还具有世界化的可能性,因此,他将希法亭对先进资本主义国家内部发展的描述改造为一种关于世界经济转变的理论。

5. 列宁:帝国主义是资本主义的最高阶段

列宁,作为经典马克思主义的帝国主义理论家之一,虽然有人批评他对帝国主义理论的发展贡献很少甚至没有贡献,但是他是使帝国主义理论声名卓著的最重要的人物。如果没有列宁的《帝国主义是资本主义的最高阶段》的小册子,我们很难想象帝国主义理论能够受到学界和国家如此多的关注。因此,列宁在马克思主义的帝国主义理论中是无论如何都无法绕过的一个人物。

布鲁厄认为,列宁的《帝国主义论》在低的理论水平上继承了希法亭、布哈林和霍布森的理论思路,提供了一种强有力的关于帝国主义的描述性论述。[①] 而马特拉·伊尔迪兹(Murat Yildiz)则不同意这样的评论。他认为,列宁的《帝国主义论》运用了马克思政治经济学批判的基本方法,是对马克思主义政治经济学理论的重要发展。事实上,列宁的帝国主义理论所承担的重任不应该仅仅是理论的分析,更多的应该是作为工人阶级和人民群众革命的武器,如同马克思的《共产党宣言》,不是详细的理论论证,而是对当时的形势作实际的考察,打算为政治决策提供依据。因此,列宁关于帝国主义理论上的贡献不是很明显。我们来看看列宁关于帝国主义理论的基本判断。他认为,帝国主义是资本主义发展的一个阶段,即垄断资本主义阶段。[②] 具体表现在:生产集中和垄断、金融资本和资本输出是帝国主义突出的经济问题。生产集

[①]〔英〕布鲁厄:《马克思主义的帝国主义理论》,重庆出版社2003年版,第136页。
[②]《列宁选集》(第2卷),人民出版社1995年版,第650页。

中和垄断占据19世纪末20世纪初资本主义发展的主导地位;金融资本是垄断在资本主义发展中的表现之一,其结果就是资本输出;资本输出的本质是对资本输入国的经济掠夺和政治压迫。

首先,列宁的主要理论贡献,是他正确认识了资本主义的新变化,明确了垄断是帝国主义阶段的基本特征。这就是帝国主义是资本主义发展的一个阶段,即垄断阶段。这里,帝国主义的概念开始了转移,从布哈林的帝国主义是资本主义国家的一种政策或意识形态转移到资本主义是一个发展阶段的定义。这虽然说有助于我们认识世界和资本主义的新变化,但是却在理论上造成了某些混乱,许多后来的马克思主义学者将帝国主义狭义地理解为国际的统治和剥削,即一个国家对另一个国家的统治,更多侧重于概念的政治性方面。以至于列宁的《帝国主义论》成为了马克思主义国际政治和国际关系理论的经典文本之一,不仅包括对第三世界国家内政外交和国际关系产生巨大影响,而且它还被西方大学列为国际关系专业课程的必读书目和考试书目之一。

其次,列宁关于帝国主义阶段资本主义发展趋势的判断,如垄断和金融资本的出现,更多的是对他人理论成果的总结。金融资本概念是由希法亭提出的,他认为金融资本开始在先进国家控制整个工业的发展。希法亭还主要是在国内资本主义经济发展范围内进行研究,布哈林则把希法亭的上述分析置于世界经济的背景中进行讨论。他认为,竞争的斗争在金融资本时代继续着,形式是"国家资本主义托拉斯"之间的军事和政治竞争。而列宁关于垄断和金融资本趋势的分析,基本上是延续了希法亭和布哈林的分析思路。这里需要说明的是,金融资本的概念,与当代金融资本的概念还是有区别的。希法亭的金融资本是产业资本与银行资本结合的产物,我们不能把金融资本和银行资本混为一谈。而当今的金融资本的概念,已经比较纯粹和独立,以至于它看起来似乎可以自身运行和发展。

第三,列宁认为,资本主义进入到帝国主义阶段是因为剩余资本不能为国内市场所吸收而不得不投向殖民地和其他被统治的国家。少数帝国主义国家将世界划分为不同的势力范围。当世界市场划分的平衡被打破时,世界战争就会爆发。这其中包含有霍布森的消费不足理论,

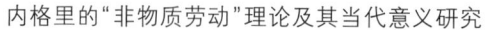

虽然列宁不承认这一点,但是他确实读过霍布森的《帝国主义》,而且还做了大量的笔记。

历史发展表明,列宁的帝国主义理论错误地判断了资本主义发展已进入到最终阶段,严重低估了资本主义帝国主义阶段的生命力。但不能否认的是,列宁的帝国主义理论作为革命的武器,作为落后国家进行现代化的指导思想,具有不可估量的历史作用。

6. 巴兰:垄断资本主义是停滞的根源

保罗·巴兰,作为二战后有影响的马克思主义学者,在问题和理论内容方面,对马克思主义的帝国主义理论提出了自己与众不同的见解。他指责垄断资本主义既是先进国家,又是不发达国家停滞的根源。这一观点明显偏离了经典马克思主义的立场。经典马克思主义者认为,垄断的发展是竞争过程不可避免的结果,垄断逐渐成为一种强化竞争、促进积累和革新技术的有效手段。巴兰则相反,他认为,当一个市场上仅仅有一些大公司存在的话,那么竞争将会消失,因为他们彼此之间会采取"自己活也让别人活"的策略。希法亭曾专门论述过这种可能性,如银行的、产业的和商业的资本联结在一起的金融资本,国家或世界在金融寡头的领导下共同对世界进行统治。也类似于考茨基的"超帝国主义"理论,资本主义列强之间不再进行战争,而是将冲突转移到世界剥削系统的维护上来。前者描述的趋势在那个时代还没有完全地展开,而后者,"一战"和"二战"的爆发强有力地证明了竞争导致战争的时代趋势。

巴兰为什么会提出这样截然相反的观点呢？一方面是,他坚持"垄断组织限制产量的扩大以保护垄断利润"的论证。他从静态论证的方式出发,认为对一定的成本和需求水平来说,有产生最大利润的特定价格和产量。只要既定的条件保持不变,一个垄断组织就会继续生产这种产品,并且不会为了扩大产量而投资。[①] 但是,我们分析投资,得动态地考察成本和需求的变化,投资率会受到成本和需求变化所支配的。首先,无论垄断组织还是竞争性公司,他们都有使成本最小化的

---

① 〔英〕布鲁厄:《马克思主义的帝国主义理论》,重庆出版社2003年版,第143页。

动机,也即是采用任何降低成本创新的动机。而巴兰之所以认为垄断组织很少投资引入新技术,阻碍资本主义发展,是由于体制内的需求不足而导致扩大投资的难题。这正是巴兰所坚持的"消费不足"观点的体现,他认为资本主义经济因为工人有限购买力而经受持久的需求短缺。我们发现,这是霍布斯所做过的论证。这种论证虽然是错误的,但在帝国主义理论中是重要的,在历史上也起到了一定的解释作用,即国外市场的寻求弥补了国内需求的不足。这里就开始涉及到需求的变化问题了。其次,需求是否不足,这不是纯理论的问题,而是现实变化的问题。"一种产业的扩张造成对投资货物的需求,还创造了就业,扩大了对消费品的需求。其他产业逐步增加投资,这引起进一步的扩张。无论经济是竞争的或是垄断的,这个累积过程将始终起作用,尽管不必然以完全相同的方法。当需求缩减时,同样的过程朝相反方向起作用。结果,资本主义经历了连续的繁荣和萧条。"①因此,需求是处于不断变化过程中的,而并非是一成不变或一直处于不足的状态。导致巴兰提出上述观点的原因,可能跟他所处的历史环境有着莫大的关系。写作于20世纪50年代的《发展的政治经济学》,其直接的关于垄断资本的证据是20世纪30年代世界经济大萧条时期,这时正是垄断资本失败的时期。而在20世纪五六十年代"长期繁荣"表明垄断资本主义也可以促进发展,而且其程度甚至超过了竞争资本主义的任何阶段。

巴兰在提出垄断资本主义是导致发达国家和不发达国家经济发展停滞的根源后认为,社会主义在经济发展方面会做得更好。这看起来与经典马克思主义的观点是一致的,即资本主义已经成为生产力发展的桎梏,而且已经到达其历史规定的时间的终点。然而,事实上是,巴兰对发展的界定,更多的是从量上来看待的,而不是从质上来分析的。巴兰认为,社会主义仅仅与"生产力的发展"和"劳动生产率的提高"等概念相似,这很容易陷入社会主义只是实现经济快速增长的一种手段而已,而不是社会生产关系发生质变的社会形态。这有陷入"资本主义形态学"的危险。

---

① 〔英〕布鲁厄:《马克思主义的帝国主义理论》,重庆出版社2003年版,第143页。

而关于帝国主义,巴兰没有专门给出定义,而是描述性地提及了。他认为帝国主义是扩张主义的政策和意识形态,而不是列宁所指出的一个发展阶段。虽然巴兰关于帝国主义的论述大致遵循了经典马克思主义的路线,但是他认为帝国主义的真正意义在于它是国家军事支出的一个借口。这倒是很奇怪的一种观点,仅仅把国家军事扩张看作是帝国主义的主要意义,而对外贸易和投资却只具有次要的意义。如果从巴兰静态的消费不足的立场来看,其实也是可以理解的。巴兰认为,帝国主义的军事开支可以吸收掉剩余价值,进而可以维持需求和就业。而且更可笑的是,巴兰认为帝国主义的政策也许实际上对一个帝国主义国家的普通人来说是有好处的,它可以为整个无产阶级创造更好的就业前景。

值得一提的是,他把世界划分为先进的资本主义国家和不发达国家,认为不发达国家的根源在于垄断资本主义。他并非是简单地在理论上分析,而且还专门考察了不发达国家的具体情况,这在一定程度上将马克思主义者的注意力开始引向对不发达国家的分析,并且提出了许多被后来的作者进一步发展的观点。比如,他认为不发达国家的内部结构阻碍了那里的进一步发展,而且还把它变成马克思主义理论中的中心问题。

7. 弗兰克与沃勒斯坦:依附论

二战后,从20世纪60年代到70年代,弗兰克与沃勒斯坦关于"资本主义造成不发达"的"依附论"观点主导着马克思主义的帝国主义理论,提出与经典马克思主义的帝国主义理论完全不同的关于世界经济的思想。

传统马克思主义者,包括经典马克思主义的帝国主义者,如马克思、卢森堡、希法亭、布哈林以及列宁等,都认为资本主义在发展生产力方面有进步作用,而且,资本主义在时空中不断扩张和发展,已经从开始的少数国家渗透到全世界、从简单的商品输出阶段进入到资本输出阶段。然而,弗兰克与沃勒斯坦却不同意这样的观点。他们认为,作为一种世界体系的资本主义,从16世纪就开始存在,而且从那时起,资本主义在本质上没有发生任何改变。他们因此也被称为"世界体系论者"。他们的主要观点是,资本主义是世界范围内的垄断的交换和剥削系统,资本主义的发展是以牺牲"不发达国家"为代价的,"不发达国家"被迫处于依附状态。那么,他们是如何论证这一观点的呢?这一观点的意义和缺陷又在哪呢?

弗兰克把世界资本主义体系划分为中心和卫星结构,沃勒斯坦也类似地把世界资本主义体系划分为核心和外围结构。他们认为,中心(核心)剥削卫星(外围),剩余价值被集中到中心(核心),而卫星(外围)由于剩余价值被榨取以致延缓了发展。更为重要的是,卫星(外围)被降低到依附状态,形成一种扭曲的和依附的政治经济结构,无法实现自身独立地发展。这种"中心—卫星关系链条"存在于世界体系的所有层次上。

弗兰克的"中心—卫星关系链条"或沃勒斯坦的"核心—外围关系",看似与马克思主义帝国主义理论一致,其实两者有着本质的差别。弗兰克与沃勒斯坦仅仅把资本主义看作是一种以垄断和剥削为特征的世界范围的交换关系,从本质上讲资本主义只是被看作剩余价值量的一种再分配体系,即由受剥削的外围向中心的一种资源转移的世界结构,而不是经典马克思主义所认为的,资本主义是一种具有质的历史进步的社会形态。历史表明,资本主义已经产生了巨大的技术和经济进步,虽然也造成了经济发展的巨大地域差异,但是总体趋势是进步和发展的,包括卫星和外围国家。两者之间的本质区别在于,弗兰克与沃勒斯坦是通过交换关系来界定资本主义的,而经典马克思主义是从生产关系的角度为资本主义下定义的。比如,弗兰克把资本主义垄断只是理解为类似于19世纪商人资本的垄断,这种垄断并没有改变非资本主义国家的生产关系,仅仅通过交换来剥削资源和财富,没有破坏其社会关系和形态,而是形成一个对持久的不发达感兴趣的本地统治阶级,即"流氓资产阶级",但是,现代垄断资本,是以大规模的资本主义生产为特征的,现实形式是跨国公司,这通常会改变非资本主义国家的生产关系,打破原有的社会关系和体制,要求其产生自由的、一无所有的劳动力,以便引入资本主义生产和最现代的技术,从而在客观上推动了非资本主义国家生产关系的改变和资本主义化或现代化的发展。沃勒斯坦则完全抛弃了马克思关于自由劳动力和资本之间关系的资本主义概念的分析，他把任何为市场利润而进行生产的人都当作资本家，而关于雇佣劳动，他认为，它仅仅是劳动力市场上可供选择的方式之一，奴隶制、强制的专供销售的农作物的生产、交谷租种和租佃都是可供选择的方式。

因此，弗兰克与沃勒斯坦"依附论"的意义在于，他们强调不发达的重要性和从世界体系发展的角度对它进行分析的必要性，主要缺陷是忽视生产关系在决定系统的动力和阶级结构中的作用，无法解释外围国家工业化和现代化的发展，也不能说明第三世界中资本主义发展的极端不平衡。

8. 伊曼纽尔：不平等交换理论

阿里吉·伊曼纽尔的不平等交换理论，在马克思主义的帝国主义和世界经济理论发展过程中，有着特别的意义。在伊曼纽尔那里，所谓的帝国主义更多的是经济意义上的，而非军事或政治意义上的，比如，帝国主义行为不仅仅包括资本主义国家对非资本主义国家的剥削和统治，而且还包括资本主义国家之间经济贸易过程中的剥削和不平等，这是其一。其二，伊曼纽尔把马克思关于资本主义国内生产价格形成机制的分析扩展为对国际价格决定因素的分析，这可以说是一种真正具有创造性和实质性的贡献，在新的时代条件下激活并发展了马克思主义，为马克思主义世界经济理论作出了有益的探索。

不平等交换，按照经典马克思主义的帝国主义理论，一般会被归因于垄断，但是，伊曼纽尔却认为不平等交换的原因是工资的差别。他认为，高工资国家的产品比低工资国家的产品要更昂贵，低工资国家不得不为其进口付出高于它所愿意的价格，这就是所谓的不平等交换。为什么是工资的差别决定了不平等交换？伊曼纽尔的基本观点是，资本是在国际上流动的，而劳动则不然。这导致的结果是，价格和利润率由于竞争而在国际间平均化，但工资却并非如此。劳动由于受到地域的限制以及"历史的和道德的因素"束缚，工资在国家间会出现差别，这使得产品的工资成本不同，那么各个国家的产品价格就会有差异，以致形成产品交换过程中的不平等现象。然而，按照当今经济发展的状况来看,这一论证思路是非常荒谬的。为什么低工资国家必须要进口高工资国家生产的高价产品? 难道自己不能生产或者不能从其他国家进口更便宜的产品吗? 既然资本在国家间可以自由流动,为什么任何投资最终会流入高工资国家? 在这里,伊曼纽尔的分析有一个预设,即全球存在着一个预先确定的国际专业化模式,也就是说各个国家存在着生产不同产品的国际分工。这导致低工资国家要想交换高工资国家的产品,必须要出口更多数量的本国产品。伊曼纽尔认为,上述的这种不平等交换构成不平等发展的基础。不平等交换与资本主义发展过程之间的关系是:高工资为发展的关键,高工资首先意味着有一个巨大的市场需求,这种需求吸引资本进行投资,其次,高工资导致资本集约型生产方法的运用,如机械化生产方法的使用,从而提高生产率并促进发展。

但是现实的发展却是更多的资本输出到低工资国家。然而,伊曼纽尔继续争辩道:资本更愿意在高工资国家进行投资,因为在新地点开始从事生产需要一个比较长的周期和基础设施建设,这要比改变行业已经充分建立起来的地区的生产规模更费劲。但是,这些预设只能是纯理论分析的前提,然而历史的发展颠覆了这些预设。资本为了追求廉价劳动力,跨国公司已经在低工资国家建立了大量的工厂,工业化开始向低工资国家转移和发展,中国和印度的工业化进程最好地体现了这一点。

伊曼纽尔的不平等交换理论,借助于自己的理论假设,尝试将马克思对生产价格的分析扩展为对国际价格决定因素的分析,虽然有一定的缺陷,但是有着重要的理论贡献。

9. 哈维:剥夺性积累的帝国主义

大卫·哈维的新帝国主义理论认为:当前帝国主义实践的核心是剥夺性积累,表现为新自由主义与私有化的国际主义政治的兴起。而新帝国主义的主体是美国,美国资产阶级正在重复19世纪后30年英国资产阶级的行为。区别在于,当初英国是通过武力和暴力进行原始积累的,而现在美国,虽然也在使用武力,掠夺自然资源,开拓廉价的劳动力和商品市场,但这只是新帝国主义的冰山一角,更为主要的方法是通过新自由主义的制度安排,运用自由贸易与开放资本市场的手段,垄断势力在非对称的交换关系中获取巨额利益。具体表现是利用国际货币基金组织和世界贸易组织的体制压力,强迫整个世界打开市场。①

在哈维看来,卢森堡的观点是需要修正的。卢森堡对于资本主义危机的理解是基于消费不足(普遍缺乏足够的有效需求来吸收资本主义生产的增长)的假定来分析的,她认为,遭受剥削的工人远远无法实现资本主义生产出的剩余价值,资本主义必须与非资本主义社会进行贸易和交换,才能维持资本主义体系的稳定运行和发展。在这样的过程中,资本主义国家诉诸暴力和武力打开非资本主义的国门和市场,这就是卢森堡所认为的帝国主义阶段。但是,哈维认为,历史发展表明,资本主义的危机并非来自消费不足,过度积累(缺乏赢利性投资的机会)才是问题的根本所在。②而且马克思本人也做过这方面的预言,他认为,市场自由化不会产生和谐和富裕,恰恰相反,它将产生前所未有的社会不公平,还将产生严重的和持续增长的不稳定,并最终会带来长期的过度积累危机。③

之所以用剥夺性积累来说明新帝国主义,哈维认为:用原始的或初期的标签来界定现在进行的积累过程不太合适,虽然直至今天,马克思所述的原始积累的所有特征仍然强有力地存在着,但是1973年之后所形成的强大的金融化浪潮,使得资本积累已经完全展现出了投机性和掠夺性的特点,因此,剥夺性积累已经代替扩大再生产走上了前台,成为帝国主义资本积累的组织机构内部的首要矛盾。我们正在经历的帝国主义阶段,就是剥夺性帝国主义阶段或者金融资本主义。④而且最为重要的是,冷战结束突然消除了长期以来对全球资本积累地带的威胁。资产阶级集团无疑继承了这个世界。福山曾预言历史的终结即将到来。短期内,一切预示着列宁是错的,而考茨基则可能是对的——各

---

①〔英〕大卫·哈维:《新帝国主义》,社会科学文献出版社2009年版,第146页。
②〔英〕大卫·哈维:《新帝国主义》,社会科学文献出版社2009年版,第112页。
③〔英〕大卫·哈维:《新帝国主义》,社会科学文献出版社2009年版,第117页。
④〔英〕大卫·哈维:《新帝国主义》,社会科学文献出版社2009年版,第117—119页。

主要资本强国有可能在"和平"协作的基础上建立一种超帝国主义(当前具有代表性的是七国集团——在俄罗斯加入后变成了八国集团,尽管该集团处于美国霸权的领导之下),而且金融资本的世界性将可能是其最基本的意识形态。[1] 因此阿伦特的观点无疑是正确的:19世纪末帝国主义的兴起,是资产阶级取得政治统治权的第一阶段,而非资本主义的最终阶段。

哈维在论述新帝国主义中,坚持认为当今的帝国主义类似于历史上的英帝国主义,它是由美国所主导,对全世界进行剥削。这与内格里的观点相左。内格里认为,正在我们眼前呈现的帝国,类似于马克思的世界市场的概念,它不再是某个国家能够支配这一体系,而是带有全球性质的机构和跨国公司。跨国资本主义公司开始出现,尽管这些公司可能在这个或那个国家建有总部,但它们以早期帝国主义阶段无法想象的方式迅速扩展到整个世界(列宁和希法亭所描述的托拉斯和卡特尔均与特定的民族国家紧密地联系在一起)。而国家的作用和地位正在不断地下降,无论是在资本主义发展过程中,还是在反抗帝国的社会运动中。哈维倒是在反抗剥夺的斗争中指出,国家的作用被消减。很多斗争带有区域性,甚至全球性,这使得传统社会主义和共产主义运动所期望的,控制国家机器越发变得无关紧要。但哈维又反对内格里提出的"大众"理论。他认为,当今资本主义虽然也存在扩大再生产领域的矛盾,但首要矛盾是剥夺性积累,我们不能将这些分歧埋葬于所谓"大众"的模糊概念中。

10. 伍德:资本的帝国

艾伦·伍德,作为当代新帝国主义理论方面代表性人物之一,其《资本的帝国》有比较大的影响。伍德关于新帝国主义的讨论,主要是指向美帝国主义。他认为,美帝国主义的实质是通过市场(或资本)的力量而不是军事专制暴政来对世界进行统治。这一点与大卫·哈维相似。伍德也是基于类似于大卫·哈维权力逻辑和资本逻辑,认为这两种逻辑的冲突和统一成为了世界资本主义发展的脉络,最终资本的逻

---

[1] 〔英〕大卫·哈维:《新帝国主义》,社会科学文献出版社2009年版,第57页。

辑战胜权力的逻辑开始主导当代资本主义的发展。但是,这并非意味着国家权力的衰弱或不重要。伍德认为:"资本主义就其本质而言,是一种无政府主义制度,在这种制度下,市场'规律'对社会秩序的解体具有不断的威胁性",因而它比以往社会都"更需要社会运程的稳定性和可预知性"①。因此,民族国家的超经济强制,仍然是相当重要的。那种以资本跨国流动的增加来说明民族国家地位衰落的观点是荒谬的。基于这样的观点,伍德对"民族国家过时论"进行了批判,包括《帝国》作者内格里的帝国理论中所包含的民族国家衰弱的观点。从这里我们可以看出,伍德的资本帝国理论,虽然强调资本逻辑主导世界经济的发展,但是他并没有仅仅看到跨国资本的发展,而且还看到国家在资本主义的最新发展过程中依然具有重要作用。伍德认为,我们需要回到马克思关于国家的理论中去汲取资源,深化今后帝国主义理论的研究方向。按照马克思的分析,资本确实是需要国家的。因为"有人还责备共产党人,说他们要取消祖国,取消民族。工人没有祖国。决不能剥夺他们所没有的东西"。②这个"有人"自然是资产阶级,资产阶级是不能离开国家的,因为国家是他们剥削工人和保护资本的有效工具。因此,伍德分析道,资本帝国是离不开民族国家的,无论是美帝国主义经济还是附属国家经济,民族国家仍然在发挥着全球资本积累所需的无可比拟的强制作用,它正是资本帝国主义控制和管理全球的有力工具。这正是伍德理论清醒的方面,在跨国资本愈演愈烈的情况下,还能认识到国家所应有的地位和作用。但是,伍德最终还是认为,现在的帝国主义是资本的帝国。这与哈维有着重要的区别。哈维的新帝国主义是美国的帝国主义,他虽然会认为资本的积累在全球化过程中具有重要作用,但是更为重要的是权力的积累,即国家的重要性,权力的逻辑战胜资本的逻辑,主导着当代资本主义的发展。虽然内格里有忽视民族国家的地位的作用的嫌疑,但内格里只不过是想强调资本主义未来发展的一个趋势是无权力中心的资本世界,而并没有说彻底否定国家

---

① 〔美〕艾伦·M.伍德:《资本的帝国》,上海译文出版社2006年版,第7页。
② 《共产党宣言》,人民出版社2006年版,第46页。

11. 内格里：帝国

列宁曾经根据资本主义现实发展的不平衡和尖锐矛盾，对考茨基的"超帝国主义"观念予以坚决的否定和批判，指出，现实"真正的挑战是在当前的危机中以反帝国主义政策把无产阶级联合起来"。① 列宁的《帝国主义是资本主义的最高阶段》一书正是在这样的背景下写就的。

内格里批判性地指出，列宁的"否定政治成分多于理论成分"。② 马克思的资本概念中是包含世界市场的趋势的。资本主义的不断扩张，最终必然会打破一切束缚和限制，创造一个可以实现资本自由流动的世界。因此，内格里认为："帝国主义极大地依赖着这些有限的疆界和内、外部的区分。帝国主义其实为资本创造了一个束缚——或者更准确地说，在一定程度上，帝国主义实践所造成的疆界阻碍着资本主义的发展和资本主义世界市场的完全实现。资本必须最终克服帝国主义，将内、外部之间的限制摧毁。"③ 在这样的推理之下，内格里指出，列宁关于帝国主义的讨论实际上直接推导出的是帝国，而不是共产主义。于是，内格里得出结论，认为在全球化的进程中，民族—国家的主权虽然还有作用，但正不断地走向衰落。在帝国的阶段，"生产和交换的主要因素——金钱、技术、人力、商品——越来越容易地越过国界，因此，民族—国家越来越少有力量去制约以上因素的流动，向经济施加它的权威。甚至最占据统治地位的国家在自身疆界之内或之外，也不再被认为是至高无上的权威"④。说白了，内格里的帝国是资本希望摆脱民族—国家主权影响所形成的独立王国。帝国是由一系列根据资本的单一逻辑联合起来的国家和超国家的组织构成。"如果说帝国主义表现

---

① 曹义恒、曹荣湘主编：《后帝国主义》，中央编译局出版社2007年版，第163页。
② 〔美〕迈克尔·哈特、〔意〕安东尼奥·内格里著，杨建国、范一亭译：《帝国：全球化的政治秩序》，江苏人民出版社2008年版，第227页。
③ 〔美〕迈克尔·哈特、〔意〕安东尼奥·内格里著，杨建国、范一亭译：《帝国：全球化的政治秩序》，江苏人民出版社2008年版，第230页。
④ 〔美〕迈克尔·哈特、〔意〕安东尼奥·内格里著，杨建国、范一亭译：《帝国：全球化的政治秩序》，江苏人民出版社2008年版，第1—2页。

了独立自主的民族资本争夺世界霸权的斗争这一特征"①,那么帝国就表现了资本从国家政权中独立出来实现自身发展的特征。资本在这一世界中可以实现自由地流动和快速地增殖,而不为自己的行为承担后果。这是为什么有些国家会反对全球化的重要原因。资本的全球化实现的是资本的增殖,最终目的并非是人和国家的发展。

资本主义的历史发展已经进入了一个类似超帝国主义的阶段,即内格里所提出的"帝国"阶段。在这样的一个阶段,资本主义实现了新的稳定的统治。在这样的背景下,许多左翼学者和人们出现了悲观主义的倾向,而内格里则以乐观主义的精神予以应对。内格里指出,我们不能向左派那样一味地去抵制和反抗全球化,而是推进全球化。在全球化中去分析和挖掘革命的潜能。"无论是在理论上,还是在实践中,更好的做法是进入帝国,面对它的同质化和异质化流动中的各种复杂状况,将我们的分析建立在全球民众的力量之上。"②

(三)述评

通过上述研究和分析,我们发现,马克思主义的帝国主义理论在认识世界和改造世界方面具有重要影响。它不仅能够帮助我们认识资本主义的本质和发展状况,而且还能影响国家和世界历史的发展进程。无论是在殖民地国家争取民族解放和独立过程中,还是发达资本主义国家改变剥削和统治世界的方式中,抑或是在落后国家进行现代化和工业化过程中,都无不看到马克思主义帝国主义理论的影响和作用。

因此,学者们普遍认为,马克思主义的帝国主义理论在马克思主义体系中具有重要的地位。在经典马克思主义的帝国主义理论时期,帝国主义理论在马克思主义思想中异常突出,特别是列宁时期。这段时期,主要包括马克思、卢森堡、希法亭、布哈林以及列宁等,马克思为帝国主义理论奠定了基本的分析框架,卢森堡把马克思的扩大再生产理论扩展到前资本主义社会,希法亭提出了金融资本的概念,初步提出帝国主义是一种政策的思想,布哈林则是将希法亭对先进资本主义国家

---

① 曹义恒、曹荣湘主编:《后帝国主义》,中央编译局出版社2007年版,第164页。
② 〔美〕迈克尔·哈特、〔意〕安东尼奥·内格里著,杨建国、范一亭译:《帝国:全球化的政治秩序》,江苏人民出版社2008年版,第50页。

内部关于金融资本发展的描述改造为一种关于世界经济转变的理论，而列宁概括指出，帝国主义是资本主义发展的高级阶段，即垄断阶段。这其中有一个人物需要提一下，那就是霍布森。他虽然不是马克思主义的帝国主义理论家，但是他最早对帝国主义理论进行了系统的研究，尤其是他的消费不足理论，对马克思主义的帝国主义理论有着深远的影响。这一段时期的帝国主义理论可谓是盛极一时，对马克思主义理论的发展和世界的进程都产生了不可估量的影响。

二战后，对于马克思主义的帝国主义理论有贡献的学者有巴兰、弗兰克、沃勒斯坦以及伊曼纽尔等。这段时期的帝国主义理论偏向对不发达国家的研究和分析。巴兰把世界划分为先进的资本主义国家和不发达国家，专门考察了不发达国家的具体情况，这在一定程度上将马克思主义者的注意力开始引向对不发达国家的分析，并且提出了许多被后来的作者进一步发展的观点。弗兰克与沃勒斯坦的依附论强调了不发达的重要性和从世界体系发展的角度对它进行分析的必要性。而伊曼纽尔非常出彩的理论贡献是将马克思对生产价格的分析扩展为对国际价格决定因素的分析，这对于马克思主义世界经济思想的发展有重要影响。

古典帝国主义理论主要是从资本主义生产关系上对帝国主义问题进行认识，从政治经济学上进行理论推导。二战后的帝国主义理论却抛弃了生产关系去认识资本主义，这是重大的失误。而到了当代帝国主义理论，在研究方法上的一个明显的特征，就是区分了资本主义与帝国主义这两个范畴。资本主义属于经济和生产关系的领域，帝国主义则已经跨入了国家和国家关系的领域。所以，当代马克思主义更多的是在双重维度下把握帝国主义问题，在方法论上超越了古典理论的经济还原论（指所有现象都从生产关系中推导出来）和国家工具论（即简单地把国家看作资本的工具，国家本身没有自主性）。他们都特别注重帝国主义理论中的国家理论，要么是强调国家在资本主义发展过程中的作用，要么是弱化国家的地位。如哈维认为，帝国主义要在资本积累和国家权力积累双重模式下来理解，强调国家（如美国）在资本主义和帝国主义发展过程中的作用。伍德也是在这样的模式下来分析的，不过,伍德的帝国主义理论虽然也承认国家的作用,但她更多的是认为帝国主义是资本帝国主义,剥削不是建立在超经济和直接强制性基础上的,而是建立在市场经济权力上的。而内格里比他们走得更远,他认为,资本主义已经发展进入到"帝国"阶段,类似于马克思的世界市场模式,跨国公司和全球性机构(如世界银行、国际货币基金会)支配了世界经济,使民族国家走向衰落,资本可以在一个没有障碍、平滑的空间里自由流动。这些学者的研究和争论,对于理解马克思在《资本论》中未完成的"国家"和"世界市场"理论有一定的启发意义,对于我们理解当今金融全球化以及全球经济的本质都有着重要的理论与现实意义。

四、内格里思想形成的历史背景

若要深入理解内格里的非物质劳动理论,必须考察内格里思想形成的历史背景。

(一)意大利政治背景

如果马克思仍然在世,意大利近几十年的无产阶级激进的政治运动,可能会引起他的注意。如同巴黎公社带给他的启发一样,强调偶然性的政治传统,总结出新的政治理论要素。而且很可能引发马克思思考新的经济结构条件下的劳动理论。

回顾近几十年意大利的无产阶级运动,可能会有两方面的感受:一方面是遗憾意大利共产党与资本势力妥协,另一方面是惊讶于无产阶级猛烈而持续的自治运动,尤其是运动中表现出来的自为意识。

早在1921年就成立的意大利共产党,直到40年代才成为一个群众的政党,在1943—1945年纳粹占领意大利之际,意共取得了快速而成功的发展。然而在当时的意大利,工业化过程总的来说进行得不够彻底或较迟,所以在落后的农业文明的背景下,宗教神职人员和封建领主的影响通常还比较强大。因此,战后长达半个世纪,意大利是由意大利天主教民主党保持着政治统治,而意共此时只是参政党之一。但在1948年的大选中,左派(包括意共和社会党)遭到了意想不到的惨败。然而意共自此以后,并不是通过领导无产阶级政治运动来争取权力或夺取政权,而是妄想通过议会选举来实现这一目的。关于意共的这一斗争策略,还曾经与中国共产党人进行过讨论和对话。由1962年12月31日《人民日报》发表的《陶里亚蒂同志同我们的分歧》社论,以及1963年第三、四期《红旗》发表的一些文章汇编成了一本名叫《再论陶里亚蒂同志同我们的分歧》的小册子,由人民出版社1963年发行。这些文章指出:陶里亚蒂作为当时意共的领导人,走上了修正主义的道路,抛弃了无产阶级的革命学说,妄图通过资产阶级议会的道路过渡到社会主义。正如陶里亚蒂在叙述意大利宪法是如何产生的时候所言:"这是由于共产党人在1946年拒绝采取破坏法制来拼命试图夺取政权的道路而选择了参加立宪会议的道路。"①他们把人民的斗争限制在资产阶级宪法允许的范围内,并且把议会的作用放在首要的地位。因此,意共对待工人运动的态度开始发生了变化,如对1967—1970年接连发生的学生和工人暴动,意共采取了回避和模棱两可的态度。而后来,则是直接右转了,又如从1972年开始,为了所谓的"历史性和解",意共帮助右翼势力天主教民主党粉饰形象和压制工人运动,挽救意大利的资本主义危机。而到了1983年以后,意共由于与天主教民主党历史性和解努力的失败,转向又试图与名义上还是马克思主义政党的社会党重新讲和。当时的社会党已把党旗上的镰刀斧头改为康乃馨,不仅全部放弃了党的传统语言,而且还打着市场价值和西方自由精神的旗号向党的这种传统语言发起全力攻击。因而,人们还在为社会党是不是真正意义上的左派这个问题争论不休时,意共却呼吁"工人运动已经分裂的两大力量间实现和解",以期实现议会选举的胜利。结果可想而知。到了1993年的政治大地震中,由于世俗化所导致的天主教民主党退出历史舞台,意共以为自己的时代来了,可结果是仍然没能上台,政权反倒落入了极右势力的手中。

由于上述历史原因,近几十年意大利的工人运动的特点主要是自发性的。在20世纪60年代和70年代,意大利的左翼实践活动,不仅独立于议会外,而且也独立于意共。然而其激进的程度、规模、深度、创

---

① [意]陶里亚蒂:1956年3月在意共中央全会上的报告。

造性以及持续性,丝毫不逊色于其他国家共产党领导下的工人运动,并且形成了自己的一种特殊现象。如从1967年起,由意大利学生运动发起并波及工人暴动的著名的"热秋"运动,若以罢工小时总数来衡量,是有史以来第三大,仅次于1968年5月的法国与1926年的英国总罢工。而哈特在《意大利激进思想》序言中,甚至这样提升了意大利工人运动的地位:"在马克思的时代,革命思想似乎有三个来源:德国哲学、英国经济学和法国政治学。到了我们这个时代,情况不同了,从相同的欧美框架来看,革命思想或许可以被表述为来源于法国哲学、美国经济学和意大利政治学。"我们先不着急评价这一定位是否恰当,而先看看意大利的政治学,到底提供了什么新的政治哲学要素,能否担得起如此高的评价。哈特传达的一点是值得肯定的,就是意大利的政治学可以作为思考当代革命政治运动的一个特殊模式,一个开放的政治思想的实验室。更为重要的是,不理解意大利的社会政治运动的历史特殊性,就无法理解意大利马克思主义理论的真实内涵。

哈特将意大利政治运动分为三个阶段,认为每个阶段在民主政治组织和激进政治理论上都进行了各自的实验。

第一阶段的政治斗争,是从20世纪60年代初一直持续到70年代初。这一阶段,工厂工人居于社会运动的中心。当时意大利的激进左翼学生和知识分子均把注意力集中于这股工厂以内新兴的工人势力,是有一定历史背景的。1945年以后,意大利的社会民主党与工会开始跟以福特主义和凯恩斯主义为指导原则的社会集团联结起来,这一联盟基本上以意大利北部的传统工业工人阶级的利益为依归。因而,当时工厂工人的队伍和作用是举足轻重的,但这次运动不受意共及工会的控制,甚至站在他们的对立面,通过独立的政治组织的领导去争取共产主义和工人权力的斗争,成绩显著。这场被命名为"热秋"的政治运动,不仅增强了工人对劳动过程的控制权,挑战了资方的权威,而且更为重要的是迫使政府在1970年通过了对工人有利的《工人权利法》,用司法制度保障工人的权利。而自1960年代起,还有一股建制外的政治势力值得一提,就是一大群从南部移民到北部的非技术化工人劳工开始自发形成多个自我管理的横向联合组织,他们也独立于意共和工会。这股势力在这个阶段的规模和影响并不大,因而没有什么作为,不过他们的存在和发展壮大,为下一阶段的政治运动埋下伏笔。

这一阶段的政治运动的最基本的口号之一是"拒绝工作"。这里所谓的"拒绝工作",不是说拒绝创造性或生产性活动,而是拒绝在已确立的资本主义生产关系中的工作。哈特在《意大利激进思想》序言中也专门强调这点:"然而,这些理论家的著作中对劳动作用的肯定不应被混同于任何简单的号召,比如号召我们去工作或去享受我们的工作。相反,任何对劳动的肯定首先都受到60年代工人运动中流传下来的'拒绝工作'精神的影响。激进的工人在意大利或其他国家一直试图脱离工作,脱离剥削和资本主义生产关系。社会运动把'拒绝工作'扩展到工作以外的其他领域,以超越劳资关系。在本书有关当代的文章里,这种倾向被以一种更普遍的方式理论化,被作为一种大众的反叛或逃离,一种逃避资本主义国家机制和劳资关系的路线。那么,作者们肯定的劳动不是简单地指我们为了工资所作的劳动,而是更普遍地指我们实践能力中所有的创造性潜力。这些跨越了所有的行业领域的创造性实践——物质生产、非物质生产、欲望生产、情感生产等等——都是劳动,它们生产和再生产了社会。实际的运动道路中已经埋下了共产主义社会的种子,它以新的集体的方式和这种劳动潜在地联系在一起。"这充分体现了工人阶级的自为意识开始形成,即相对于资本的自主权问题,工人阶级创造和维持独立于资本主义生产关系的社会形式和价值结构的能力。其意义对于无产阶级意识的形成和共产主义的解放是有启发意义的。

意大利的自治马克思主义,作为一群议会外、非意共的左翼知识分子,通过创办刊物和成立政治团体,积极引导和参与政治运动。首先是马里奥·特隆蒂(Mario Tronti),拉涅罗·潘泽瑞(Raniero Panzieri)等人创办了《红色笔记》(*Quaderni Rossi* 1961—1963),成员包括内格里、罗曼诺·阿尔奎蒂、阿尔伯托·罗萨。在1962年的《红色笔记》的第二期,特隆蒂曾发表了《工厂与社会》为题的社论,"社会工厂"的概念开始出现,而且构成了意大利激进社会运动第二阶段发展的理论依据。《红色笔记》后分裂,特隆蒂随后创办《工人阶级》(*Classe Operaia*

1964—1967）。这两份杂志的创办，使得左翼学者的理论在观点的碰撞中不断发展壮大。在实践上，面对"热秋"排山倒海的政治运动，《工人阶级》的编委决定成立"工人力量"的政治团体，直接参与和领导政治斗争。

而运动的第二阶段大致可以被限定在1973—1979年。从总体上来说，激进斗争的焦点此时已从工厂扩展到整个社会，但斗争没有因此而被削弱，反而深化了，而且运动越来越成为一种生活方式。为什么会发生如此变化？一方面是由于1970年代中期，工厂开始进行技术改组，另一方面则是工会成功地把工厂工人的集会转化成一些新设立的工厂代表委员会，这样，以工厂为基础的斗争被削弱了。而同一时期，以邻里、学生、女性和边缘青年为主体的抗争活动却开始活跃起来。随着"社会工厂"的兴起，前一阶段对工厂工作的拒绝和抵抗扩散到"社会工厂"的各个领域。于是，工人自治运动便开始向各社会领域扩散，最终发展成为更广义的自治运动。一系列以横向和没有层级架构的组织方式建立起来的自治主义组织出现，如，在"工人力量"解散后，由内格里本人参与的"工人自治"组织成立，而且他也是在此阶段提炼出"社会化工人"等重要的分析概念。不过，这些组织，除了新型社会和文化实验以外，还有一批新近涌现的恐怖主义团体，如"红色旅"。这一组织于1978年绑架和暗杀了右翼势力天主教民主党主席阿尔多莫罗（Aldo Moro），这一事件导致了内格里与工人自治运动的许多成员在1979年4月被捕入狱。总之，这一时期意大利社会运动的整体面貌，是新型的社会文化实验和暴力形式的政治对抗夹杂在一起的混合状态。

这一时期的恐怖主义组织的暗杀活动，在一定程度上遮掩了左翼运动大范围的社会和政治光芒。这阶段的运动最主要的贡献是提出了一个重要的概念，即"自我增殖"概念，相对于资本主义生产关系中的"价值增殖"，"它指的是新的价值结构和社会形式，是为了脱离资本主义的价值体系而提出的一个有效的、自主的替代方法。它是作为构建一种新的社会性、一个新社会的组织要素而被构想出来的"[1]。这一概

---

[1] Paolo Virno and Michael Hardt, eds. *Radical Thought in Italy: A Potential Politics*, Minnesota: University of Minnesota Press, 1996, p.3.

念对于马克思"社会化个人"概念和共产主义的建构都有积极的意义。

第三阶段则从20世纪70年代末到80年代初,意大利政府对激进的社会运动实施大规模的镇压。这一阶段,从事社会运动的政治组织几乎全被摧毁了,一大批活跃的政治活动家,包括意大利自治主义马克思主义者,如内格里、保罗·维尔诺、毛里齐奥·拉扎拉托和弗兰科·佩波诺等,要么被捕入狱,要么流亡海外。同时,意大利资本家开始着手重建,以彻底摧毁产业工人的力量。1980年发生在都灵菲亚特汽车制造公司的事件具有象征意义,那里几十年来曾经是个人力量的中心。菲亚特公司的管理方通过实行生产车间的计算机化成功地裁减了员工,解雇了好几万人。于是,社会运动进入严冬期,激进政治理论被放逐。取而代之的是,意大利的资本主义生产经历了另一个繁荣期,这很大程度上依赖于那些新的、灵活的、分散的生产形式的推动。在社会领域,如同在美国看到的,机会主义和犬儒主义助长了一种新的服从主义,成为了时代的典型特征。但意大利自治马克思主义并没有因此消失,相反,在此背景下,内格里、维尔诺和拉扎拉托等意大利的思想家,仍然持续关注和思考机器与劳动的关系以及后福特时代的非物质劳动模式等问题,揭露新的劳动模式的剥削实质和挖掘解放的潜能。

上述三个阶段可以归结为:20世纪60年代激烈的工人武装斗争,70年代的社会和文化实验以及80年代的镇压。

在意大利的社会经济发展中,有一个特点多少可以提及一下。自20世纪50年代以来的意大利经济的转化清楚地表明,经济相对落后的地区并不简单遵循优势地区经历过的相同阶段,而是以可替换的和混合的模式发展起来。"二战"后,意大利仍是一个主要以农民为基础的社会,但在五六十年代,它经过了激烈却并不彻底的现代化和工业化,创造了一个重大的经济奇迹。后来在七八十年代,当工业化的过程仍未完成时,意大利经济又开始了另一种转变,一个后现代化的过程,并创造了第二次经济奇迹。意大利的经济发展表明,意大利经济在转向信息化之前并没有完成前一个阶段的工业化,意大利的案例不但为其他落后国家经济发展提供某种借鉴,而且印证了马克思晚年关于跨越资本主义卡夫丁峡谷的思想所具有的方法论意义。

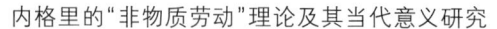

（二）意大利学术传统

1. 意大利马克思主义对马克思的继承和发挥

似乎资本总能规避种种"危机"而获得新的发展。诚然在今天，在全球资本主义已经逐渐演变成"后工业化"和数字化形态的时候，面对现实资本主义发生的深刻变化，我们是否需要重复马克思关于政治经济学的批判，抑或如齐泽克所言的那样，呼唤"列宁主义"的复归？意大利实验室在这里扮演的是一种先导。意大利的一些激进左翼思想家在与当地的共产党和它所支配的工会等传统势力的斗争中重新发现了马克思，并且又超越马克思。他们的方式是神启式的，这些意大利自治论者，在不同年代的不同境况下，一再重新翻阅马克思的《机器论片段》，祈求在这段或那段字句中获得一些启示，借此解释自身处的境况。也正是在这篇《机器论片段》中，他们开始了他们的理论探索。

意大利自治马克思主义者的上述这一非常特别的学术现象，对于把握他们的思想很有帮助。这个现象就是自20世纪60年代以来，在意大利社会运动的不同发展阶段，他们会对这篇被他们命名为《机器论片段》的马克思的手稿进行不断解读。那么这是马克思的什么文本？它其实就是中文译本《政治经济学批判大纲》中的"固定资本和社会生产力的发展"小节[1]，他们为什么会钟情于这一文本？作为自治马克思主义者之一的维尔诺清楚地回应过这个问题：尽管我们不能说，我们可以在这篇手稿里发现一个"真正的"马克思，然后，不可否认的是，在这篇马克思的手稿中，包含了对资本主义发展的基本趋向的思考。这一深刻的思考是在马克思的其他更为著名的作品和经常反复出现的论调中无法寻找的。他们甚至试图寻找一个超越马克思的马克思，内格里一本专门解读《大纲》的著作《超越马克思的马克思》，非常明显地体现了这一点。

在20世纪60年代，他们阅读《机器论片段》，为的是要揭开一般的科学和知识看似中立的面纱。这个文本有助他们解释机器和层级机制之间、层级指令与技术领域之间无法分割的关系。凭借这些理据，他

---

[1]《马克思恩格斯全集》第31卷，人民出版社1998年版，第88—110页。

们可以公开揭发那些所谓"人类关系"专家和进步论者在学理上各种不道德的虚构和捏造。

到了20世纪70年代,他们则以《机器论片段》批判当时东欧的社会主义国家,指出那些"理想"社会主义以及它们有关劳动和国家的神话的种种谬误之处。他们力求在这个文本中发现共产主义的当代意义,即对工资劳动的废除以及国家的衰亡。他们认为,一旦劳动在财富的生产中成了可被忽略的因素,工人便可以从劳动力商品化的异化环境中被解救出来。

及至20世纪80年代和90年代,随着机器人被引入到生产线中以及计算机被引入到办公室里,自治论者们才赫然发现《机器论片段》中所描述的资本发展趋势已全然落实成眼前的现实,然而马克思所预言的激进社会革命却始终没有来临。在这个时期里,正如马克思所预料的,知识已被对象化为机器,它在生产过程中的角色变得越来越重要,与此相对应,劳动时间在财富生产领域中的重要性日益下降,这两者之间产生了矛盾和不平衡;然而马克思却没有预料到这一情况不但没有酝酿出危机和革命,却反而催生了一种新的和具有稳定性的资本统治模式。[①]

马克思在《机器论片段》的主要思想是什么呢?即自动机器体系的出现,使得活劳动和对象化劳动的地位在历史上发生了颠倒。简而言之,在机器体系中,活劳动已被对象化劳动所占有。本来具有意识体现的活劳动,在机器体系中,反而仅仅成了机器体系"有意识的器官"而已。活劳动的作用和地位有史以来第一次被最大程度地贬低,甚至到了可以忽略不计的地步。这是资本的阴谋,因为机器体系是固定资本的最适当的形式。资本妄图取代直接形式的劳动,而成为创造财富的巨大源泉。马克思在此给出判断:一旦直接形式的劳动不再是财富的巨大源泉,劳动时间就不再是而且必然不再是财富的尺度,而交换价值亦随之失去作为使用价值的衡量尺度的地位,这必然会出现这样的

---

① Antonio Negri, tr. Dan Skinner. *A contribution on Foucault*, http://www.generation-online.org/p/fpnegri14.htm.

矛盾:资本一方面竭力把劳动时间缩减到最低限度,以致危及劳动时间作为衡量财富的尺度地位;另一方面,它又把劳动时间确立为财富的唯一尺度和源泉。如此一来,必然会导致以交换价值为基础的资本主义生产方式的崩溃。马克思由此认为,固定资本或机器体系在必要劳动时间之外,为整个社会和社会中的每一个成员创造了大量可以自由支配的时间。资本在无意中增加了使个人得到充分发展的时间,而个人的充分发展又作为最大的生产力反作用于劳动生产力。如此一来,财富本身不再建立在劳动时间和自由支配的时间两者的二元对立之上,新的生产和劳动逻辑将被重新建立起来:一方面,社会的个人需要将成为必要劳动时间的尺度;另一方面,社会生产力的发展将如此迅速,以致尽管生产以所有人的富裕为目的,所有人的可供自由支配的时间仍会继续增加。

机器是如何出现的?它是什么转化而来的?它的出现会对工人有怎样的影响?事实上,机器在历史上早就出现了,出于生产、军事、爱好等原因被制造出来,而在资本主义社会,资本家则是"为了抵制罢工等等和抵制提高工资的要求而发明和应用机器"。工人的"罢工大部分是为了阻止降低工资,或者是为了迫使提高工资,或者是为了规定正常工作日的界限。同时,这里的问题总是关系到限制绝对的或相对的剩余劳动时间量,或者关系到把这一剩余时间的一部分转给工人自己。为了进行对抗,资本家就采用机器。在这里,机器就直接成了缩短必要劳动时间的手段。同时机器成了资本的形式,成了资本驾驭劳动的权力,成了资本镇压劳动追求独立的一切要求的手段"[1]。在这一社会形式下,机器的性质是资本的形式,是资本支配劳动的权力,是资本剥削和镇压劳动的手段。然而,具有如此魔力的机器本质上只是劳动资料,只是劳动的一个环节、劳动的辅助工具而已,而在资本主义条件下,转化为机器的劳动资料,却成了支配、剥削和镇压劳动的存在,而这正是资本的必然趋势的体现。"提高劳动生产力和最大限度否定必要劳动,正如我们已经看到的,是资本的必然趋势。劳动资料转变为机器体

---

[1]《马克思恩格斯全集》(第32卷),人民出版社1998年版,第387页。

系,就是这一趋势的实现。"①这种机器的出现,对工人来说,最直接的影响是,严重贬低了工人的必要劳动导致工人对抗的暂时瓦解。马克思认为,机器生产太成功,会吃到生产过剩的苦头,出现必要劳动中断,导致上述的资本主义生产关系的崩溃,工人开始占有自己的剩余劳动。然而,事实并非照此发展下去,资本主义虽然经历严重的经济危机,但至今仍然强劲地存在。内格里认为,马克思的这一预言之所以没有实现,是因为机器的影响,不只于对劳动的支配和占有,更严重的后果是对"社会生活"的全面"控制"和"穿透",这是马克思没有看到的。

2. 法国后结构主义对意大利马克思主义的影响

学者贾科梅利(Marco Enrico Giacomelli)认为:马克思思想还未过时,他在一定程度上看到了我们身处的时代。从其连续性方面看,或被看成再生产的资本主义的生产过程并非只生产商品,也不仅仅只生产剩余价值,它还生产和固定资本家和雇佣劳动者之间的社会关系。不过要想把握好这一点,除了意大利工运中心主义的工具之外,我们还需要使用福柯的谱系学工具。他认为:意大利的工运中心主义与福柯的"谱系"在某种程度上相暗合。从年代的分析中看到,工运中心主义的主题在最初阶段是超前于福柯的研究的;然而在后一阶段,工运中心主义却向福柯靠拢。

而身处这场运动的意大利自治马克思主义者内格里认为:意大利的工运中心主义……正好构成了他们(福柯和德勒兹)的经验的一部分,但是后来他们在自己的讲话中否认了这一点,而且我们今天可以部分地重拾这种经验。"另外,我认为意大利马克思主义对福柯和德勒兹都产生了重要影响,这最后其实是一种共生关系:在意大利和法国,整个的这种经验具有深刻的一致性。"②

虽然上述两位学者的看法有差别,但一点是可以肯定的:意大利的社会运动受到过福柯研究的启迪。因为在意大利的许多学者那里,或多或少可以看到福柯的影子,甚至他的语言和规范。如"社会工

---

①《马克思恩格斯全集》(第31卷),人民出版社1998年版,第92页。
②〔意〕内格里、〔美〕亨宁格:《马克思主义的发展与社会转型——内格里访谈》,载于《国外理论动态》,2008年第12期,第83—86页。

厂"、"生命权力"、"社会个人"等等。而1978年在意大利出版了福柯的一本名为《权力的微观物理学》的文集,这并非偶然。

德勒兹在《福柯》一书中阐述福柯"反抗先于权力"的说法时,在相关的注释中说道:"在福柯对马克思诠释的作品中,有一种对马里奥·特隆蒂论点的回响……即个人的反抗先于资本的策略。"从德勒兹这个侧面,一定程度上反映了意大利社会运动与福柯研究的相互影响。而马克·科特(Mark Cote)则在《意大利的福柯》(*The Italian Foucault*)一文中,则将特隆蒂比作意大利的福柯,他的社会工厂的论点,不仅深受福柯的影响,而且实际上构成了意大利激进社会运动第二阶段发展的理论依据。内格里在《帝国》一书中,也明确有这一观点。

福柯对于意大利学者和政治活动家的影响,最集中和最直接地表现在意大利自治马克思主义者的理论中。在他们的理论中,共同分享着一条主线,即马克思的"普遍智能"概念与福柯的"生命政治"概念两者之间的相互规定和相互对读,从而提出"非物质劳动"或"生命政治劳动"概念,试图把握当代资本主义的生产关系再生产和劳动模式。比如,在《非物质劳动》中,拉扎拉托指出,法国的后结构主义哲学对跟知识与权力相关的主体化过程的讨论,实际上有助我们探讨后泰勒制中社会沟通过程的直接生产性这一现象。他在这里所指的明显是福柯有关主体性问题的理论探讨。后来,拉扎拉托接写了一篇题为《从生命权力到生命政治》的文章,仔细讨论了福柯从20世纪70年代到80年代的思想转变。而内格里"写过的唯一一篇和福柯有关的文章是关于他的《规训与惩罚》,这是他在70年代早期,也就是他思想发展中重要的第二阶段形成之前写的。在这篇文章中,我写到福柯的分析很完美,但遗漏了主体性。我说:'让我们等他给我们指出这一遗忘的要素吧!'后来事实证明,他没有让我们白等"[1]。不过在《帝国》的第一、二章"生命政治再生产"里,他也清楚地点明福柯的"生命政治"这一分析概念,甚至把它作为探讨帝国生产的主要形式,即生命政治生产。学者

---

[1] 〔意〕内格里、〔美〕亨宁格:《马克思主义的发展与社会转型——内格里访谈》,载于《国外理论动态》,2008年第12期,第83—86页。

维尔诺则在《诸众的语法》中,专辟了一小节讨论"生命政治"问题。

(三)内格里本人的思想轨迹和政治实践

若要深入理解内格里非物质劳动理论,就必须检视内格里本人长期以来的理论与实践。换言之,就是,仅仅读其作品是完全不够的,还必须了解内格里本人的思想轨迹和政治实践,如他对马克思的独特解读,以及对资本主义与劳动形态转型的见解等等。因此,有必要了解一下内格里本人的思想轨迹和政治实践,才能明白非物质劳动的意义和地位。

安东尼奥·内格里,在外人看来是一个传奇式的人物,他集学者、政治家、革命者、囚徒于一身。2000年,由于《帝国》一书的出版,他开始进入人们的视野。内格里,原来是意大利帕多瓦大学的政治学教授,后积极参与意大利无产阶级的社会政治运动,最终被政府逮捕入狱四年,因缘际会又流亡法国15年,在法国巴黎第八大学和国际哲学学院执教,最后回国依然没有逃脱被逮捕入狱的命运,现获假释,开始了正常的学者生活,著书,讲学。这就是内格里至今生活的简单勾勒。可以说,他的经历传奇而又坎坷,尤其难能可贵的是,无论是在监狱里还是在流亡岁月,他一直坚持学术研究。他曾经这样描述自己这长达24年坐牢和流亡的生涯:这24年极具生产力。我试图将流亡向建构和流浪意义上转变,试图将监狱转变为能在其中做哲学的一个地方。我在狱中撰写了论述斯宾诺莎的著作和《关键时刻》(*Kairos*),往深处,我体验到监狱就像是在隐修院隐修……我在最自由的意义上活着,即我自然地思考实在,因为,只要资本活在社会,死亡就活在生活中。基于知识和理智,我们拥有从死亡中解救生命的可能性(笛卡儿早就说过)。相比现在,生活不会变得越来越好或越来越坏,但是,对权力的恐惧将显然会消失,因为权力理念和死亡理念是一个东西。这段话明确地显示出内格里的理论旨趣,即是,作为一个坚定的共产主义者,要打破资本的统治,解放全人类,实现人类自由而全面的发展。

在学术领域,内格里一般是因对马克思与斯宾诺莎的研究而著名,事实上,他的思想很庞杂。仅仅从《帝国》一书中,就可以窥见很多学者的身影,上至马基雅维利、斯宾诺莎、黑格尔、康德、马克思,下至法国

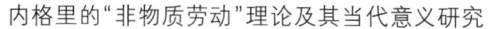

后结构主义者福柯、德勒兹、瓜塔利等等。然而他在来复旦演讲时认为：马基雅维利、斯宾诺莎和马克思三人的思想对他的影响最大。这可以在《帝国》一书中找到佐证："马基雅维利的自由、斯宾诺莎的欲望、马克思的活劳动，这些都是包含真正改变力量的概念，这是一种面对现实，并超越既有生存条件的力量。之所以这些批判概念的力量能摆脱它们自身同现代性的暧昧关系，这主要在于它们被作为主体的需求而提出。"[1]他们一起成为了内格里挖掘无产阶级政治主体的核心概念。而且在内格里的一些著作中，也曾专门讨论过他们的思想。比如，《帝国》中的主权观主要来源于马基雅维利的主权思想。《野性的异常：斯宾诺莎之形而上学与政治学的力量》(The Savage Anomaly: The Power of Spinoza's Metaphysics and Politics 1991)中主要讨论了斯宾诺莎的哲学思想与政治之间的关系。《超越马克思的马克思》则是政治地解读马克思《1857—1858年经济学手稿》，揭示包含于其中的革命思想。《狄奥尼索斯的劳动》(Labour of Dionysus 1994)是重新界定马克思劳动概念，拓展了它的范围，瓦解了经济与文化之间的界限。可以说，和法国哲学家路易·阿尔都塞一样，意大利政治哲学家安东尼奥·内格里也是以重读马克思的著作作为其理论的出发点的。内格里一直解读《1857—1858年经济学手稿》中关于机器论片段的经历，足以说明这一点。

然而，内格里并不仅是一个纯粹的学者，而且还是一个积极的社会活动家。他在进行理论研究的同时，积极地投身于无产阶级的社会政治运动，不仅将理论运用于实践，而且还在社会运动中，概括提炼出一系列现当代欧洲政治哲学和社会理论中重要的概念，如"社会化的工人"、"生成性的力量"、"非物质性的劳动"，以及与哈特合作后的"帝国"和"大众"等。内格里在60年代，参与《红色笔记》和《工人阶级》杂志的创办，不仅在观点的碰撞中发展了自己的理论，而且还引导甚至成立"工人力量"和"工人自治"的政治团体，直接参与和领导政治斗争。关于"自治"的概念，有必要说明一下。它有别于无政府主义，可

---

[1] Antonio Negri and Michael Hardt. *Empire*, Harvard University Press, 2000, p.186.

以作为更宽泛的共产主义传统来理解。工人自治运动要求工人阶级要从资本主义生产过程中独立和分离出来,确定自身的价值的实现,颠覆资本的实现过程。因此,"自治"这个词开始获得了无产阶级关怀的意义,对新社会的构建具有积极的意义。

第一章
"非物质劳动"概念的由来、研究现状和意义

第一节 "非物质劳动"概念的由来

"非物质劳动",可以说是一个既熟悉,又陌生的词语。熟悉的是,感觉它是与"物质劳动"相对,一种生产无具体物质形式产品的劳动,比如,服务、精神生产等等。马克思也曾论述过类似概念,不过略有区别,准确地说应是"非物质生产劳动";陌生的是,这一概念一直处于学术的边缘状态,并没有引起学者们太多的关注,直到《帝国》一书的出版,才开始转隐为显。

毛里齐奥·拉扎拉托在《非物质劳动》一文中这样概述了资本主义生产劳动过程的变化:"20世纪70年代初开始的'大变革'已经改变了提出问题的特定术语。体力劳动逐渐把可被界定为'脑力'劳动的过程包括进来,新的通讯技术日益要求具有丰富知识的主体。这不仅仅是脑力劳动已经变得服从于资本主义生产的规范。已经发生的情况是一个新的'大众知识分子'开始出现,它产生自以下两者的结合:资本主义生产的需求;反对工作的斗争生产出来的'自我增殖'的各种形式。'脑力劳动与体力劳动'或'物质劳动与非物质劳动'之间旧的二

分法可能不能使人看到生产活动的新的本质,生产活动接受了这种分离并改变了它。观念同实施、劳动同创造、作者与受众之间的划分在'劳动过程'中同时被超越,并在'增殖过程'中,作为政治命令重新得到推行。"①法国学者马克·第亚尼在《非物质社会》一书中,也曾揭示到物质与非物质对立的消失,而且还深刻地影响和改变着人们的观念:"与过去相比,这一社会有许多改变,但最最根本的改变,还是思想观念和思维方式的改变,而思维方式的根本改变又表现在,多数传统的'两级对立',如物质与非物质的对立,精神与身体的对立,天与地的对立,主观主义与个人主义的对立等等,眼看着一个个消失。"②这意味着:资本主义的生产劳动不再仅仅是体力劳动,随着科学技术的发展,所谓的"脑力"劳动也被包括进来。

马克思的"总体工人"的概念,就在一定程度上提示了这一点,它暗含了资本主义社会生产劳动现实发展的方向。马克思认为:"产品从个体生产者的直接产品转化为社会产品,转化为总体工人即结合劳动人员的共同产品。总体工人的各个成员较直接地或者较间接地作用于劳动对象。因此,随着劳动过程的协作性质本身的发展,生产劳动和它的承担者即生产工人的概念也就必然扩大。为了从事生产劳动,现在不一定要亲自动手;只要成为总体工人的一个器官,完成他所属的某一种职能就够了。"③如,"在特殊的资本主义生产方式中,许多工人共同生产同一个商品;随着这种生产方式的发展,这些或那些工人的劳动同生产对象之间直接存在的关系,自然是各种各样的。例如,前面提到过的那些工厂小工,同原材料的加工毫无直接关系;监督直接进行原料加工的工人的那些监工,就更远一些了;工程师[对生产的物品]又有另一种关系,他主要只是从事脑力劳动,如此等等"④。在特殊的资本

---

①Maurizio Lazzarato. *Immaterial Labor*. in P. Virno and M. Hardt, eds. *Radical Thought in Italy: A Potential Politics*. Minneapolis, Minnesota: University of Minnesota Press, 1996, p. p. 133—147.
②[法]马克·第亚尼编著,滕守尧译:《非物质社会——后工业世界的设计、文化与技术》,四川人民出版社1998年版,第3页。
③《马克思恩格斯全集》(第44卷),人民出版社2001年版,第582页。
④《马克思恩格斯全集》(第48卷),人民出版社1985年版,第62页。

主义生产方式或发达的资本主义社会中,不仅仅小工是生产工人,而且监工和工程师等等也都沦为生产工人,被资本纳入生产过程,受到资本主义社会生产关系的剥削。此时,资本主义社会生产劳动的形态和观念发生了重大的转变。

传统的无产阶级概念已经无法涵盖更多受资本剥削的人,换句话说"生产工人"概念的扩大,在某种程度上,则意味着非物质劳动的兴起。资本主义类型学给出了很多这方面的论述。不过,非物质劳动一开始是以否定的姿态在阶级划分中被呈现的。这里以贝尔的《后工业社会的来临》为例,他认为:"发达工业社会的问题在于:什么是工人阶级?是'工厂工人'、'产业工人',还是更广泛地说,是'蓝领工人'呢?(在马克思看来,无产阶级与贫苦的劳动人民并不是一码事,而且肯定不是他所认为的那些不能像人一样在社会上活动的流氓无产者。经典的无产阶级是由工厂工人组成的,他们的工作条件产生了他们的阶级觉悟)但是,即使按照其最全面的定义,蓝领集团在发达社会或者后工业社会里也日益成为少数。无产阶级或工人阶级是所有那些为工资和薪水而工作的人吗?但是,这样就扩大了这个概念,以至歪曲了它,面目全非。(所有的经理都是工人吗?监督员或行政管理人员是工人吗?拿高薪的教授或工程师是工人吗?)"随着后工业社会的来临,"工厂工人"或"产业工人"开始萎缩,经理、监督员或行政管理人员、教授或工程师等不断出现。但是,一开始,人们并不承认这些人广义工人阶级的地位。"长期以来,马克思主义社会学家干脆否认这个问题,认为资本主义'不可避免的'经济危机必然会引起工厂革命冲突,'工人阶级'将在其中取得胜利。20世纪20年代在德国首先看到了新的技术和管理阶级这个现象,它被划归'新中产阶级'一类;正是在这个意义上,C.赖特·米尔斯在他1951年的《白领》一书中使用了这个概念。对德国社会学家(特别是首先具体分析了这种现象的埃米尔·莱德勒和雅各布·马尔夏克)来说,'新中产阶级'不可能是一个自主独立的阶级,而最终或者支持工人阶级、或者支持企业界。"[①]"德国社会学家

---

① 〔美〕丹尼·贝尔著,高铦等译:《后工业社会的来临》,新华出版社1997年版,第162页。

们和米尔斯都曾主要写到经理人员、行政人员和职员。但是随着先进技术领域——宇航、计算机、炼油、电子、光学和聚合物——工程、技术人员的扩大,尤其是50年代,当熟练劳动本身的性质明显地发生巨大变化的时候,当这个新的阶层在职业方面变得更加重要,而且日益取代熟练工人而成为工业活动中重要集团的时候,它在社会学上的定义问题就变得很重要。"即使马克思主义者开始承认这一现象,但仍然没有把他们作为广义的无产阶级,而是作为一个独立于工人阶级与资产阶级之外的阶级。"第一个力图从理论上说明这个问题的马克思主义者是独立的法国激进派人物赛尔日·马莱。……马莱的论点相当简单,工程师和技术人员是一个'新'工人阶级,他们部分地取代了老工人阶级,他们具有革命领导的潜力,发挥作用的能力远超过他们的人数。尽管他们的收入高,但他们还是'新'工人阶级……沦为受过高级训练的工人阶级的地位。"[1]这一新无产阶级,主要是知识阶级的诸方面:"在柏拉图的《理想国》一书中,知识仅仅赋予一个阶级,即哲学家们,而城中的其他人等则被分为武士和工匠。在未来的科学城里,已经展现出三个阶级:有创造性的杰出科学家和高层专业管理人员;工程师和具有教授地位的中产阶级;以及由技术员、低级教职员和教育助理人员组成的无产阶级。"[2]但是贝尔认为:所谓"新工人阶级",他们不会把自己与"工人阶级"等量齐观。他们虽然有道德批判的推动力,但他们所关心的是保持他们的"专业地位"。因此,他们不会走向官僚主义和平民主义之中的任何一方,"新工人阶级"一词只不过是一个激进的幻想而已。

后来高兹则更为极端,他直接告别了工人阶级。他在《告别工人阶级》一书中详尽地描述了晚期资本主义社会生产劳动过程的变化。高兹认为,随着资本主义的发展,传统的革命主体——工人阶级开始分化。新技术革命因其用自动控制的机器体系代替了一般机器体系,使

---

[1] 〔美〕丹尼·贝尔著,高铦等译:《后工业社会的来临》,新华出版社1997年版,第163页。
[2] 〔美〕丹尼·贝尔著,高铦等译:《后工业社会的来临》,新华出版社1997年版,第263页。

一部分工人摆脱了繁重的体力劳动和部分脑力劳动,并作为机器的调节者和管理者,参与和管理生产过程,从事科学研究和应用等工作过程。于是,这部分工人成为了精英阶层。但在资本主义社会中,技术精英对于生产资料仍然不具有所有权,仍受制于资本逻辑,因此,它只不过是"无产阶级的知识化,决不是无产阶级的消失,而是无产阶级在素质上的发展和提高。现代知识化的无产阶级,是科学技术和物质生产力在长期发展中创造出来的一个先进的生产者阶级。"[①] 这就是一个由专家、工程师、技术人员、教师、学生、雇员等组成的新中间阶层,高兹就把这个阶层指称为"新工人阶级"。然而,高兹却放弃了把技术专家归入工人阶级之中。他认为这些技术专家反对资本主义既不是作为无产阶级也不是为了无产阶级,而是为了防止自身无产阶级化,这是由于他们的意识形态仍是资本主义的。而传统意义上的工人阶级开始减少,甚至有消失倾向。因此,高兹认为,在新的时代条件下,要实现社会主义革命必须"告别工人阶级",依靠"非工人的非阶级",他有时也指称为"后工业新无产阶级"或"后工业无产阶级的非阶级"。"非工人的非阶级"包括所有那些从生产中被驱逐出来的人,所有那些由自动化和计算机化,自身能力未能充分加以运用的人。"非工人的非阶级"是前社会生产中所有多余的那些人,无论是永久性的还是暂时的,部分的还是全部的失业,但是,他们都潜在地或实际地失业。"非工人的非阶级"就是游离于资本主义物质生产过程之外的诸阶层,高兹认为,他们具有自觉意识,具体表现在对自身价值的肯定和对自身解放的觉醒。因此,作为自为阶级,他们能够肩负社会历史使命,克服异化,追求自身存在的意义和创造性。

然而,当今资本主义的发展,根本就不存在所谓的"非个人"和"非阶级",资本主义统治已经渗透到社会生活的各个领域,几乎所有人都被纳入到资本的控制之下,受资本剥削,成为广义的工人阶级。而且很重要的一个特点是,从侧面而言,劳动的形式发生了巨大的改变,"非

[①] 钟阳胜:《科学在社会发展中的地位和作用》,湖南人民出版社1985年版,第219—220页。

物质劳动"开始成为当今社会主要的劳动形态,为资本带来价值。

最初这一劳动被称为"脑力劳动",如西美尔在构思于非物质生产刚刚开始变为"生产性"的时候,展现给我们的概念。他仍然完全致力于体力劳动和脑力劳动的区分,给了我们一个有关脑力劳动的创造力的理论。这一概念在大众消费诞生的时刻还能解释非物质劳动的市场的动力,但它是不能用来解释后工业社会中非物质劳动同"消费者—公众"之间的关系的。"非物质劳动",作为一个概念,它最早是在意大利的马克思主义传统中被提出和共享的,后由于作为2000年出版的内格里《帝国》一书中的核心哲学概念,开始受到英语世界的广泛关注和讨论。国内学术界近几年也开始关注到这一概念,尤其是自复旦大学2007年开始出版的《国外马克思主义研究报告》在学界获得认可并且产生颇大影响之后,作为国外马克思主义前沿问题的"非物质劳动",吸引了国内部分学者加入到这一讨论之中。

内格里身后的意大利马克思主义传统,是不同于葛兰西主义的自治马克思主义传统的。这一特殊流派的马克思主义通过解读马克思《资本论》的1857—1858年手稿,即《政治经济学批判大纲》中,关于"固定资本和社会生产力的发展"(《论机器片段》的手稿),而发展出了一套对马克思的独特诠释,提出了一系列诊断当今资本主义状况的概念,如一般智力、实质吸纳、生命权力和非物质劳动等。由此形成的问题意识正扩展到不同的研究领域,获得越来越多的认同。

"非物质劳动"概念到底是如何提出的?又是由谁提出的?依据笔者的了解,是意大利的一群左翼学者在阅读马克思一篇关于《机器论片段》一文中,结合意大利区域政治的发展,而在马克思"一般智力"一词的启发下提出这一概念的,可以理解为马克思关于机器思想的继续和时代发展。至于是谁最先提出的,国内学者周穗明认为是意大利人拉夫·莱托[1],不过他并没有具体给出文献依据。而笔者认为,意大利的学者有这样的传统,"实际上,这些作者(意大利的学者)把新概念的发明和表达理解为一个集体策略。当一个作者发明了一个新的术语

---

[1] 周穗明等:《20世纪末西方新马克思主义》,学习出版社2008年版,第352页。

时,其他作者立即就接受它,并赋予它他们自己的理解和想法,完全不需要引证其出处。不久这个概念的起源就被忘记了,并且被接受为一个一般的词汇"①。因此,他们自己都不知道是谁最早提出的。不过,有一个人专门论述过这一概念,即拉扎拉托,他的一篇文章标题即是非物质劳动。内格里则是吸收和发展了他的非物质劳动思想,在《帝国》以及《大众》提出和体系化了自己的非物质劳动理论。

第二节 "非物质劳动"概念的研究现状

当《帝国》一书受到热议,非物质劳动作为书中核心的哲学概念,自然也受到热烈的讨论。

内格里《帝国》一书,在2000年一经面世,如同一颗重磅炸弹,给西方学术界带来巨大的震动。齐泽克的一个比喻,可以形象地说明这一点。他认为《帝国》是本旨在为21世纪重写的《共产党宣言》。它试图再现马克思对资本主义的内在批判方法,从资本主义当代发展本身寻找超越资本主义的因素。帝国,作为资本主义最新发展阶段(新自由主义秩序),它在创造全球化的新的剥削和压迫形式(非物质劳动)的同时,也在创造它的掘墓人(大众)。内格里这份马克思式的乐观,一改左翼理论和运动的消沉和悲观,有力地回击了福山等西方学者提出的所谓历史终结论。内格里认为:"对我们而言,福山所说的历史终结实际指的是现代性的核心危机的终结。这一贯存在于现代之中,并界定着现代性的冲突,构成了现代主权的基础。黑格尔式的历史观视历史为矛盾的辩证法,而历史也正是在这一意义,也只是在这一意义上终结了。"②悲剧的现代性终结了,历史发展进入了下一个圆圈,后现代性开始展开。资本的全球化,在一定程度上消除了资本自身的限制,资本主义社会在全球继续走上坡路,詹姆逊所谓真正资本主义的社会形

---

①Paolo Virno and Michael Hardt, eds. *Radical Thought in Italy: A Potential Politics*, Minnesota: University of Minnesota Press, 1996, p.9.

②Antonio Negri and Michael Hardt. *Empire*, Harvard University Press, 2000, p.189.

式开始呈现,但这同时也为全人类的解放提供了更大的空间,通往帝国的道路和全球化的进程为自由的力量提供了新的可能性。

作为百科全书式的《帝国》,存在着巨大的理论综合,内容跨越了经济学、政治学、历史学、法学、哲学、社会学和文化研究等多个学科,涉及了西方思想史上的诸多理论"大户",上至马基雅维利、斯宾诺莎、黑格尔、康德、马克思,下至福柯、德勒兹、加塔利,尤其是与后者,即法国后结构主义理论家的关系,使得该书染上了浓厚的后现代主义理论的色彩。因而其主题自然相对较多,主要包括四个:全新的统治形式——帝国(Empire),后现代权力形式——生命政治权力(Biopower),新的生产方式——非物质性劳动(Immaterial labor),新的革命主体——大众(Multitude)。最明显的主题是帝国,也是学者讨论最多的。但本文讨论的是作为帝国核心概念和哲学基础的"非物质劳动"。国外学者对于这一概念的评价一如对《帝国》的评价,截然不同。

学者阿尔贝托·托斯卡诺(Alberto Toscano),在 *From Pin Factories to Gold Farmers: Editorial Introduction to a Research Stream on Cognitive Capitalism, Immaterial Labour, and the General Intellect* 文章中,对非物质劳动给予了学术上的肯定和价值。他首先介绍了一系列有关认知资本主义、非物质劳动和一般智能的文章,并指出:未来学者的关注点应集中在五个方面,其中第三方面就是有关非物质劳动。学者保罗·维尔诺认为:哈特和内格里以社会生产与生命权力的关系为基础,提出了一种分析最新资本主义动态形式的全新工具。[1] 而学者贾森·里德(Jason Read)在 *The Hidden of Biopolitical Production: Empire and the Ontology of Production* 文章中,认为:"关于《帝国》,最感兴趣的,并非是应付当前经济危机的规劝,而是它的方法:利用批评的力量,激活和扩展生产的转向,同时也扩展了生产的意义,使之超越了狭隘的经济学的意义。这一扩展包含两个方面,一是历史方面的扩展。它是基于资本主义生产自身向包括语言、主体性、情感和欲望的生产——哈特和内格

---

[1] Alberto Toscano. *From Pin Factories to Gold Farmers: Editorial Introduction to a Research Stream on Cognitive Capitalism, Immaterial Labour, and the General Intellect*, Historical Materialism, 2007, 15(1), p. p. 3—11.

里称之为生命政治的生产的历史转变。二是本体论方面的扩展。生产的再定义,不仅仅是简单的物的生产,而是关系和主体的生产,作为世界的结构。"[1]

学者大卫·卡姆菲尔德(David Camfield)在《诸众与袋鼠:哈特和内格里的非物质劳动理论批判》(The Multitude and the Kangaroo: A Critique of Hardt and Negri's Theory of Immaterial Labour)则给予了尖锐的批判。他认为哈特和内格里的非物质劳动理论为他们的政治哲学思考提供了社会经济基础,但缺乏持续的关注。作者仔细剖析了哈特和内格里的非物质劳动概念及其所谓的霸权,并考察了其理论中发达资本主义社会中工资劳动世界的描述和非物质劳动理论出现后的三方面的影响。最后他指出:哈特和内格里的理论是有重大缺陷的,非物质劳动不能发挥他们所希望的作用。[2] 而学者西恩·塞耶斯(Sean Sayers)在《劳动概念:马克思及其批判》(The Concept of Labor: Marx and His Critics)文章中,通过对于马克思的劳动予以黑格尔式的解读,批判了哈特和内格里的非物质劳动。他认为:马克思的劳动概念是赋予形式的活动,它是对黑格尔劳动概念的继承和发展。马克思的观点仍然可以提供对于理解现代世界劳动本质的理论框架。他顺势批判了非物质劳动概念,认为哈特和内格里确实发现了从工业革命之后,劳动发生了根本性的变化,但非物质劳动概念对于理解这一变化是没有帮助的,它会产生误导,似乎生产不再有物质过程和物质产品。后现代社会的劳动仍然会有物质影响和生产物质产品。他们的劳动仍然是物质的,在特征上是形式的。而且作者还指出:人类劳动是社会性的,必然包含沟通因素,同时所有人类的社会关系也植根于物质劳动。这是马克思的理论,哈特和内格里与哈贝马斯的批判都是无效的。[3]

总之,国外对内格里"非物质劳动理论"的研究较为积极和丰富。

---

[1] Jason Read. *The Hidden Abode of Biopolitical Production: Empire and the Ontology of Production*, Rethinking Marxism, 2001, 13(3/4), p. p. 24—30.

[2] David Camfield. *The Multitude and the Kangaroo: A Critique of Hardt and Negri's Theory of Immaterial Labour*, Historical Materialism, 15(2007), p. p. 21—52.

[3] Sean Sayers. *The Concept of Labor: Marx and His Critics*, Science & Society, 2007, 71(4), p. p. 431—454.

其研究的态势分为两个阶段:第一阶段是,在2000年内格里《帝国》一书出版并受到热议之前,关于内格里"非物质劳动理论"的讨论主要集中在意大利和左派范围。第二阶段是,自2000年之后,内格里的非物质劳动理论,作为《帝国》一书的核心理论,因《帝国》一书的热议而受到关注,之后关于它的讨论就超出了意大利和左派的范围,进入了英语世界,具有了广泛的影响,成为国外马克思主义研究的学术前沿和热点问题。其研究主要体现在:1.从政治哲学的视角进行研究指出:非物质劳动不仅生产经济价值,而且也生产主体性。代表人物是意大利的毛里齐奥·拉扎拉托。该研究是意大利最早明确提出并研究非物质劳动概念的,其对内格里的非物质劳动理论影响巨大,不足之处在于其研究与内格里一样,都属于非批判的实证主义研究。2.从认识论的视角进行学术考察认为:非物质劳动概念不是一个认识论意义上的分析概念,更多是具有政治口号功能,为我们提供了关于劳动的一些新变化。代表人物是德国的沃尔夫冈·弗里兹·豪格。该研究中肯地批评了非物质劳动概念本身的缺陷,揭示内格里关于劳动概念的提炼缺乏思想史的维度,缺陷在于受到研究视角的局限,没能发现非物质劳动理论的学术价值。3.从经济学的视角研究发现:非物质生产概念是马克思主义研究者更新马克思主义理论及决定研究什么的重要途径。代表人物是法国的让·克罗德·迪劳内。该研究敏锐地察觉到了非物质生产概念的学术价值,在经济学史的语境下指认非物质生产是21世纪的主要特征,肯定马克思劳动理论的时代价值,不足之处在于受制于非批判的实证主义研究方法,没能展开深入研究和揭示非物质劳动理论的不足。4.从政治修辞学的视角研究认为:非物质劳动是人们创造新现实的重要路径。代表人物是美国的詹森·德尔·甘迪奥。该研究是在语用学的视域下讨论了非物质劳动对现实创造的作用,这实质上是在研究社会意识对社会存在的反作用,因而是停留于文化范式的研究。

近些年,国内学界对内格里"非物质劳动理论"也展开了较为深入的探讨。内格里的"非物质劳动理论"是继哈贝马斯"交往行为理论"之后,又一个批判马克思的劳动理论且影响较为广泛的学说。但如今,这一学说对学界来说还是属于异质性的存在。人们还不清楚该如何去定位和评价这一学说,因而无法对其进行深入的研究。因为学界对这一学说是怎么来的、它提出了什么问题、问题又是如何解决的等一系列问题一概不甚了解。就目前而言,学界对其研究主要体现在:1. 对非物质劳动的概念、形式、地位和价值等方面的研究。以罗岗、张历君、陶文昭、李春建为代表。研究成果对非物质劳动概念进行了翔实的介绍和说明,为学者进一步的研究奠定了基础。2. 对非物质劳动理论与西方马克思主义之间关系的研究。以汪行福、周洪军、罗建平、宋晓杰为代表。研究成果揭示了非物质劳动理论恢复了马克思政治经济学批判的传统,指出内格里的非物质劳动理论是西方马克思主义学者反思和重塑马克思劳动理论的三重路径之一。这拓展了我们的学术视野。3. 对非物质劳动理论与马克思劳动理论之间关系的研究。以闫海潮、户晓坤、冯琼为代表。这些学者有的挖掘非物质劳动理论中的生态意蕴,有的解读出非物质劳动理论成为了复兴当代政治经济学批判的重要方面。4. 对非物质劳动理论与历史唯物主义之间关系的研究。以周穗明、刘怀玉、陈培永、唐正东、李春建为代表。研究成果运用历史唯物主义的方法论对非物质劳动理论进行了一般性的研究,并给出了初步的判断,分别指出主观化的历史唯心主义和经验主义研究。这对于我们开展深入的研究给予了极大的启示。

综上可见,内格里的非物质劳动理论已经成为了学界重要的论题。然而,学界基于历史唯物主义对内格里"非物质劳动理论"的研究还严重不足,更多的研究属于介绍性和一般性的研究,研究范式更多局限在文化范式,缺乏深度性和系统性。因此,关于准确地揭示内格里"非物质劳动理论"的学术价值和现实意义,就成为了一项亟待开展的研究工作。这对于理解当代社会的实质和马克思劳动理论的科学内涵有着重要的启示。

以下对国内关于内格里思想和非物质劳动理论研究现状的概况做一番简单的汇总。

一、如今,国内目前有关内格里的研究专著主要有两部

1.陈培永的《大众的语法:国外自治主义马克思主义的政治主体

建构学》(2016)。该书对意大利自治主义马克思主义的概况作了全面和翔实的介绍,为国内学界引介了一个新的学派,开拓了一个新的研究领域。

2. 宋晓杰的《政治主体性、绝对内在性和革命政治学:奈格里政治本体论研究》(2014)。该书对内格里的政治本体论作了系统而深入的研究,开启了理论研究内格里思想的征程。

二、内格里著作被翻译为中文的主要有四部

内格里的"帝国三部曲"(《帝国》、《诸众》、《大同世界》)已经有两部被翻译为中文。其中,杨建国和范一亭老师翻译了内格里的《帝国》(2003)、王行坤老师翻译了内格里的《大同世界》(2015)。

张梧和孟丹翻译了《〈大纲〉:超越马克思的马克思》(2011),《狄奥尼索斯的劳动》的中文版也会在近期出版。

而"帝国三部曲"之二《诸众》、哈特编的《当代意大利激进思想》、国外有关"内格里哲学"的文集《实践的抵抗》和《理论的革命》等重要文献都还尚未翻译引进。

三、介绍关于内格里思想的重要文章论文集

1. 汪民安主编《生产》第一辑(2004)。该书中汪民安的《〈帝国〉的谱系和后结构主义政治学》对于理解内格里的思想有着重要启示。

2. 许纪霖主编的《帝国、都市与现代性》(2006)。该书中罗岗的《"机器论"、资本的限制与"列宁主义"的复归》和张历君的《普遍智能与生命政治——重读马克思的〈机器论片段〉》也都是研究内格里思想极为有价值的学术资料。

3. 复旦大学当代国外马克思主义研究中心编的《当代国外马克思主义评论》(2007)。该书中陈学明(《评〈帝国〉一书对当代资本主义的最新批判》)和汪行福(《〈帝国〉:后现代革命的宏大叙事》)一起做的《帝国》专题,也是我们研究内格里思想不可忽略的重要文献。

四、涉及到内格里思想的介绍性著作主要有

周穗明的《20世纪末西方新马克思主义》(2008)。书中第十三章

《当代意大利新马克思主义的"帝国"理论及其批判》详细地介绍了《帝国》的作者和意大利激进政治的历史实践、《帝国》的基本观点以及《帝国》的政治定位和理论评判。

五、关于内格里的非物质劳动理论研究的硕士博士论文主要有

1.《非物质劳动能否支撑大众革命——哈特和奈格里的非物质劳动理论评析》(宋贝玲,中山大学,2010,硕士);

2.《安东尼奥·内格里非物质劳动理论探析》(李春建,复旦大学,2011,博士);

3.《安东尼奥·奈格里的非物质劳动理论研究》(钱梦旦,南京大学,2014,硕士);

4.《"非物质劳动"概念研究》(徐示奥,吉林大学,2015,硕士)。

六、关于非物质劳动理论的相关学术论文主要包括

1.《哈特的非物质劳动论评析》(陶文昭,《新视野》,2008年05月10日)

2.《从非物质劳动到生命政治——自治主义马克思主义大众政治主体的建构》(刘怀玉、陈培永,《马克思主义与现实》,2009年04月15日)

3.《非物质劳动:马克思劳动观点的发展还是误读?》(闫海潮,《内蒙古农业大学学报(社会科学版)》,2009年04月15日)

4.《哈特和奈格里的非物质劳动论评析》(周洪军、罗建平,《理论界》,2009年10月10日)

5.《哈特和奈格里的非物质劳动理论》(李春建,《理论界》,2010年05月10日)

6.《非物质劳动霸权:新世界的"染色体"——哈特的非物质劳动概念浅析》(丁瑞兆、周洪军,《理论月刊》,2010年10月10日)

7.《内格里"非物质劳动"的由来、研究现状及其意义》(李春建,《福建论坛(社科教育版)》,2011年02月20日)

8.《当代自由实现路径探讨——哈特和奈格里非物质劳动理论的

政治意义》(陈庆松,《求索》,2012年10月30日)

9.《非物质劳动与资本主义劳动范式的转型——基于对哈特、奈格里观点的解读》(唐正东,《南京社会科学》,2013年05月15日)

10.《非物质劳动条件下剥削及危机的新形式——基于马克思的立场对哈特和奈格里观点的解读》(唐正东,《哲学研究》,2013年08月25日)

11.《"非物质劳动"与资本逻辑——意大利自治马克思主义对政治经济学批判传统的复归》(户晓坤,《教学与研究》,2014年02月15日)

12.《对安东尼奥·内格里"非物质劳动"概念的学术考察》(李春建,《马克思主义与现实》,2015年01月26日)

13.《论"非物质劳动"与全球时代的资本权力》(徐示奥,《长白学刊》,2015年05月20日)

14.《非物质劳动与当代政治经济学批判的复兴》(冯琼,《哲学动态》,2015年07月26日)

15.《论内格里"非物质劳动理论"——基于历史唯物主义的视角》(李春建、马丽,《学术交流》,2016年06月05日)

七、关于非物质劳动理论的翻译类学术文章主要有

1.《非物质劳动》(上)(毛里齐奥·拉扎拉托、高燕,《国外理论动态》,2005年03月04日)

2.《非物质劳动》(下)(毛里齐奥·拉扎拉托、高燕,《国外理论动态》,2005年04月04日)

3.《非物质劳动与艺术生产》(迈克尔·哈特、陈越,《国外理论动态》,2006年02月04日)

4.《现代工业社会的劳动——围绕马克思劳动概念的考察》(肖恩·塞耶斯、周嘉昕,《南京大学学报(哲学·人文科学·社会科学版)》,2007年01月30日)

5.《非物质生产概念及马克思理论》(让·克罗德·迪劳内、丁晓钦,《海派经济学》,2010年06月30日)

6.《非物质劳动》(沃尔夫冈·弗里兹·豪格、李春建、汪行福,《国外马克思主义研究报告》,2012年)

第三节 "非物质劳动"概念的理论意义

从众多学者的争论中,我们发现:无论是肯定者,还是批评者,都不得不承认:非物质劳动,作为分析劳动形式和资本主义全球化的一个概念,值得重视。人民大学的陶文昭教授已经给这一概念定下了基调:用马克思主义立场和观点评析他们的非物质劳动论是一项重要的学术任务。作为意大利马克思主义传统中产生的、意欲建构革命之主体的非物质劳动概念,恢复了马克思政治经济学批判的传统,继承了马克思从劳动领域中寻找革命潜能和解放条件的理论方法,这具有特别的意义。它对于新的时代条件下劳动新形式和资本主义的本质,对于理解马克思主义在当代社会的意义,对于理解马克思在《资本论》中未完成的"国家"和"世界市场"理论,有一定的学术价值,需要进一步研究。

首先,内格里的非物质劳动理论,在理论上恢复了马克思政治经济学批判的传统。西方马克思主义的主流观点,采取否定现实生产和技术进步的取向,认为社会已经被资本全面物化,技术进步不再是革命的条件,而是变成了资本主义的意识形态,因此,无产阶级革命的潜能不可能在资本主义技术进步和新的劳动形式中找到,从而偏离了马克思资本主义政治经济学批判的传统,取而代之的是从生产和劳动领域之外去寻找革命的潜能和解放的理想,诸如:主体、意识形态、文化和艺术的批判冲动和超越力量、交往理性等,最终都不可避免地陷入了悲观主义之中。而内格里则拒绝这一研究路向,他肯定现实生产和技术的进步,在理论上和实践上,建立现实生活的经验条件与马克思主义人类解放思想的积极联系,依据马克思理论批判的传统,在生产和劳动领域中提出非物质劳动理论,这在一定程度上,继承了马克思的辩证批判的传统,超越了西方马克思主义的理论困境,使马克思主义和左派传统摆脱

第一章 "非物质劳动"概念的由来、研究现状和意义

了悲观主义的纠缠。

西方马克思主义自卢卡奇之后,开始偏离了马克思的内在性批判的传统,他们更多的是用文化的分析取代了政治经济学的批判。马克思曾说过:"人的观念、观点和概念,一句话,人的意识,随着人们的生活条件、人们的社会关系、人们的社会存在的改变而改变。"①而意大利的自治马克思主义,则继承了马克思的传统。他们从马克思主义立场出发,总结意大利近30多年来革命运动的经验教训,在信息化、后工业时代的生产方式和生产关系的变革方面进行了多角度的理论探讨。他们的"一个主题就是试图理解近些年劳动实践的变化方式,以及新形式的劳动可能带来什么样的新的、更大的潜能。新的概念诸如'非物质劳动'、'大众知识分子'、'一般智力'等等都试图抓住合作和创造力的新形式,这些新形式都关涉当代社会生产——一种由控制论、知识性和情感性的社会网络所界定的集体性的生产。"②内格里就是一个典型的代表,他在《帝国》中开始了政治经济学的冒险。不过他是将法国后结构主义的理论创造性地转换到历史和社会领域中来,实现马克思意义上的政治经济学的批判。作为形形色色的后现代性哲学根源的后结构主义,"通常被认为是对政治经济的逃避,尤其是被认为是对当代政治的逃避。但是《帝国》重新使我们的目光转向了30多年前的法国哲学对马克思的重读,对政治经济学的重读。这个重读,这个政治经济冒险,现在看来已经取得了巨大的成功,《帝国》引起的波澜依然在全球知识界激荡"③。

其次,内格里的非物质劳动理论,在政治上重建了无产阶级的革命主体。内格里的非物质劳动理论,主要目的就是为了建构无产阶级的革命主体,强调这一主体的作用,指出:是无产阶级迫使资本必须不断地进行改革,而且无产阶级能够打破资本的逻辑,建构新型的社会。这不仅是意大利区域政治斗争的经验总结,而且更是对西方马克思主义

---

① [德]马克思、[德]恩格斯:《共产党宣言》,人民出版社2006年版,第47页。
② Paolo Virno and Michael Hardt, eds. *Radical Thought in Italy: A Potential Politics*, Minnesota: University of Minnesota Press, 1996, p.5.
③ 汪民安主编:《生产》(第一辑),广西师范大学出版社2004年版,第286页。

无产阶级同化论的积极回应。内格里认为,资本主义社会应该是有两个主体构成,一个是资本,一个是劳动者,两者都有力量决定历史的发展,而不是西方马克思主义认为的,资本已经全面控制了社会生活和人类意识,无产阶级已经告别了历史的舞台。事实是,"我们要认识到,劳动与反抗的主体已经发生了深刻的变化。无产阶级的构成已经历了转化,故而我们的理解也必须转变"[①]。无产阶级已经不再是昔日的模样,这意味着他们不是消亡,而是我们必须在新的时代下,重新构建无产阶级这一主体,这将是一个非常艰巨而又重要的任务。

意大利自治马克思主义学说,在某种程度上,可以说是一种"政治主体的建构学",而内格里的"大众"就是这种"政治主体建构学"的时代演绎与最新发展。"和法国哲学家路易·阿尔都塞一样,意大利政治哲学家安东尼奥·内格里也是以重读马克思的著作作为其理论的出发点的。在马克思对生产力与生产关系的客观法则的强调之外,内格里重新探讨了马克思在社会主体方面的理论贡献,认为资本主义是一个有着两种主体性的社会体制,其中一个主体(资本)通过强迫劳动和强迫剩余劳动支配另一个主体(工人阶级),工人阶级不是资本主义发展的衍生物,而是一种真正对立的主体,它能够通过自己的斗争打破资本的逻辑和资本的统治,建立一种新社会。对工人阶级主体性的探讨是内格里对马克思主义理论的新发展,他的这一研究也是跟当代意大利的政治生活紧密相连的,意大利的区域政治和工人运动的蓬勃发展都为其理论创新提供了现实基础。"[②]内格里从意大利政治实践中不断提出工人阶级新主体概念,如专业工人、大众工人、社会工人,直到最近的大众。"内格里之所以如此强调主体的重新发现,是针对西方左派批判理论中弥散的悲观主义情绪。他一针见血地指出批判理论忽视了马克思的阶级主体学说。在自卢卡奇以降的西方左翼理论中,社会批判理论家从物化现象的分析开始,始终强调资本逻辑的统治,这种统治使得原先的劳动异化蔓延成为普遍异化,最终形成了无可挣脱的'资

[①]Antonio Negri and Michael Hardt. *Empire*, Harvard University Press, 2000, p.52.
[②]〔意〕内格里著,刘长缨译:《超越马克思的马克思·前言》,载于《国外理论动态》,2008年第9期,第55—58页。

本的囚笼'。内格里并不否认资本的统治,他所反对的是这样一种倾向:在夸大资本统治的同时抹平劳动阶级的主体性,从而否认阶级斗争和人类解放的可能性。"[1]内格里认为:"我们不应把资本家能重新获得控制权的事实与霸权之不可挑战混淆起来。在一个存在两个对立主体的世界,唯一的客观性就是它们相互冲突的结果。"[2]资本家想使之永存,因而不断革命化全部社会关系,使之仅仅成为资本和劳动关系的生产和再生产,实现全面而深入的统治。可是,"很多年以来,马克思主义由于被归结为对资本主义霸权及其'运行规律'的批判而流于贫乏。马克思主义者对资本主义机制所产生的工厂中的专制主义、文化支配、工人阶级斗争的工具化的执迷使他们看不见一种真正对立的主体的存在。资产阶级是他们认识的唯一主体,当他们思考工人阶级斗争时,他们总是把工人阶级斗争当作是资本自身发展的衍生物,认为资本主义发展的真正动力无疑存在于资本家相互竞争这样的'内在'矛盾当中"[3]。事实上,资本主义是存在两种主体,其中一个主体(资本)通过强迫劳动和强迫剩余劳动支配另一个主体(工人阶级)。内格里对劳动主体性的重建,来源于马克思一段十分重要的论述:"一方面,劳动作为对象是绝对的贫穷,另一方面,劳动作为主体,作为活动是财富的一般可能性,这两点决不是矛盾的,或者不如说,这个在每种说法下都是自相矛盾的命题是互为条件的,并且是从劳动的下述本质中产生出来的:劳动作为资本的对立物,作为与资本对立的存在,被资本当作前提,另一方面,劳动又以资本作为前提。"[4]由此可知,劳动与资本对立的过程同时也是劳动的主体化过程。因此,并非如西方马克思主义批判理论所谓的:革命主体丧失了自我意识和革命行动的可能性,彻底臣服于资本逻辑的统治的可悲局面,如同高兹式的"告别无产阶级"。

---

[1]张梧、王巍:《重建主体:对〈经济学手稿(1857—1858年)〉的政治解读》,载于《马克思主义与现实》,2009年第5期,第180—184页。

[2]〔意〕内格里著,查日新译:《超越马克思的马克思·导论一》,载于《国外理论动态》,2008年第9期,第59—63页。

[3]〔意〕内格里著,查日新译:《超越马克思的马克思·导论一》,载于《国外理论动态》,2008年第9期,第59—63页。

[4]《马克思恩格斯全集》(第30卷),人民出版社1995年版,第254页。

内格里的"非物质劳动"理论及其当代意义研究
The Contemporary Significance of Antonio Negri's Theory of Immaterial Labor

第三,内格里的非物质劳动理论强调了马克思社会关系再生产的重要性。内格里认为:资本主义生产最重要的是社会关系的生产,他甚至在某访谈中这样定位社会关系再生产。"这里有意思的是,你们和我们二人都倾向从我们当前的立场重塑历史——有些像马克思在《政治经济学批判》导言中说的人体解剖是猿体解剖的一把钥匙。确切地说,由于今天非物质生产的统治地位,我们可能通过对过去的观察比以前看得更加清楚。换句话说,由于非物质劳动直接产生关系和社会生活,所以我们比任何时候都更清楚地看到资本的目的确实是社会关系的生产。物质商品的生产——例如冰箱、汽车和大豆等——实际上只是生产过程的中间环节。真正的目的是这些物质商品所创造或推进的社会关系。从由非物质生产统治的经济观点出发,我们可以更清楚地看到这种情况,而以回溯的方式观察,我们可以根据这种认识重新思考历史的方位。"[1]事实上,马克思也曾强调过这一点,国内学者孙承叔在解读《1857—1858年经济学手稿》时,就指出过社会关系再生产的重要性。他认为:在物欲横流的资本主义,当人们把所有的眼光都盯着物质财富的时候,马克思首先关注的是社会关系的变化,并把它作为《资本论》研究的主要目的。马克思指出,资本主义"生产过程和价值增殖过程的结果,首先是资本和劳动的关系本身的,资本家和工人的关系本身的再生产和新生产。这种社会关系、生产关系,实际上是这个过程的比其他物质结果更为重要的结果。……每一方都由于再生产对方,再生产自己的否定而再生产自己本身"[2]。因此,"从整体上考察资本主义生产,就可以得出结论:作为这个过程的真正产品,应考察的不只是商品(尤其不只是商品的使用价值,即产品),也不只是剩余价值;虽然剩余价值是结果,它表现为整个生产过程的目的并决定着这个过程的性质。不仅是生产一个东西——商品,即比原来预付的资本具有更大价值的商品,而且生产资本和雇佣劳动,换言之,是再生产(劳动和资本

---

[1] 〔美〕尼古拉·布朗、〔美〕伊莫瑞·泽曼著,王逢振译:《什么是群众?——迈克尔·哈特和安东尼奥·内格里访谈录》,载于《文艺研究》,2005年第7期,第108—117页。

[2] 《马克思恩格斯全集》(第30卷),人民出版社1995年版,第450页。

之间的)关系,并使之永存"①。

小结

非物质劳动,作为意大利自治马克思主义提出的一个概念,主要是用来把握当代劳动新形式和诊断资本主义的本质,以达到建构革命主体的作用。它对于新的时代条件下劳动新形式和资本主义的本质,对于理解马克思主义在当代社会的意义,对于理解马克思在《资本论》中未完成的"国家"和"世界市场"理论有一定的启示。在当代资本主义发展的方式当中出现的,进行物质变换的体力劳动成为次要方面,智力的劳动、技术的劳动、知识的劳动等等,开始成为主要方面,内格里运用非物质劳动的概念来表达和讨论,这是否会突破马克思的生产劳动与剩余价值学说,体现以往劳动概念的狭隘性,以及根本上讨论资本主义剩余价值规律究竟在怎样的方式当中还在发生作用。剩余价值规律,作为资本主义自身的存在方式,也是自我灭亡的规律。在剩余价值形态已经发生变化的今天,这就需要理论上的分析和讨论。

---

① 《马克思恩格斯全集》(第32卷),人民出版社1998年版,第181页。

第二章
马克思的劳动理论及其研究方法

第一节 劳动是马克思政治经济学批判的出发点

1949年中华人民共和国成立之后至1978年改革开放之前，整个社会非理性地重视劳动、排斥资本，如在毛泽东时代，资本家是需要被改造的对象，工人是"共和国的长子"。而1978年改革开放之后，整个社会又非理性地将目光全部放在了资本身上，如在改革开放时代，资本家成为了社会追捧的对象，工人沦为社会底层。后一种情况在学术界的反映是，学者们更多的是去研究资本了，而逐渐遗忘了劳动，即使有学者研究劳动概念，也更多是从异化劳动概念出发，脱离社会关系抽象地讨论马克思的劳动理论。这带来的后果是，目前学界关于劳动的研究状况，使得马克思劳动理论科学内涵难以得到彰显，容易使劳动问题的研究陷入了人本主义批判的困境，掩盖了现实的社会关系。因此，我们需要回归劳动问题的研究，首先，明确劳动是马克思政治经济学批判的出发点，其次，揭示马克思劳动概念的科学内涵。

马克思虽然写了《资本论》，但是马克思政治经济学批判的出发点并非是资本，而是劳动。我们不能因为肯定资本的历史作用，而否定劳动的历史地位。这是需要说明的第一点。其次,虽然时代发生了变化,社会进入到消费社会,但马克思的政治经济学批判也不可能让位给鲍德里亚所讲的符号政治经济学批判,而只能还是劳动政治经济学批判。符号只是劳动的非物质形式,而不能揭示劳动的社会形式。因此,无论是在马克思的理论中,还是在新的时代背景下,劳动都是马克思政治经济学批判的出发点。

马克思将劳动作为政治经济学批判的出发点,最早是在《1844年经济学哲学手稿》(以下简称《手稿》)中。虽然这段时期马克思对劳动概念的理解还没有达到科学水平,但它是"万里长征的第一步"。正所谓好的开始,便是成功的一半。马克思在《手稿》中通过对异化劳动的研究,试图冲破国民经济学和思辨哲学的束缚,实现对资产阶级政治经济学批判。《手稿》中马克思关于劳动的理解主要有两点:一是从人和自然的关系来定义劳动,认为劳动是"创造对象世界,改造无机界"[1]的活动。"这就肯定了劳动是人的一种物质性的能动的活动,从而克服了黑格尔把劳动仅仅理解为精神活动的片面性,也为后来批判费尔巴哈唯物主义的直观性打下了思想上的基础。"[2]二是从人和动物的区别来定义劳动,认为劳动是"自由的有意识的活动"[3]。马克思认为,这样的劳动是人的本质规定。这一概念虽然仍然具有抽象的人本主义色彩,但是它一定程度上克服了国民经济学家把劳动和人本身当成私有财产的错误规定,实现了对人的肯定。

虽然《手稿》中的马克思最后没有成功,但是其劳动理论包含了一些唯物史观的萌芽。《手稿》中的劳动理论,奠定了唯物史观的基本方向。首先,阐述了劳动在社会发展过程中的地位和作用,认为劳动是人类社会存在和发展的基础,"整个所谓世界历史不外是人通过人的劳动而诞生的过程"[4],劳动决定社会意识,"宗教、家庭、国家、法、道德、

---

[1]《马克思恩格斯文集》(第1卷),人民出版社2009年版,第162页。
[2] 陈俊宏:《论马克思主义劳动概念的形成及其在创立唯物史观过程中的作用》,载于《哲学研究》,1984年第5期。
[3]《马克思恩格斯文集》(第1卷),人民出版社2009年版,第162页。
[4]《马克思恩格斯文集》(第1卷),人民出版社2009年版,第196页。

科学、艺术等等，都不过是生产的一些特殊的方式，并且受生产的普遍规律的支配"①。其次，积极探讨劳动和革命之间的联系，在社会生产领域寻找革命的根据，挖掘革命的潜能。而马克思在《德意志意识形态》中详细阐释了这一思想。在《德意志意识形态》中，马克思指出，历史的第一个前提是物质生活生产。"人们为了能够'创造历史'，必须能够生活。但是为了生活，首先就需要吃喝住穿以及其他一些东西。因此第一个历史活动就是生产满足这些需要的资料，即生产物质生活本身。"②在这里，我们发现，马克思仍然是从人与自然的关系来界定劳动。在这一时期，马克思虽然也指出劳动还包括人与人的社会关系，如"这样，生命的生产，无论是通过劳动而生产自己的生命，还是通过生育而生产他人的生命，就立即表现为双重关系：一方面是自然关系，另一方面是社会关系，社会关系的含义在这里是指许多个人的共同活动。"③但是，马克思这里所指的人与人的社会关系，还不是资本主义社会特殊的生产关系，即资本家和工人的关系，而是脱离社会性的经验性的人与人之间的社会关系。这样的"劳动……只是指人借以实现人和自然之间的物质变换的人类一般的生产活动，它不仅已经脱掉一切社会形式和性质规定，而且甚至在它的单纯的自然存在上，不以社会为转移，超越一切社会之上，并且作为生命的表现和证实，是尚属非社会的人和已经有某种社会规定的人所共同具有的"④。因此，马克思此时的劳动概念还不科学，还没有把劳动放在一定的生产关系下来考察，还看不到由生产关系决定的劳动的性质。在《资本论》中，马克思才真正提出科学的劳动理论，看到了劳动的社会生产关系本质。"我们已经看到，资本主义生产过程是社会生产过程一般的一个历史地规定的形式。而社会生产过程既是人类生活的物质生存条件的生产过程，又是一个在特殊的、历史的和经济的生产关系中进行的过程，是生产和再生产着这些生产关系本身，因而生产和再生产着这个过程的承担者、他们的物

---

① 《马克思恩格斯文集》(第1卷)，人民出版社2009年版，第186页。
② 《马克思恩格斯文集》(第1卷)，人民出版社2009年版，第531页。
③ 《马克思恩格斯文集》(第1卷)，人民出版社2009年版，第532页。
④ 《马克思恩格斯文集》(第7卷)，人民出版社2009年版，第923页。

质生存条件和他们的互相关系即他们的一定的经济的社会形式的过程。"①如果撇开劳动的社会生产关系本质,我们是无法理解资本主义和社会主义的生产过程的。这也就是为什么恩格斯说:"在劳动发展中找到了理解全部社会史的钥匙。"②"我们可以把马克思对劳动的定义表述为:劳动是人们在一定的社会关系下,制造和使用工具来改造自然物,使其适合自己需要的有目的的活动。"③

随着时代的变迁和发展,在一些学者,如鲍德里亚等人看来,马克思的政治经济学批判显得不真实,它已经无法分析当代资本主义社会,"只有符号政治经济学批判能够分析当下的统治方式如何能够重新获得、整合、同时利用所有那些生产方式——不仅仅是资本主义的生产方式,还有所有'之前的'、'古代的'生产方式与交换方式,在经济范围内,或者在经济范围之外"④。因此,我们"必须作为一种大写的'一般政治经济学'来整个地重新分析,其中符号/交换价值的生产与物质商品以及经济交换价值的生产都是通过同一种方式,并在同一过程之中。由此,对于符号生产以及文化生产的分析不能作为与物质生产相对的、外在的、隐蔽的'上层建筑';这将成为一场政治经济学的革命,符号政治经济学全面入侵了理论与实践的领域"⑤。

鲍德里亚所谓的"大写的一般政治经济学",在我看来,其实就是马克思的政治经济学,只不过鲍德里亚先将马克思的政治经济学批判狭隘化地理解了,只看到物质生产,然后像发现新大陆似的看到符号生产,提出符号政治经济学批判。实质上,鲍德里亚的符号政治经济学批判并没有超越马克思的政治经济学批判,他只是描绘了马克思政治经济学批判在新时代的具体表现。而且鲍德里亚的逻辑本身也说明了这

---

① 《马克思恩格斯文集》(第7卷),人民出版社2009年版,第926—927页。
② 《马克思恩格斯文集》(第4卷),人民出版社2009年版,第313页。
③ 陈俊宏:《论马克思主义劳动概念的形成及其在创立唯物史观过程中的作用》,载于《哲学研究》,1984年第5期。
④ [法]鲍德里亚著,夏莹译:《符号政治经济学批判》,南京大学出版社2009年版,第110页。
⑤ [法]鲍德里亚著,夏莹译:《符号政治经济学批判》,南京大学出版社2009年版,第103页。

一点。他指出,符号的生产与物质商品的生产是在同一生产过程中以同一种方式进行的,两者不是对立的,而是同一的。如"解码符号形式的诞生与马克思在《政治经济学批判》中揭示商品形式的诞生使用的是同一方式"①。这意味着物质商品也好,符号也好,它们都只是交换价值的表现形式,它们被生产的方式都是一样的,都是在资本主义的生产方式中被生产出来,为了实现资本的增殖。在这样的逻辑下,所谓的符号政治经济学批判何来革命之说?

鲍德里亚提出所谓的符号政治经济学批判,至少说明两点:一是他误读了马克思的政治经济学批判,二是他狭隘化地理解了马克思的劳动理论。

首先,马克思不是"通过交换价值和使用价值来说明政治经济学的观念"②,而是通过劳动概念来进行政治经济学批判的。比如鲍德里亚对物的分析。鲍德里亚在《物体系》中还将物的使用价值作为象征关系的载体,而在《符号政治经济学批判》中,使用价值则倒过来成了符号交换价值的结果。"物远不仅是一种实用的东西,它具有一种符号的社会价值,正是这种符号的交换价值才是更为根本的,使用价值常常只不过是一种对物的操持的保证。"③物的效用功能不是基于自身的有用性,而是某种特定的社会符号编码的结果。事实上,鲍德里亚的观点并没有太多的新意,无非是用语言符号学和存在主义学说将马克思相关思想的时代化罢了。马克思明确地指出过,商品的本质属性是价值,而价值是指社会性的交换价值,而不是指物的自然属性。交换价值也好,使用价值也罢,都只不过是劳动产生的结果。如果我们从结果来分析资本主义,那么我们看到的只是表象。物质生产和符号生产之所以能够产生交换价值,是由劳动的本质社会生产关系决定的。认识不到这一点,所谓符号政治经济学批判的出现就可以理解了。于是,鲍德

---

① 〔法〕鲍德里亚著,夏莹译:《符号政治经济学批判》,南京大学出版社2009年版,第101页。
② 〔法〕鲍德里亚著,夏莹译:《符号政治经济学批判》,南京大学出版社2009年版,第103页。
③ 〔法〕鲍德里亚著,夏莹译:《符号政治经济学批判》,南京大学出版社2009年版,第2页。

里亚指出:"在这种矛盾中,物并不存在于对需求的满足之中,而是存在于象征性的劳动之中,存在于一种'生产'之中,这种生产包含了证明与生产的双重含义——物不仅被生产出来,同时还作为证明被生产出来。它们存在于神圣化了的努力之中,存在于一种完整的执行之中,存在于一种对最终成果的强调之中,它们意在提供某种社会价值持续而有形的证明。"①鲍德里亚所谓的象征性的劳动,并不生产有用性的物,而是对某种社会价值持续而有形的指认。鲍德里亚的解读存在两种倾向:一是脱离物质生产来谈劳动,二是脱离社会生产来谈劳动。脱离物质生产,意味着看不到社会历史发展的前提和基础,而脱离社会生产意味着看不到劳动的社会生产关系本质。因此,鲍德里亚的象征性劳动具有内在性和抽象性特点,是唯心主义意义上的劳动。

其次,马克思所讲的资本主义生产劳动也不是"忽略了符号生产的社会劳动"②,而是包含一切可以实现资本增殖的社会劳动。鲍德里亚指出,符号生产所激活的生产方式与马克思所讲的物质生产方式是极为不同的。符号生产是介于差异生产和剩余价值生产之间的生产,它可以揭示价值的源泉和生产过程。"符号/价值是被某种特定社会劳动所生产出来的。但是差异的生产,以及差异性等级体系的生产,都不能与对剩余价值的剥削相混淆,同时这些生产也不是以它为原因的。在差异生产与剩余价值生产之间,还存在着另一种类型的劳动"③,就是符号生产。这种生产是超越了经济的生产,但是以某种方式,如符码的控制,它也生产剩余价值。"忘记了这种特殊的劳动,使得马克思主义的分析在今天发现,自己对意识形态领域的立场与在马克思之前(以及之后)的那些面对物质生产的资产阶级经济学家所持有的立场

---

① [法]鲍德里亚著,夏莹译:《符号政治经济学批判》,南京大学出版社2009年版,第7页。
② [法]鲍德里亚著,夏莹译:《符号政治经济学批判》,南京大学出版社2009年版,第105页。
③ [法]鲍德里亚著,夏莹译:《符号政治经济学批判》,南京大学出版社2009年版,第105页。

相同:真实的价值源泉以及真实的生产过程都被跳了过去。"①实际上,马克思的劳动理论已经科学揭示了资本主义的生产过程和内在矛盾,而鲍德里亚并没有意识到这一点,所谓的符号政治经济学只不过是新的理论幻想,并不能起到揭示真实的价值源泉以及真实的生产过程,反而是起到遮蔽的作用。

第二节 生产劳动是马克思劳动问题的本质

内格里的非物质劳动试图抓住当代劳动实践变化的新形式,开始又一次马克思意义上的政治经济学的冒险。然而这一新的劳动概念与马克思的劳动概念是一脉相承的吗?我们先简单回顾一下马克思关于劳动、生产劳动和非物质生产劳动的论述,然后再进行比较。

马克思最初是在对古典国民经济学和黑格尔哲学的双重批判中,提出他的劳动概念的。首先,马克思从人与自然的区别中,将劳动规定为人类的本质,认为劳动是人类自由而有意识的生命活动,这从根本上把人类与动物界区别开来。因为"一个种的整体特性、种的类特性就在于生命活动的性质,而自由的有意识的活动恰恰就是人的类特性"②。马克思认为是黑格尔发现了人的这一类本质:"黑格尔站在现代国民经济学家的立场上。他把劳动看作人的本质,看作人的自我确认的本质;他只看到劳动的积极方面,没有看到它的消极方面。……黑格尔唯一承认的劳动是抽象的精神劳动。"③由于黑格尔强调理性自由,因此他的这种"抽象的精神劳动",以及"劳动的积极的方面",内在地规定了劳动的自由维度,为无产阶级革命和人类解放提供理论依据。其次,马克思又从人与自然的联系中,将劳动规定为谋生的劳动,即人以谋生的目的为中介的劳动。劳动又受着体现了自然必然性的谋生目

---

① [法]鲍德里亚著,夏莹译:《符号政治经济学批判》,南京大学出版社2009年版,第105页。
② [德]马克思:《1844年经济学哲学手稿》,人民出版社2000年版,第57页。
③ [德]马克思:《1844年经济学哲学手稿》,人民出版社2000年版,第101页。

第二章　马克思的劳动理论及其研究方法

的所支配。在这个意义上，人又是不自由的。"人直接地是自然存在物。人作为自然存在物，而且作为有生命的自然存在物……同动植物一样，是受动的、受制约的和受限制的存在物，就是说，他的欲望对象是作为不依赖于他的对象而存在于它之外的。"①与黑格尔一样，国民经济学家也把劳动看成是人的本质，但国民经济学家所讲的是劳动的消极方面，即把劳动视为谋生的活动。"劳动在国民经济学中仅仅以谋生活动的形式出现"，"国民经济学抽象地把劳动看作物；劳动是商品"②。因此，马克思的劳动概念，不仅看到了劳动的必然性维度，而且还阐明了劳动的自由维度。马克思抓住了劳动概念超越现实的维度，工人阶级的劳动最终必然会冲破资本主义生产关系的桎梏，从资本主义和劳动的必然性中解放出来，创造崭新的社会。

　　但是，劳动以往的历史形式，如奴隶劳动、徭役劳动、雇佣劳动等等，都是令人生厌的，始终是外在的强制劳动，甚至阿伦特如此说：劳动始终是自然所强加的永恒必然性，即使劳动获得解放，也不能把人带入自由，而是相反。因此，她认为马克思"留给我们的只是一个令人沮丧的选择：是要生产性的奴役，还是要非生产性的自由"③。而且她还认为："马克思学说真正反传统的倒是一个未曾有的侧面，即对劳动的赞美。它却是自哲学发轫以来经常遭到轻蔑的，被认为没有必要特意去理解、解释那不中用的人及其营生活动，也没有必要重新评价被轻视的工人阶级和劳动。马克思是19世纪唯一使用哲学用语真挚地叙说了19世纪的重要事件——劳动的解放的思想家。""事实上，他对劳动的阐释和赞美，只是对发展着的事态的一种事后追认；阐释和赞美本身却把所有传统的政治价值观完全颠倒过来了，而且必定是要颠倒过来的。"④施密特也认为："与其说马克思是哲学的乐观主义者，不如说他

---

①〔德〕马克思：《1844年经济学哲学手稿》，人民出版社2000年版，第105页。
②〔德〕马克思：《1844年经济学哲学手稿》，人民出版社2000年版，第14、18页。
③〔美〕汉娜·阿伦特著，王寅丽译：《人的境况》，上海人民出版社2009年版，第76页。
④〔美〕汉娜·阿伦特著，王寅丽译：《马克思与西方政治思想传统》，江苏人民出版社2006年版，第12页。

在伟大的欧洲悲观主义者的传统中,应占有一席地位。"①因为马克思批判地继承了黑格尔的劳动思想,认为人凭借劳动可以达到自己自身的意识,但马克思又强调劳动辩证法的物质要素的不可废除性,不论人在怎样的历史条件下生活,都同样必须和自然进行物质交换。

难道真的如同阿伦特和施密特所言:马克思的劳动只是必然性领域的活动,劳动的解放只是乌托邦,根本不会实现自由?这一方面说明,马克思早期的劳动概念还比较抽象,仅仅是从人和自然界的关系的抽象形式上来理解劳动,还没有从人和人的社会关系来理解劳动;另一方面说明,阿伦特和施密特只留意到马克思劳动概念的物质规定性方面,忽视了社会规定性方面的内容。

马克思在《资本论》中,从劳动的物质规定性和社会规定性两个方面给劳动下了完整的科学的定义。马克思认为:"劳动首先是人和自然之间的过程,是人以自身的活动来中介、调整和控制人和自然之间的物质变换的过程。"②"劳动过程,就我们在上面把它描述为它的简单的、抽象的要素来说,是制造使用价值的有目的的活动,是为了人类的需要而对自然物的占有,是人和自然之间的物质变换的一般条件,是人类生活的永恒的自然条件,因此,它不是以人类生活的任何形式为转移,倒不如说,它为人类生活的一切社会形式所共有。"③因此:"劳动过程最初是抽象地撇开它的各种历史形式,作为人和自然之间的过程来考察的。如果整个劳动过程从其结果的角度加以考察,从产品的角度加以考察,那么劳动资料和劳动对象二者表现为生产资料,劳动本身则表现为生产劳动。"④也即是从单纯的一般劳动过程的观点出发,实现在产品中的劳动,对我们表现为生产劳动。这里撇开了劳动的社会形式,单纯从劳动的物质规定性出发来规定的。但马克思要进行资产阶级的政治经济学的批判,不能仅仅停留于此,因而,他在注中补充说:

---

① 〔德〕A.施密特著,欧力同等译:《马克思的自然概念》,商务印书馆1988年版,第148页。
② 〔德〕马克思:《资本论》(第1卷),人民出版社2004年版,第207—208页。
③ 〔德〕马克思:《资本论》(第1卷),人民出版社2004年版,第215页。
④ 《马克思恩格斯全集》(第44卷),人民出版社2001年版,第581页。

"这个从简单劳动过程的观点得出生产劳动的定义,对于资本主义生产过程是绝对不够的。在这里要进一步阐述这个问题。"①于是,马克思又从社会关系方面规定了劳动定义的内容。"社会生产过程既是人类生活的物质生存条件的生产过程,又是一个在历史上经济上独特的生产关系中进行的过程,是生产和再生产着这些生产关系本身……即他们的一定的社会经济形式的过程。"②因此,社会关系作为劳动的社会规定性,它既是劳动过程不可缺少的前提,又是劳动过程中必然形成的产物。而在资本主义条件下,生产劳动,是指社会地规定了的劳动,是包含着劳动的买者和劳动的卖者之间的完全确定的关系的劳动。生产劳动是直接增殖资本的劳动或直接生产剩余价值的劳动。资本家生产的目的不是使用价值,而是获得剩余价值,以至于资本主义的生产劳动的这一规定,同劳动的一定内容,同劳动的特殊有用性或劳动所借以表现的特殊使用价值都毫无关系。同一内容的劳动可以是生产劳动,也可以是非生产劳动。比如,弥尔顿创作的《失乐园》,他是非生产劳动者。相反,为书商提供工厂式劳动的作者,则是生产劳动者。这里的关键是他的创作是否从属于资本,是否为了增殖资本而进行的,如果是,就是生产劳动,反之,则不是。因此,不能够创造剩余价值的劳动,就是非生产劳动。因此,不同的社会关系直接决定了劳动的社会属性,也直接决定了人的社会存在方式。

根据上述劳动的定义,马克思在《资本论》中论述到,人类可以实现劳动解放,进入自由王国。"事实上,自由王国只是在必要性和外在目的的规定要做的劳动终止的地方才开始;因而按照事物的本性来说,它存在于真正物质生产领域的彼岸。像野蛮人为了满足自己的需要,为了维持和再生产自己的生命,必然与自然搏斗一样,文明人也必须这样做。这个自然必然性的王国会随着人的发展而扩大,因为需要会扩大;但是,满足这种需要的生产力同时也会扩大。这个领域内的自由只能是:社会化的人,联合起来的生产者,将合理地调节他们和自然之间

---

①《马克思恩格斯全集》(第44卷),人民出版社2001年版,第581页。
②〔德〕马克思:《资本论》(第3卷),人民出版社2004年版,第925页。

的物质变换,把它置于他们的共同控制之下,而不让它作为一种盲目的力量来统治自己;靠消耗最小的力量,在最无愧于和最适合于他们的人类本性的条件下来进行这种物质交换。但是,这个领域始终是一个必然王国。在这个必然王国的彼岸,作为目的本身的人类能力的发挥,真正的自由王国,就开始了。但是,这个自由王国只有建立在必然王国的基础上,才能繁荣起来。工作日的缩短是根本条件。"①马克思认为通过劳动的解放,是可以达到自由的,但根本条件是工作日的缩短。现实是,工作日是缩短了,然而工作之外的时间,并没有用于实现人的全面发展,而是仍然被资本所占有,为了资本的增殖所服务。这当然是资本主义类型学的观点,它揭示了当今资本的经济运动规律,在资本主义的这种社会形式下,劳动和雇佣劳动合二为一,劳动条件的物质存在和资本主义的社会形式合二为一,这样简单劳动的一切要素(劳动者、劳动对象和劳动资料),甚至社会关系,都成了资本,一个着了魔的、颠倒的、倒立着的世界形成了。马克思所追求的世界,当然不是这个资本的世界,而是作为人的世界或共产主义,在这样的社会形式下,资本盲目的必然性受到控制,社会关系不是资本关系,而是人的关系,人或活劳动不再受到资本的压迫,进而可以通过工作日的缩短来摆脱劳动必然性的束缚,而进入自由的王国,进行自由而有意识的活动,实现自身的全面发展。马克思曾经说过:在不存在任何资本的社会形式下,真正的生产才开始。"假定不存在任何资本,而工人自己占有自己的剩余劳动,即他创造的价值超过他消费的价值的余额。只有对于这样的劳动才可以说,这个劳动是真正生产的,也就是说,它创造新价值。"②

马克思在考察资本主义生产劳动时,曾经提到过"非物质生产劳动"这样一个概念。而内格里的"非物质劳动"概念看起来与这个概念相差无几,它们是否是一样的呢?我们有必要先考察一下马克思的"非物质生产劳动"概念究竟是什么,看看它们两者究竟是什么关系。

马克思在《资本论》第4卷的剩余价值理论中,通过对斯密关于这

---

①〔德〕马克思:《资本论》(第3卷),人民出版社2004年版,第928—929页。
②《马克思恩格斯全集》(第33卷),人民出版社2004年版,第137页。

个问题观点的考察,全面论证了在资本主义条件下,只有创造剩余价值的劳动才是生产劳动。在生产劳动和非生产劳动问题上,斯密得出两种不同的相互矛盾的定义。斯密的第一个定义认为:在资本主义生产条件下,生产劳动是这样一种劳动,这种劳动不仅把作为工资的那部分资本价值再生产出来,而且还提供利润,即创造剩余价值。马克思充分肯定了斯密的这一定义,他说:"这里,从资本主义生产的观点给生产劳动下了定义,亚当·斯密在这里触及了问题的本质,抓住了要领。他的巨大科学功绩之一就在于,他下了生产劳动是直接同资本交换的劳动这样一个定义。"①其问题的本质是:斯密是从一定的社会形式即劳动得以进行的社会生产关系得出来的定义,而不是从劳动的物质规定性得出来的。但斯密的第二个定义,却又从物质规定性出发,离开了社会规定性,得出如下定义:"生产劳动是物化在任何商品中的劳动。"②马克思认为,斯密的第二个定义固然是错误的,但也有其合理的因素,因为在当时资本主义社会,具有物质形式的商品生产占统治地位,而非物化形式的商品生产,如服务,在本质上,即在创造剩余价值上,是微乎其微的,完全可以撇开不谈。因此,说生产劳动是生产商品的劳动,也是符合当时资本主义现实的。

从上述马克思对斯密观点的考察中,马克思有着明显的倾向性,认为:生产劳动主要是包括物质的生产劳动,而认为非物质的生产劳动可以完全置之不理。

马克思曾经这样完整地论述过非物质生产劳动这一问题:"在非物质生产中,甚至当这种生产纯粹为交换而进行,因而纯粹生产商品的时候,也可能有两种情况:(1)生产的结果是商品,是使用价值,它们具有离开生产者和消费者而独立的形式,因而能在生产和消费之间的一段时间内存在,并能在这段时间内作为可以出卖的商品而流通,如书、画以及一切脱离艺术家的艺术活动而单独存在的艺术作品。在这里,资本主义生产是在很有限的规模上被应用,例如,一个作家在编一部集

---

① 《马克思恩格斯全集》(第33卷),人民出版社1985年版,第141页。
② 《马克思恩格斯全集》(第33卷),人民出版社1985年版,第148页。

体著作百科全书时,把其他许多作家当作助手来剥削。这里的大多数情况,都还只局限于向资本主义生产过渡的形式,就是说,从事各种科学或艺术生产的人、工匠或行家,为书商的总的商业资本而劳动,这种关系同真正的资本主义生产方式无关,甚至在形式上也还没有从属于它。在这些过渡形式中,恰恰对劳动的剥削最厉害,但这一点并不改变事情的本质;(2)产品同生产行为不能分离,如一切表演艺术家、演说家、演员、教员、医生、牧师等等的情况。在这里,资本主义生产方式也只是在很少的范围内能够应用,并且就事物的本性来说,只能在某些领域中应用,例如,在学校中,教师对于学校老板,可以是纯粹的雇佣劳动者,这种教育工厂在英国多得很。这些教师对学生来说虽然不是生产工人,但是对雇佣他们的老板来说却是生产工人。老板用他的资本交换老师的劳动能力,通过这个过程使自己发财。戏院、娱乐场所等等的老板也是用这种办法发财致富。在这里,演员对观众来说,是艺术家,但是对自己的企业主来说,是生产工人。资本主义生产在这个领域中的所有这些表现,同整个生产比起来是微不足道的,因此可以完全置之不理。"①

马克思认为前一种非物质生产劳动还只是过渡形式,"在这里,资本主义生产只能非常有限地被运用"②,它本质上还不是真正的资本主义生产方式。这里所谓的过渡形式,并"不是从劳动对资本的形式上的从属向劳动对资本的实际上的从属的过渡,从而向特殊的资本主义生产方式过渡的那些形式,而是谈的这样一些形式,在这些形式下资本主义关系在形式上还不存在,因而在这种形势下资本对劳动的剥削还处于资本发展成为它的生产资本的形式,而劳动本身具备雇佣劳动的形式之前。这类(过渡)形式存在于资产阶级生产方式以前的那些社会形态里"③。而后一种非物质生产劳动相对于当时整个资本主义生产的数量来说,是微乎其微的量,"这些劳动只能作为服务来享受,不能转化为与劳动者分开的、从而作为独立商品存在于劳动者之外的产

---

① 《马克思恩格斯全集》(第48卷),人民出版社1985年版,第61—62页。
② 《马克思恩格斯全集》(第49卷),人民出版社1982年版,第109页。
③ 《马克思恩格斯全集》(第48卷),人民出版社1985年版,第30页。

品,但是它们可以直接地被资本主义利用。所以,可以把它们完全撇开不谈;只有在研究雇佣劳动时,在论及不同时是生产劳动的雇佣劳动的范畴时,才能考察它们"①。

那马克思是怎样考察的呢?马克思通过对生产工人的定义,从侧面考察了非物质生产劳动以后的趋势。"生产工人的概念决不只包含活动和效果之间的关系,工人和劳动产品之间的关系,而且还包含一种特殊社会的、历史地产生的生产关系。这种关系把工人变成资本增殖的直接手段。所以,成为生产工人不是一种幸福,而是一种不幸。……古典政治经济学一直把剩余价值的生产看作生产工人的决定性特征。"②因此,只要能实现资本增殖的工人,都应当是生产工人。如果可以在物质生产领域以外举一个例子,那么,一个教员当他不仅训练孩子的头脑,而且还为校董的发财致富而劳碌时,他也是生产工人。显而易见,这同时也意味着:只要能够带来剩余价值的劳动,都是生产劳动,不再仅仅局限在物质规定性上。由此可知,上述的非物质生产劳动最终会被纳入资本主义生产方式中,为资本服务。

内格里在后现代社会提出非物质劳动概念,到底与马克思的劳动概念存在哪些联系?首先要肯定的是:随着时代的发展,固守劳动仍然是马克思所描述的劳动,无异于认为劳动的结构是超历史的,无时间的或永恒不变的,这必然将历史规定性置之度外。马克思举过这样的一个例子:"饥饿总是饥饿,但是用刀叉吃熟肉来解除的饥饿不同于用手、指甲和牙齿啃生肉来解除的饥饿。因此,不仅消费的对象,而且消费的方式,不仅在客体方面,而且在主体方面,都是生产所生产的。"③同理,在不同的历史条件下,劳动的对象、劳动的方式都是不一样的,而且这种变化会给人类带来怎样的影响都是值得深思的。而且,"很明显,应信息技术的需要,工作场所内以文化形式出现的工作和生活之间

---

①《马克思恩格斯全集》(第49卷),人民出版社1982年版,第106页。
②《马克思恩格斯全集》(第44卷),人民出版社2001年版,第582页。
③《马克思恩格斯全集》(第30卷),人民出版社1995年版,第33页。

的关系确实在迅速地改变着"[1]。生产"早已打上了非工业化的痕迹，产生了与直接物质再生产的政治经济学相对的符号经济学"[2]。但这种符号政治经济学或者说新自由主义给我们带来了什么？"给我们提供股票市场价值指数而不是人道主义、全球性的苦难而不是尊严、空虚而不是希望、国际恐怖而不是生活。"[3]可是当人们决定响应马克思的号召去抗争时，却出现了一系列的新问题。"阶级斗争的传统起点一直是一个特殊的空间——工厂，而且阶级组织正是从那里出发通过联合运动、政治政党等类似形式而得以扩大的。但是当工厂消失或变得如此不稳定从而致使永久性组织变得困难时，会发生什么事情呢？当大量的劳动力变成暂时性或临时性时，会发生什么事情呢？在这些条件下，传统形式组织起来的劳动就失去了它的地理基础，它的力量也就相应地减弱了。"[4]人们明显感觉到的是"无助、被动、受到束缚并分裂"[5]。这正是当今资本主义条件下劳动的新特点。虽然说，"经济活动向非物质生产的巨大转变并没有改变资本积累与劳动之间的关系的本质"[6]，但劳动的方式却发生了巨大的变化。那么这种劳动对人类的影响如何，又如何从这种劳动中挖掘解放的潜能，都是马克思主义者需要深入思考的问题。

---

[1]〔美〕大卫·哈维著，胡大平译：《希望的空间》，南京大学出版社2005年版，第60页。

[2]〔美〕大卫·哈维著，胡大平译：《希望的空间》，南京大学出版社2005年版，第10页。

[3]〔美〕大卫·哈维著，胡大平译：《希望的空间》，南京大学出版社2005年版，第70页。

[4]〔美〕大卫·哈维著，胡大平译：《希望的空间》，南京大学出版社2005年版，第48—49页。

[5]〔美〕大卫·哈维著，胡大平译：《希望的空间》，南京大学出版社2005年版，第10页。

[6]〔英〕莱姆克等著，陈元等译：《马克思与福柯》，华东师范大学出版社2007年版，第181页。

第三节　历史唯物主义是马克思劳动理论的研究方法

笔者以前对于马克思历史唯物主义的学习所获得的认识是这样的：历史唯物主义是马克思的伟大贡献之一。马克思历史唯物主义是在批判费尔巴哈"半截子的唯物主义"过程中形成的。当历史唯物主义形成之后，马克思就运用这一新的世界观去分析经济政治，为无产阶级的革命和解放提供思想武器。但是，后来笔者在运用所学习的历史唯物主义去分析社会现实时发现很难进入到社会现实内部，总感觉社会现实如同康德讲的自在之物，无法接近、无法认识。再怎么切近，总是感觉站在它的外部。甚至笔者一度认为可能是没有进行社会调查，没有第一手的材料，才会出现这样的情况。后来通过了解一些经济学家和社会学家已经进行过社会调查的学术论文发现，即使他们进行过社会调查，也很难认识真正的社会现实。这打消了笔者进行社会调查的想法。

还有一个问题也一直困扰着笔者，就是马克思是如何在哲学上实现革命性颠覆的？我们总说马克思将黑格尔头足倒立的理论颠倒过来了，将黑格尔的辩证法坐落在唯物主义坚实的基础之上。然而，一些学者对此予以否定，认为马克思并没有什么哲学贡献，他的理论只不过是抄袭了黑格尔的理论。因此，笔者常常在想，究竟是什么原因导致出现了这样的困境？后来在工作教学的过程中，一个事情触动了笔者——可能是笔者所认识的历史唯物主义有问题。因此，本节就围绕"哲学的言说如何切近现实？"和"唯心史观如何直接跳跃到唯物史观？"的两个问题来反思以前对历史唯物主义的认识的问题所在。

首先第一个问题，哲学的言说如何切近现实？研究一般性概念的哲学要想切近现实，主要是运用理性在理论中推演出来的理想性原则去指导现实的发展。这样的方式常常被解读为理论指导实践而为大多数人所接受。理论指导实践本身并没有问题，但问题在于，脱离实际的理论还能否指导实践？这就成为了问题。通俗一点来说，就是不切实际的想法是无法得到应用的。也就是说,哲学的言说是无法切近现实的。

其次,唯心史观如何直接"跳跃"到唯物史观？海德格尔有一句话,就是颠倒的形而上学还是形而上学。以前很难理解这一句话,现在似乎有点理解了。之前所理解的历史唯物主义不就是颠倒的历史唯心主义吗？也就是说,颠倒的历史唯心主义还是历史唯心主义。马克思不可能从唯心史观直接跳跃到唯物史观的。不是一个概念的颠倒就可以轻而易举地实现认识的深化,也不可能超越历史的发展。

那么马克思的历史唯物主义究竟是什么？它又是如何形成的？这就需要重新认识历史唯物主义了。

马克思说:"如果事物的表现形式和事物的本质会直接合而为一,一切科学就都成为多余的了。"①既然事物的表现形式和事物的本质无法直接统一,那么我们就需要科学。而马克思所指的科学是什么？是物理学,用显微镜去观察事物？当然不是！而是历史唯物主义,用抽象力去观察社会。因此,历史唯物主义是马克思、恩格斯创立的关于人类社会最一般规律的科学,也是马克思研究劳动理论的方法。在历史唯物主义的研究方法下,劳动的表现形式和劳动的本质才真正实现合而为一。

"马克思说,当这些现代经济学家站在物质形式的角度上来谈论物质生产过程,并进而谈论资本、劳动等经济范畴时,他们的一个最大缺陷就在于不知道这些范畴背后蕴含着的现实生产关系内涵。"②也就是说,现代经济学家只看到了劳动的表现形式,没有看到劳动的本质,即社会生产关系。因此,他们对劳动问题这样解读的思路所得出的结论只能是经验主义的,不可能是历史唯物主义的。历史唯物主义不仅看到劳动的表现形式,而且还看到了劳动问题的本质,因而,它是通过揭示资本主义社会生产关系中固有的内在矛盾来实现劳动解放的,而经验主义在看不到资本主义社会生产关系内在矛盾的情况下要想实现

---

①〔德〕马克思:《资本论》(第3卷),人民出版社2004年版,第925页。
②唐正东:《从斯密到马克思——经济哲学方法的历史性诠释》,江苏人民出版社2009年版,第379页。

劳动的解放,就只能借助于文化、理性、人性等外在性的因素进行批判,这样的批判最终只会走向抽象的人本主义。

因此,如果缺乏历史唯物主义的研究方法,仅仅从劳动的表现形式的方面是无法理解马克思的劳动理论的。我们只有认识到劳动的社会生产关系本质,才能正确地理解马克思的劳动理论。劳动之所以会采取这样那样的表现形式,实际上是由生产关系所决定的。因而,劳动的历史实际反映的是生产关系的历史。

"马克思哲学中的任何概念其实都是与丰富的现实社会历史内容相联接的,从严格的意义上说,它并不是从一般性的概念,而是从这些概念所蕴含的现实社会内容出发来建构其自身内容的。"[1]因此,马克思的劳动概念不是一般性的概念,而是蕴含社会生产关系内容的概念,即具有历史性的概念。

上述研究劳动的方法就是历史唯物主义的方法。而关于历史唯物主义研究方法的形成,我们一般会认为,"马克思是先在哲学的层面上得出了正确的哲学观点之后,再进入到经济学领域中去运用那些业已成熟的哲学思想的。"[2]其实不然。要不然,我之前也不会出现无法切近现实的困境。实际上,马克思历史唯物主义研究方法,是在经济学的研究,尤其是在亚当·斯密和大卫·李嘉图的经济学研究中逐步形成的。这是一条必不可少的研究路径。在这一研究路径中,可以揭示历史唯物主义产生的内在逻辑,彰显马克思唯物史观的重大意义。

一、斯密和李嘉图推进唯物主义在社会领域内的发展

斯密经济理论的贡献在于"立足于现实社会中具体的人与人之间关系的角度来理解社会的内容,而放弃了任何从悬设的先验的角度来理解社会的方法"[3]。然而,斯密所指的具体的人与人之间的关系是经

---

[1] 唐正东:《从斯密到马克思——经济哲学方法的历史性诠释》,江苏人民出版社2009年版,第2页。
[2] 唐正东:《从斯密到马克思——经济哲学方法的历史性诠释》,江苏人民出版社2009年版,第8页。
[3] 唐正东:《从斯密到马克思——经济哲学方法的历史性诠释》,江苏人民出版社2009年版,第52页。

验性的交换关系,还不是历史唯物主义意义上的现实的社会生产关系,因此,还不能准确地抓住资本主义社会的内在矛盾。准确地说,斯密所讲的人与人之间的关系是一种独立主体、自主主体之间的商品交换关系。斯密的观点存在两个问题:1.斯密对个人作了抽象的理解,这使得斯密的理论带有人本主义的色彩;2.斯密对人与人之间关系的把握还没有深入到生产领域,这使得斯密的理论还不够彻底。如"他只是简单地把人与人之间的关系归结为富人与穷人之间的关系,而没有深入下去分析这种关系背后所蕴涵着的历史性的生产关系"[①]。因此,"斯密的问题在于没有分析财富不均在社会生产领域内的根源"[②]。

相对于斯密而言,马克思认为李嘉图是一位"力求在一定的社会结构中来理解现代生产并且主要是研究生产的经济学家"[③],他分析了资本主义社会各阶层利益对立关系在社会生产领域内的根源。李嘉图所理解的社会关系"不再是斯密的那种自主、独立的经济主体之间的社会关系,而是一种客观性的、具体性的社会关系"[④]。这种社会关系虽然表现为个人与个人之间的关系,但其本质是独立于个人而存在的客观的社会关系。因此,可以说李嘉图的经济思想真正触及了资本主义生产的本质。正如马克思所言,李嘉图抓住了历史斗争和历史发展过程的根源,即资本主义生产关系的矛盾性。因此,李嘉图"开创了唯物主义在社会领域内的发展方向"[⑤],触及了客观的社会生产关系,揭示了社会关系中的内在矛盾,抓住了历史斗争和历史发展过程的根源,为马克思历史唯物主义的产生奠定了坚实的理论基础。虽然李嘉图对这种矛盾性的把握仍然是经验性的,但这已经足够了。这足够可以让马克思发现资本主义社会生产关系的内在矛盾。

---

① 唐正东:《从斯密到马克思——经济哲学方法的历史性诠释》,江苏人民出版社2009年版,第24页。
② 唐正东:《从斯密到马克思——经济哲学方法的历史性诠释》,江苏人民出版社2009年版,第23页。
③ 《马克思恩格斯全集》(第30卷),人民出版社1995年版,第38页。
④ 唐正东:《从斯密到马克思——经济哲学方法的历史性诠释》,江苏人民出版社2009年版,第104页。
⑤ 唐正东:《从斯密到马克思——经济哲学方法的历史性诠释》,江苏人民出版社2009年版,第105页。

因此，斯密和李嘉图两人先后推进了唯物主义在社会领域内的发展，揭示了人与人之间的关系是具体的和客观的。这让马克思逐步摆脱了人本主义和经验主义的束缚，最终创立了历史唯物主义学说。下面我们来考察，马克思是如何在与人本主义和经验主义的斗争中走向历史唯物主义的。

二、早期马克思研究劳动问题的方法

马克思早期的经济学研究还处于经验历史主义和抽象人本主义阶段，而并不是历史唯物主义已经形成的阶段。这是思想还未成熟的热血青年都会经历的阶段。他们经验性地认识到世界的压迫和奴役，希望用抽象的道德原则去批判和改造社会现实。比如，"《巴黎手稿》时期，马克思没有立足于这种社会关系本身并从中找出其内在矛盾，在此基础上来阐述自己的历史哲学，而是在这种客观现实之外设置了一个抽象的人性的理论支点来展开对这种异化关系的批判。这是一种与科学的历史批判相异质的抽象的伦理批判"[1]。最后他们发现，社会现实是不讲道理的。于是，他们一部分人开始迷茫了，看不到社会的出路在哪。而马克思没有迷茫，他通过理论的艰难探索，逐渐摆脱了经验历史主义和抽象人本主义这对孪生兄弟的束缚，最终发现了历史唯物主义的研究方法，慢慢找到了社会的出路。

在《1844年经济学哲学手稿》中，马克思对劳动的理解是这样的："一个种的整体特性、种的类特性就在于生命活动的性质，而自由的有意识的活动恰恰就是人的类特性。……通过实践创造对象世界，改造无机界，人证明自己是有意识的类存在物，就是说是这样一种存在物，它把类看作自己的本质，或者说把自己看作类存在物。"[2] 马克思在这里指出，自由自觉的活动是人的类本质，它是人改造自然界、证明自己是类存在物的实践活动。马克思这里所讲的构成人的类本质的自由自觉的活动，实际上是"游离于具体的社会历史内容之外的、抽象的人改

---

[1] 唐正东：《从斯密到马克思——经济哲学方法的历史性诠释》，江苏人民出版社2009年版，第104页。

[2] [德]马克思：《1844年经济学哲学手稿》，人民出版社2000年版，第57页。

造自然界的实践活动"①。后来马克思认为,这样的劳动只是一个幽灵,是一种抽象,"就它本身来说,是根本不存在的,……只是指人借以实现人和自然之间的物质变换的人类一般的生产活动,它不仅已经脱掉一切社会形式和性质规定,而且甚至在它的单纯的自然存在上,不以社会为转移,超越一切社会之上,并且作为生命的表现和证实,是尚属非社会的人和已经有某种社会规定的人所共同具有的"②。因此,此时马克思对劳动的理解还局限在抽象人本主义的层面,只看到劳动抽象的形式,还没有深入到历史唯物主义层面,揭示劳动的社会生产关系本质。"这样一来,他不但不能对现实社会中劳动的本质内涵作出深刻的把握,而且当他需要展开自己的理论思路时,也不得不再次求助于经验主义理解下的工业活动。"③因为马克思认为,工业的发展可以消除异化劳动和实现人的类本质。

而马克思在《德意志意识形态》中所理解的生产劳动是物质生存条件的生产和再生产。如马克思在讨论唯物史观的历史前提时指出:"我们开始要谈的前提并不是任意想出的,……这是一些现实的个人,是他们的活动和他们的物质生活条件,包括他们得到的现成的和由他们自己的活动所创造出来的物质生活条件。"④从这一点我们基本可以判断,马克思对生产劳动的理解还局限在经验主义的层面,只看到劳动的物质形式,也还没有深入到历史唯物主义层面,揭示劳动的社会生产关系本质。后来马克思在《资本论》中就深入到了劳动的社会生产关系本质层面,指出,"社会生产过程既是人类生活的物质生存条件的生产过程,又是一个在特殊的、历史的和经济的生产关系中进行的过程,是生产和再生产着这些生产关系本身,因而生产和再生产着这个过程的承担者、他们的物质生存条件和他们的互相关系即他们的一定的经

---

① 唐正东:《从斯密到马克思——经济哲学方法的历史性诠释》,江苏人民出版社2009年版,第299页。
② 〔德〕马克思:《资本论》(第3卷),人民出版社2004年版,第923页。
③ 唐正东:《从斯密到马克思——经济哲学方法的历史性诠释》,江苏人民出版社2009年版,第327页。
④《马克思恩格斯文集》(第1卷),人民出版社2009年版,第519页。

济的社会形式的过程。"①而要想认识到劳动的这一社会生产关系的本质,是必须要运用理论的抽象力,即进展到历史唯物主义的阶段才可以达到的。比如,资本主义社会中的生产劳动,如果站在经验主义层面,我们就只能看到生产劳动的表现形式,认为是物质劳动或非物质劳动在创造财富;而如果站在历史唯物主义层面,我们就可以看到生产劳动的社会生产关系本质,认为真正的财富只能来源于能够为资本带来利润的劳动。因此,马克思在《德意志意识形态》中仅仅通过对人类劳动过程进行经验性的描述,还不能使马克思得出科学的劳动观点。因此,这一时期的劳动观点还不能揭示资本主义生产关系的内在矛盾,其劳动解放思想也就会如哈贝马斯所指出的陷入乌托邦。

三、《哲学的贫困》时期历史唯物主义研究方法的初步形成

在《德意志意识形态》之后,"通过对政治经济学新研究领域的开辟,马克思彻底抛弃了在社会关系问题上的经验式理解,转向了对本质性的、具体的、历史的社会关系的科学把握"②。促使马克思这一转向的是李嘉图,而体现这一转向的文本是《哲学的贫困》。

李嘉图是研究生产的经济学家,并且是在资本主义特殊的生产关系中来理解生产。因此,李嘉图的经济理论中所论述的三大阶级之间利益对立关系已经触及了资本主义生产关系中的内在矛盾。李嘉图的这一思想为马克思所吸收和发展,为历史唯物主义的形成提供了重要的思想帮助。而之所以在《哲学的贫困》中体现这一转向,是因为蒲鲁东在《贫困的哲学》中对现实的社会关系作了抽象化的解读,即对政治经济学的形而上学的解读,没有推进李嘉图的上述经济思想,反而是出现了倒退。这让马克思觉得有必要对蒲鲁东的经济思想进行批判,故针锋相对地写了《哲学的贫困》。

马克思指出:"李嘉图的价值论是对现代经济生活的科学解释;而

---

① 《马克思恩格斯文集》(第7卷),人民出版社2009年版,第927页。
② 唐正东:《从斯密到马克思——经济哲学方法的历史性诠释》,江苏人民出版社2009年版,第363页。

蒲鲁东先生的价值论却是对李嘉图理论的乌托邦式的解释。"[1]李嘉图认为价值是在阶级利益分配关系中产生的,揭示了资本主义社会中的阶级对抗关系,而蒲鲁东却认为价值是在理想化的平等交换关系中形成的。蒲鲁东这种乌托邦式的解释,不但没有看到李嘉图在价值论中已经发现的具体的、历史的社会关系,而且还从现实的社会关系之外寻找价值构成的抽象因素。马克思批判地指出,所谓的生产者和消费者并不是在平等的地位上按照自由意志进行生产和交换的,他们的生产和消费都受到他们的社会地位所决定,而社会地位又取决于整个社会组织。[2] 因此,马克思不同意蒲鲁东对资本主义社会关系的抽象理解,而是希望从李嘉图触及的具体的、历史的社会关系出发进一步揭示资本主义社会本质性的社会关系。在这一艰难的探索中,马克思终于发现了资本主义社会本质性的社会关系。"蒲鲁东先生使之复活的这个普罗米修斯究竟是什么东西呢?这就是社会,是建立在阶级对抗上的社会关系。这不是个人和个人的关系,而是工人和资本家,农民和地主的关系。"[3]马克思在这里将资本主义社会中人和人之间的社会关系内涵推进到了工人和资本家这一具体、历史和本质性的社会关系。这标志着马克思历史唯物主义研究方法的初步形成。

在历史唯物主义研究方法下,马克思揭示了资本主义社会关系是以资本家和工人之间的阶级对抗关系为内容的。马克思认为,资本主义就是因为这一阶级对抗而必然会灭亡。其一,马克思这一思想的政治性批判很强,但是理论性批判还不足。因为马克思"在对资本主义社会必然灭亡的证明方面还无法完全深入到客观性的生产过程的领域,去寻找出导致这种必然灭亡性的内在矛盾根源"[4]。资本主义社会阶级对抗的根源应该是在资本主义生产关系的内在矛盾。其二,对于劳动价值论的理解局限在交换领域,还没有深入到生产领域。如此时

---

[1]《马克思恩格斯全集》(第4卷),人民出版社1958年版,第93页。
[2]《马克思恩格斯全集》(第4卷),人民出版社1958年版,第86页。
[3]《马克思恩格斯全集》(第4卷),人民出版社1958年版,第135页。
[4]唐正东:《从斯密到马克思——经济哲学方法的历史性诠释》,江苏人民出版社2009年版,第374页。

的马克思认为,劳动如商品一样,有交换价值,但它并不生产价值。[1]这说明,马克思还没有认识到劳动的社会生产关系本质。因此,马克思的历史唯物主义还有待进一步的深化。

四、《1857—1858年经济学手稿》时期历史唯物主义研究方法的最终形成

马克思历史唯物主义的最终形成是在《1857—1858年经济学手稿》中。关于这一点,有些学者并不认同。他们认为马克思的历史唯物主义早在《德意志意识形态》中就已经形成了,而《1857—1858年经济学手稿》无非是历史唯物主义在经济学领域中的应用而已。这样的观点是不具有说服力的。马克思后期之所以会转向政治经济学批判,并非是所谓的将哲学认识应用到经济学领域,而是需要在经济学方面的研究去深化历史唯物主义。换句话说,没有政治经济学的批判,就不会产生科学的历史唯物主义。比如,马克思在《德意志意识形态》时期和《1857—1858年经济学手稿》时期谈物质生产绝对是两个概念。马克思在《德意志意识形态》中谈论物质生产时,还停留在经验主义的层面,只看到生产的物质的形式,还没有发现物质生产范畴背后所蕴含着的现实生产关系的内涵。而马克思在《1857—1858年经济学手稿》时期谈论物质生产时,则已经摆脱了经验主义的束缚,不仅看到生产的物质形式,而且还看到了生产的社会形式。"生产过程和价值增殖过程的结果,首先表现为资本和劳动的关系本身的,资本家和工人的关系本身的再生产和新生产。这种社会关系,生产关系,实际上是这个过程的比其物质结果更为重要的结果。这就是说,在这个过程中工人把他本身作为劳动能力生产出来,也生产出同他相对立的资本,同样另一方面,资本家把他本身作为资本生产出来,也生产出同他相对立的活劳动能力。"[2]这表明,马克思此时谈论物质生产时,意在强调,资本主义生产过程本质上是生产关系的生产和再生产。如果看不到这一点,人们

---

[1]《马克思恩格斯全集》(第4卷),人民出版社1958年版,第100页。
[2]《马克思恩格斯全集》(第30卷),人民出版社1995年版,第450页。

是无法理解物质生产中所蕴含的剥削和阶级压迫。马克思也正是在这一基础上才可以提出剩余价值学说。

即使在《哲学的贫困》中,马克思对劳动的理解依然受到李嘉图思想的影响,将工人的劳动理解为直接劳动,还没有抓住劳动的社会生产关系的本质。把劳动理解为简单的物质劳动,这对于理解资本主义社会中的劳动是远远不够的。马克思指出,只有将简单的物质劳动或自由自觉的劳动理解为资本主义社会中的雇佣劳动时,我们才能摆脱经验主义和人本主义的束缚,形成对劳动科学的认识。雇佣劳动范畴可以让人们准确地把握资本主义社会的生产关系内涵,深入到雇佣劳动和资本的生产关系中,也即是进入到历史唯物主义的层面来理解资本主义社会的生产。比如,资本主义的生产首先是资本和劳动关系的生产和再生产,其次才是一般性的物质生产和再生产。也就是说,只有能够为资本带来剩余价值的劳动才是生产劳动,反之,则不是。"因此,说到生产,总是指在一定社会发展阶段上的生产。"[1]正是在这样的基础上,我们才可以从劳动的观点中看到资本主义社会生产关系中的内在矛盾和剥削关系,即阶级斗争的根源。

小结

马克思政治经济学批判的出发点是劳动概念,不是我们通常所接受的实践概念。实践的概念实质上是与意识相对应而存在的唯心主义概念。它有助于我们理解意识的能动作用,但无法揭示社会的性质。这是实践概念的缺陷。所以,随着研究的深入和认识的提高,马克思后来抛弃了实践的概念,转向了劳动的概念。关于劳动的概念,马克思对它的解读也是不断深化的,进而形成科学的认识。一开始,马克思的劳动概念更多是经验主义意义上的物质劳动或人本主义意义上的自由自觉的劳动,直到《哲学的贫困》中,马克思才揭示劳动概念是现实社会生产关系的理论反映。因此,资本主义社会中的生产劳动,不是物质劳动,也不是非物质劳动,不是异化劳动,也不是生命政治劳动,而是实现

---

[1]《马克思恩格斯全集》(第30卷),人民出版社1995年版,第26页。

资本增殖的劳动。这里面所包含的就是历史唯物主义的研究方法。马克思历史唯物主义的方法告诉我们,劳动范畴背后蕴含着的现实生产关系内涵,这是劳动问题的本质。历史唯物主义不仅看到劳动的表现形式,而且还看到了劳动问题的本质,实现劳动的表现形式和劳动的本质的统一。

第三章
马克思政治经济学批判的回归

第一节 西方马克思主义对马克思政治经济学批判的偏离

一、西方马克思主义偏离马克思政治经济学批判的历史原因

"西方马克思主义首要的最根本特点就是:它在结构上与政治实践相脱离。"①然而,人们会认为,西方马克思主义的三个创始人:卢卡奇、柯尔施和葛兰西,他们曾经都是各自党内的主要的政治领导人,怎么会出现马克思主义理论与无产阶级政治实践相脱离呢?这还得归因于当时两大政治力量的破坏。"在两次大战之间的时期里以如此不同的方式侵袭欧洲工人阶级运动的两大悲剧,法西斯主义和斯大林主义,就这样联合起来瓦解和破坏了与西方无产阶级群众性实践相结合的土生土长的马克思主义理论的潜在力量。葛兰西在意大利的与世隔绝和逝世、柯尔施和卢卡奇在美国和苏联的隔离和流亡生活,标志着西方马克思主义在西方群众中活动自如的阶段已告结束。从此以后,西方马

---

① 〔英〕佩里·安德森著,高铦、文贯中、魏章玲译:《西方马克思主义探讨》,人民出版社1981年版,第41页。

克思主义就以自己的密码式语言说话了,它与工人阶级的距离越来愈远,但它对于工人阶级的命运还是努力设法效劳并力求与之相联系的。"①这样的境况,迫使了西方马克思主义的创始人在进行理论研究时,不得不改变研究的策略和主题,继续发挥自己的社会影响。

后来在法兰克福学派成立之初,第二任所长霍克海默尔对工作的方向做了重大调整,不再将历史唯物主义作为研究的重心,甚至停发了社会主义和工人运动的重要刊物。"不再把历史唯物主义作为一门'科学'来考虑,而转向以经验调查作补充来发展'社会哲学'。该所于1932年停止发行《社会主义和工人运动史文库》,它的新刊物简单地起名为《社会研究杂志》。"②而历史唯物主义正是老一辈马克思主义者所研究的重点。他们希望通过对历史唯物主义的研究,为无产阶级运动提供理论武器。"他们③关心以不同的方式将历史唯物主义作为有关人和自然的全面理论而加以系统化,使之能替代对立的资产阶级学科,并为工人运动提供其战斗者们易于掌握的广泛而一贯的世界观。"④这在一定程度上也表明,法兰克福学派的理论研究也与无产阶级的政治实践相脱离。后来由于纳粹上台,该所被迫将研究所迁往美国。这使得研究所不仅在研究方向上,甚至在形式上直接抽身出无产阶级的政治运动。"该所迁移美国,就使它转移到一个连形式上从事社会主义事业或具有任何实质性马克思主义传统的巨大工人阶级运动也不复存在的政治环境。在新环境下,该研究所稳步地倾向于适应当地的资产阶级秩序,并对自己过去和现时的著作加以检查以适应当地的学术气氛或集体的感情,进行带有通常实证主义特征的社会学调查。该所为了在新的住地掩饰它自己,在实际上完全退出了政治活动。"⑤二战后,

---

① [英]佩里·安德森著,高铦、文贯中、魏章玲译:《西方马克思主义探讨》,人民出版社1981年版,第44页。
② [英]佩里·安德森著,高铦、文贯中、魏章玲译:《西方马克思主义探讨》,人民出版社1981年版,第45页。
③ 他们包括拉布里奥拉、梅林、考茨基和普列汉诺夫等。
④ [英]佩里·安德森著,高铦、文贯中、魏章玲译:《西方马克思主义探讨》,人民出版社1981年版,第13页。
⑤ [英]佩里·安德森著,高铦、文贯中、魏章玲译:《西方马克思主义探讨》,人民出版社1981年版,第46—47页。

内格里的"非物质劳动"理论及其当代意义研究
The Contemporary Significance of Antonio Negri's Theory of Immaterial Labor

法兰克福研究所虽然迁回了德国,"但是,它的社会作用和方向在美国期间所发生的根本变化,是再也不可能变更了"①。再加上当时联邦德国处于资产阶级的统治之下,德国的无产阶级和共产党被镇压和取缔,这使得马克思主义的理论传统难以得到恢复和发展。因此,该时期的法兰克福研究所基本上实现了非政治化,其所谓的批判性理论也已经与社会主义实践明显地脱离了联系。后来的阿多诺是如此,留在美国的马尔库塞也是如此。这致使他们的理论和实践出现了巨大的鸿沟。

而法国的马克思主义者出现之时,正值第三阶段的国际共产主义运动斯大林化的时期,因此,"他们的理论著作就受到了严格的政治限制"②。他们"关于资本主义发展所作的分析和阶级斗争的实践这整个中心问题都是有保留的"③,希望逃避直接的控制和检查。如"列斐伏尔在三十年代的主要著作,大体上具有哲学的特性,其抽象化的程度正好控制在党的纪律所允许的范围以内"④。马克思主义理论由于法国共产党党内文化的控制而受到了压制,但是在党外却被存在主义所发展,并被得到广泛的传播。这使得马克思主义的理论具有了人本主义的色彩。后来法共内部有了一定限度的自由化氛围,使得阿尔都塞那具有独创性的理论体系得以出现。然而,阿尔都塞始终与政治保持距离,使得他的理论脱离了实际。

因此,西方马克思主义之所以偏离了马克思的政治经济学批判,有着历史的背景和时代的原因。革命浪潮的低落和各国共产党的斯大林化都严重束缚了马克思主义的发展。"因此,正如萨特后来所宣称的那样,从1924年到1968年,马克思主义并没有'停顿',但它是沿着一

---

①〔英〕佩里·安德森著,高铦、文贯中、魏章玲译:《西方马克思主义探讨》,人民出版社1981年版,第47页。
②〔英〕佩里·安德森著,高铦、文贯中、魏章玲译:《西方马克思主义探讨》,人民出版社1981年版,第49页。
③〔英〕佩里·安德森著,高铦、文贯中、魏章玲译:《西方马克思主义探讨》,人民出版社1981年版,第50页。
④〔英〕佩里·安德森著,高铦、文贯中、魏章玲译:《西方马克思主义探讨》,人民出版社1981年版,第50页。

条离开一切革命政治实践的永无止境的曲折道路前进的。这两者之间的脱节,是由这整个历史时代所决定的。"①远离无产阶级政治实践的马克思主义理论是很难获得发展的。即使有发展,其发展也是抽象的发展。"理论工作的活动余地缩小到或者是服从组织,或者是个人陷于孤立,这使得历史唯物主义和社会主义斗争之间丧失了建立有力联系的可能性,并排除了经典马克思主义主题的直接发展。"②久不联系实践的西方马克思主义开始严重滞后于时代发展,以致他们关注不到战后西方资本主义经济的迅速发展和资本主义代议制民主政治的建立,即使有学者关注到了,也因为历史唯物主义的传统丢弃得太久,从而对资本主义新发展的研究显得束手无策,缺乏洞见。

二、西方马克思主义偏离了马克思的政治经济学批判转向哲学

"西方马克思主义整个说来,似乎令人困惑地倒转了马克思本身的发展轨道。马克思这位历史唯物主义的创始人,不断从哲学转向政治学和经济学,以此作为他的思想的中心部分;而1920年以后涌现的这个传统的继承者们,却不断地从经济学和政治学转回到哲学——放弃了直接涉及成熟时期的马克思所极为关切的问题,几乎同马克思放弃直接追求他青年时期所推论的问题一样彻底。"③西方马克思主义之所以偏离马克思的政治经济学批判,一方面是由于历史的原因,不得已而为之;另一方面是由于其继承者们的误读,贻误后世。

西方马克思主义对马克思的误读主要表现为如下两个方面:一是将马克思历史唯物主义的主要目的理解为认识论;二是语言愈发地晦涩难懂。这使得西方马克思主义逐渐脱离了无产阶级的实践,开始走向资产阶级的文化。

西方马克思主义理论有两个特点:一是理论被资产阶级的文化所

---

① 〔英〕佩里·安德森著,高铦、文贯中、魏章玲译:《西方马克思主义探讨》,人民出版社1981年版,第57页。
② 〔英〕佩里·安德森著,高铦、文贯中、魏章玲译:《西方马克思主义探讨》,人民出版社1981年版,第61页。
③ 〔英〕佩里·安德森著,高铦、文贯中、魏章玲译:《西方马克思主义探讨》,人民出版社1981年版,第68—69页。

内格里的"非物质劳动"理论及其当代意义研究
The Contemporary Significance of Antonio Negri's Theory of Immaterial Labor

同化,如阿多诺、马尔库塞、阿尔都塞和萨特等都继承了弗洛伊德的遗产,这是帝国主义成功的影响所致,也是西方马克思主义理论为什么出现意识形态化的原因;二是理论的阐释求助于马克思以前的哲学传统,如理论的黑格尔化(卢卡奇、马尔库塞、萨特)、亚里士多德化(沃尔佩)、康德化(科莱蒂)、斯宾诺莎化(阿尔都塞)和马基雅维利化(葛兰西)等,这是反叛共产主义运动斯大林化[①]的必然结果,也使得西方马克思主义理论出现哲学化的倾向。这使得西方马克思主义的理论远离历史唯物主义,开始走向历史唯心主义。因此,从分析生产方式运动规律的角度来说,西方马克思主义是没有论述资本主义经济的。他们把注意力几乎都集中于上层建筑方面,也就是说他们注意的焦点是文化。"西方马克思主义便这样自始至终地主要关注文化和意识形态问题。自从启蒙时代以来,美学便是哲学通往具体世界的最便捷的桥梁,它对西方马克思主义理论家始终具有一种经久不衰的特殊吸引力。"[②]因此,西方马克思主义理论出现了意识形态化、哲学化和文学化的倾向,偏离了马克思的政治经济学批判。

我们以法兰克福学派为例,简要勾勒一下他们的社会批判理论是如何偏离马克思的政治经济学批判的。

如果说西方马克思主义自卢卡奇开始,偏离马克思的政治经济学批判,那么受卢卡奇影响巨大的法兰克福学派自然也是如此。而法兰克福学派的社会批判理论真正诞生,是从霍克海默开始的,现已历经三代,可谓蔚为大观,影响甚巨。第一代主要包括霍克海默、阿多诺、弗洛姆、马尔库塞、本雅明等;第二代主要是哈贝马斯、施密特等;第三代主要有霍耐特、维尔默、奥菲等。

霍克海默通过对当时马克思主义理论实证化[③]和社会科学研究自然科学化的批判指出,非批判的实证主义的研究只会关注社会的某一方面,如经济方面,而忽略了整体内涵,这容易把现存的社会看成是天

[①] 第二国际的理论家认为黑格尔不如费尔巴哈重要,而且和马克思没有什么关联。
[②] [英]佩里·安德森著,高铦、文贯中、魏章玲译:《西方马克思主义探讨》,人民出版社1981年版,第100页。
[③] 指经济主义或经济决定论。

然的东西,最终会导致认同现存的社会。而马克思的"批判理论"[1],"并非仅仅依据孤立的材料和概念来衡量每一历史阶段,而是根据每一历史阶段的原始和整体内涵、根据把这种内涵看做是起决定性作用的东西,来衡量每一历史阶段"[2]。因此,霍克海默认为,强调整体的马克思主义具有批判性,马克思主义是批判理论,而不是传统的实证主义理论。

霍克海默虽然避免了管中窥豹的错误,但是却陷入了缘木求鱼的困境。霍克海默所理解的批判不是马克思政治经济学的批判,而是**哲学的批判**。"无论科学概念还是生活方式,无论流行的思维方式还是流行的原则规范,我们都不应盲目接受,更不能不加批判地效仿。哲学反对盲目地抱守传统和在生存的关键性问题上的退缩。哲学已经担负起这样的不愉快任务:把意识的光芒普照到人际关系和行为模式之上,而这些东西已根深蒂固,似乎已成为自然的、不变的、永恒的东西。"[3]强调整体和历史的社会批判理论,确实有助于我们认识社会,一定程度上对抗自然科学的研究方法,但无人身的理性批判,如理性地要求从总体上把握社会生活或意识对社会生活的关照,只能起到宗教式关怀的作用,而无法揭示社会发展的内在矛盾和逻辑。在霍克海默这里,社会最终成为了康德意义上的自在之物,无法被认识。因此,哲学批判使得人所处的时代困境只能得到抽象的解决,而不能得到实际的改善。

阿多诺则与霍克海默一道,在《启蒙辩证法》中认为,马克思试图用新的同一性,即劳动的同一性来代替启蒙的同一性。因此,阿多诺抛弃了马克思的政治经济学批判,走向了**文化批判**。阿多诺所谓的启蒙同一性是指,对近代的启蒙运动而言,任何事物都必须还原为"符合算计与实用规则的东西"[4],否则就不能被视为存在。这正是马克思所揭示的"资本主义社会中一切事物都被还原为交换价值"的思想。可以

---

[1] 霍克海默所理解的马克思的批判理论是依据卢卡奇的总体性思想来认定的。
[2] 〔德〕霍克海默著,李小兵等译:《批判理论》,重庆出版社1989年版,第4页。
[3] 〔德〕霍克海默著,李小兵等译:《批判理论》,重庆出版社1989年版,第243页。
[4] 〔德〕霍克海默、阿多诺著,渠敬东、曹卫东译:《启蒙辩证法》,上海人民出版社2003年版,第4页。

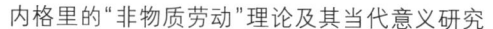

说,阿多诺从文化启蒙的角度阐释了马克思的上述思想,但是他不同意马克思建立劳动的同一性,如马克思所说"这种活动的基本形式当然是物质活动,一切其他的活动,如精神活动、政治活动、宗教活动等都取决于它"[1]。阿多诺认为,这违背了文化独立性和否定性的特点。阿多诺坚持,艺术相对于现实生活来说,是具有独立性的。人们通过艺术乌托邦的表达可以对现实生活进行对抗。因此,阿多诺坚持一种辩证的艺术批评。"就艺术能够在人心中发挥实际影响而言,它也是现实的力量,并因而指向一种独特的实践批判活动。"[2]艺术应当包含对资本主义的否定和批判,而不应沦为文化工业的产物,变为大众文化,以至于彻底失去否定性,成为资本主义制度的一个构成环节,不断维护和强化资本主义制度。阿多诺希望借助文化艺术的革命潜能来实现未来社会的建构,实际上是一种本末倒置的做法。文化艺术作为社会生产方式的结果,是无力改变社会现状的。

而弗洛姆则是将马克思主义**心理学**化的代表,他开创了将弗洛伊德和马克思结合起来的先河。弗洛姆在解读马克思主义的经济基础和上层建筑之间的关系时,引入了"社会心理"概念作为中介,这也是他的重要理论贡献。弗洛姆认为:"弗洛伊德派的心理分析只能应用于个人,而不能应用于社会,这是一个重大的缺陷。传统的马克思主义理论则缺少心理学分析。"[3]如果擅长社会分析的马克思主义理论能够融入心理学的最新成果,那这对于分析社会将大有裨益。如弗洛姆在《逃避自由》中分析法西斯主义产生的原因时指出,从经济层面分析法西斯主义的产生虽然较为深刻,但仍然是片面的。马克思主义的分析忽略了社会心理在法西斯主义形成过程中的重要作用。因此,弗洛姆认为:"除了了解产生法西斯主义的经济和社会条件之外,还有一个人性的问题需要探讨。"[4]由此开始,弗洛姆的社会批判理论正式转向了

---

[1]《马克思恩格斯文集》(第1卷),人民出版社2009年版,第575页。
[2] 陈学明:《20世纪西方马克思主义哲学历程》(第1卷),天津人民出版社2013年版,第311页。
[3] 陈学明:《20世纪西方马克思主义哲学历程》(第1卷),天津人民出版社2013年版,第315页。
[4]〔美〕弗洛姆著,刘林海译:《逃避自由》,工人出版社1987年版,第17页。

社会心理学方面。弗洛姆指出,虽然资本主义使人从旧的共同体中解放出来,获得了自由,但是这种自由带给人们的不是幸福,而是孤独和虚无。"它们使人发展了个性,但同时又使人孤立无援;它们增加了人的自由,但同时又创造了一种新的束缚。"[1]这样的社会心理开始驱使着人们逃避自由。于是,人们开始寻找新的社会共同体,而法西斯主义正好暗合了这一深层心理机制得以产生。弗洛姆将社会批判的视角放在社会心理方面,这严重地阻碍了其理论的进一步深化。可以说,弗洛姆在社会心理层面触及到了马克思所揭示的"以物的依赖性为基础的人的独立性"思想。马克思指出,这是社会发展三阶段的第二个阶段。在这一时期,人虽然从人的依赖性社会中解放出来,获得了独立和自由,但是这种独立和自由是以物的依赖性为基础的,人们在物欲的追求中失去了自我、他人和未来。这正是弗洛姆社会心理所产生的社会基础。

马尔库塞为法兰克福学派的**哲学批判**奠定了理论基础,使得法兰克福学派的社会批判理论提高到了新的高度。马尔库塞"重新阐述黑格尔和马克思主义的内在关系,提出了一种黑格尔主义的马克思主义,为法兰克福学派的社会批判理论奠定了理论基础"[2]。"这种黑格尔化的马克思主义首先是由卢卡奇在《历史和阶级意识》中提出的。"[3]后霍克海默等人提出"揭示马克思主义的黑格尔来源"的任务,最终作为黑格尔研究专家的马尔库塞在《理性和革命》中完成了这一任务。因此,"马尔库塞正是遵循这一思路来重新阐释黑格尔哲学和马克思主义的关系的,他试图用黑格尔来重新塑造马克思的理论,提出一种黑格尔化的马克思主义"[4]。因而,法兰克福学派的社会批判理论是以黑格尔哲学作为其主要思想渊源的,是哲学批判,不是马克思式的政治经济学批

---

[1] 〔美〕弗洛姆著,刘林海译:《逃避自由》,工人出版社1987年版,第141页。
[2] 〔美〕马尔库塞著,程志民译:《理性和革命:黑格尔和社会理论的兴起》,上海人民出版社2007年版,第5页。
[3] 〔美〕马尔库塞著,程志民译:《理性和革命:黑格尔和社会理论的兴起》,上海人民出版社2007年版,第8页。
[4] 〔美〕马尔库塞著,程志民译:《理性和革命:黑格尔和社会理论的兴起》,上海人民出版社2007年版,第8页。

判。如马尔库塞将马克思《1844年经济学哲学手稿》(以下简称《手稿》)的发表看成是马克思主义研究史上一个划时代的事件,认为"《手稿》中的人道主义理论不仅仅是《手稿》,而且是马克思所有著作的'中心论题'"[①]。这里面有两个问题需要说明:一是马克思的《手稿》是在黑格尔哲学的影响之下写就的,这是马尔库塞之所以大肆渲染其重要性的原因,想借此凸显黑格尔哲学的地位;二是人道主义理论是哲学批判的主要方式,马尔库塞之所以强调人道主义理论在马克思理论中的中心地位,是为了证明哲学批判的合理性。马尔库塞在黑格尔的影响下,只看到了马克思理论中黑格尔的因素和哲学批判,而忽视了马克思真正的理论贡献,即政治经济学批判。因此,马尔库塞的社会批判理论"无法克服黑格尔哲学的致命弱点,即它的唯心主义,因此也无法克服黑格尔哲学的泛逻辑主义和神秘主义"[②]。

本雅明从**宗教学**方面推进了法兰克福学派的社会批判理论。他用宗教中"救赎"的思想来阐释马克思的历史唯物主义。本雅明指出,人类历史只有与人类救赎联系起来才有意义,如历史不是单向空洞的时间流逝,而是一种走向救赎的过程。现在是指向救赎,指向共产主义社会的。"我们来到世上都是如期而至。如同先于我们的每一代人一样,我们被赋予些微弥赛亚式的力量。这种力量是过去赋予我们,因而对我们有所要求的。"[③]通过一代又一代人的努力,人类最终获得解放。因此,"在本雅明看来,正如救赎是宗教的目的一样,共产主义是整个人类历史的目的"[④]。本雅明的社会批判理论,虽然有别于卢卡奇开创的人道主义批判传统,但是"求教于一种弥赛亚主义的马克思主义"[⑤],并不能提供充分的革命动力,最终只会倒向神秘主义。

[①] 陈学明:《20世纪西方马克思主义哲学历程》(第1卷),天津人民出版社2013年版,第336页。

[②] 〔美〕马尔库塞著,程志民译:《理性和革命:黑格尔和社会理论的兴起》,上海人民出版社2007年版,第11页。

[③] 《本雅明文选》,中国社会科学出版社1999年版,第404页。

[④] 陈学明:《20世纪西方马克思主义哲学历程》(第1卷),天津人民出版社2013年版,第367页。

[⑤] 刘北成:《本雅明思想肖像》,上海人民出版社1998年版,第316页。

施密特与哈贝马斯是法兰克福学派第二代的代表,施密特继承了霍克海默等人的批判理论,而哈贝马斯则继承了弗洛姆开辟的建设性道路。

施密特强调马克思的整体性研究,既不能用马克思的早期哲学著作否定马克思后期的经济学著作,又不能用马克思后期的经济学著作否定马克思早期的哲学著作,而是需要弄清楚马克思早期哲学著作与后期经济学著作之间的关系,即"中期以及晚年时期的马克思是如何超出了'巴黎手稿'的抽象化和浪漫化的人本主义,而向前迈进的"①。因为施密特认为,马克思的理论贡献主要是在后期,"特别是参照了《资本论》的'草稿',这本著作对于理解黑格尔与马克思的关系既是极为重要的,又是至今几乎未被利用的"②。在这里我们看到了卢卡奇的"总体"、霍克海默的"整体"以及贯穿"批判理论"始终的黑格尔的影子。因此,施密特的社会批判理论依然是在**哲学批判**的道路上在推进。可以说,"施密特把卢卡奇等人的观点又发展到了一个新的阶段"③。

哈贝马斯则与施密特等人相反,他认为马克思的历史唯物主义需要重建,而不是批判。哈贝马斯认为,马克思的理论仍然具有鼓舞人心的力量,因此重建是一种正常的态度。然而,哈贝马斯历史唯物主义的重建不是马克思政治经济学批判的重建,强调劳动的基础地位,而是基于黑格尔哲学对历史唯物主义的重建,强调理性,尤其是交往理性在社会发展过程中的重要作用。"文化在向新的发展水平过渡时期似乎发挥着一种比许多马克思主义者迄今所认为的还要重要的作用。我认为,这种'重要性',说明了交往理论能够对得到了更新的历史唯物主

---

① 〔德〕施密特著,欧力同、吴仲昉译:《马克思的自然概念》,商务印书馆1988年版,第137页。
② 〔德〕施密特著,欧力同、吴仲昉译:《马克思的自然概念》,商务印书馆1988年版,第4页。
③ 陈学明:《20世纪西方马克思主义哲学历程》(第2卷),天津人民出版社2013年版,第168页。

义作出贡献。"①哈贝马斯将交往理性推到了历史唯物主义的核心位置,这使得哈贝马斯的理论具有**哲学化**和理想化的特点。哈贝马斯将社会的发展和进步限定在理性层面,无法揭示资本主义社会的内在矛盾。

霍耐特是法兰克福学派第三代的主要代表,其批判理论开启了**政治伦理转向**。可以说,霍耐特从**道德哲学**和**政治哲学**的角度推进了法兰克福学派的批判理论。"霍耐特既不同意早期批判理论的劳动范式,也不赞同哈贝马斯的合理化逻辑"②,而是"运用米德的社会心理学改造早期黑格尔的法哲学思想"③以建构"承认理论"来解释社会发展。霍耐特的"承认理论"基本上沿袭了黑格尔早期"为承认而斗争"的理论模式,其核心思想是"主体之间为相互承认而进行的斗争产生了一种社会的内在压力,有助于建立一种保障自由的实践政治制度。个体要求其认同在主体之间得到承认,从一开始就作为一种道德紧张关系扎根在社会生活之中,并且超越了现有的一切社会进步制度标准,不断冲突和不断否定,渐渐地通向一种自由交往的境界"④。从霍耐特的研究思路中,我们可以发现,霍耐特试图用道德心理学来解释理性主体之间的社会承认斗争,希望借此来实现人的自由发展。也就是说,霍耐特将马克思的阶级斗争理解为获得社会承认而进行的道德斗争。"正如福斯特指出的,霍耐特的理论是以哈贝马斯的交往理论为基础的,而只要接受了交往与劳动的区分,并强调交往的优先性,就意味着与马克思的历史唯物主义决裂。"⑤因此,霍耐特的承认理论越发地偏离了马克思的政治经济学批判,其政治伦理构想最终是难以实现人的解放和自由的。

---

①〔德〕哈贝马斯著,郭官义译:《重建历史唯物主义》,社会科学文献出版社2000年版,第7页。

②陈学明:《20世纪西方马克思主义哲学历程》(第4卷),天津人民出版社2013年版,第304页。

③〔德〕霍耐特著,胡继华译:《为承认而斗争》,上海人民出版社2005年版,第2页。

④〔德〕霍耐特著,胡继华译:《为承认而斗争》,上海人民出版社2005年版,第9页。

⑤汪行福:《批判理论与劳动解放——对哈贝马斯与霍耐特的一个反思》,载于《马克思主义与现实》,2009年第4期。

最后,借用汪行福老师的一段话作为总结:"劳动解放是马克思主义思想的核心,法兰克福学派从20世纪40年代开始逐渐疏远这一主题,这一过程在哈贝马斯那里达到顶点。哈贝马斯在交往行为理论中,把劳动理解为工具行为,置于与交往无关的社会系统领域,并提出要用交往乌托邦取代劳动乌托邦。第三代批判理论代表霍耐特试图在自己的承认理论中重建劳动与解放之间的积极联系,但是,这一任务并没有完成。"①也就是说,法兰克福学派的批判理论之所以最终都会陷入理论困境,具有悲观主义色彩,都是因为他们偏离了马克思的政治经济学批判所造成的。在法兰克福学派的批判理论中,社会斗争从社会经济领域转移到了哲学领域、文化领域、社会心理领域、宗教领域、交往行为领域、道德领域等。这些领域的斗争虽然是有意义的,但它们不具有根本性变革社会的意义。这就使得法兰克福学派的批判理论带有本末倒置的意味。

第二节 内格里对马克思政治经济学批判的继承

恩格斯说过:"在劳动发展中找到了理解全部社会史的钥匙。"②物质劳动确实在历史上起到了理解某阶段社会史的作用,然而,现阶段的劳动形态已经发生了变化,这不仅已成为了学界的共识,而且人们也能够切身地感受到,更有价值的劳动往往具有非物质性,甚至有学者称我们的经济为非物质经济。因此,不仅在经验层面上肯定了物质劳动无法分析当代资本主义,而且在理论上也是如此,简单的物质劳动已经无法起到衡量社会所创造的巨大财富的作用,似乎马克思的劳动价值理论已然失效,必须要重新建立新的价值理论。因此,内格里认为:马克思的劳动价值论将不再有效。许多学者也判断,我们的社会已是后工业社会、知识社会、信息社会、消费社会、服务社会,甚至金融社会等等,

---

①汪行福:《批判理论与劳动解放——对哈贝马斯与霍耐特的一个反思》,载于《马克思主义与现实》,2009年第4期。
②《马克思恩格斯文集》(第4卷),人民出版社2009年版,第313页。

虽然每个人强调的重心不同,但有一点是一致的:社会已经发生了重要的变化,物质劳动已经无法用来分析当今社会的结构,必须提出新的劳动价值理论。内格里的非物质劳动理论,就是这方面有益的探索。

马克思本人也曾有过类似的判断。马克思在《1857—1858年经济学手稿》中认为,机器生产代替手工劳动将对劳动价值论构成颠覆性的挑战,直接形式的劳动将不再是财富的源泉。然而马克思的推论是:表现为生产和财富的宏大基石的将是"对人本身的一般生产力的占有,是人对自然界的了解和通过人作为社会体的存在来对自然界的统治,总之,是社会个人的发展"①。这样一来,"以交换价值为基础的生产便会崩溃,直接的物质生产过程本身也就摆脱了贫困和对抗性的形式。个性得到自由发展,因此,并不是为了获得剩余劳动而缩减必要劳动时间,而是直接把社会必要劳动时间缩减到最低限度,那时,与此相适应,由于给所有的人腾出了时间和创造了手段,个人会在艺术、科学等等方面得到发展"②。即马克思预言:随着机器大生产的发展,资本主义的生产方式最终将崩溃,劳动不再是为了获得剩余劳动,而是为了实现个人自由而全面的发展,这才是最大的固定资本、最大的生产力。然而,我们所有人眼前的经验现实是,当今的资本主义完全真实地实现了马克思所描述的趋势,但没有带来任何解放性的后果。科技所具有的巨大力量和劳动时间重要性的逐步下降之间的不成比例,并没有导致以交换价值为基础的资本主义生产的崩溃,而是形成了全新而稳定的资本权力统治,而且剥削的程度有不断深化和加剧之势。劳动不仅奴役人的身体,而且现在还开始渗透入人的意识,似乎异化劳动有卢卡奇所谓的全面化和普遍化的倾向,资本开始全面地控制人类的生活。

用《晚期资本主义的文化逻辑》作者詹姆逊的话来描述,现阶段的资本主义社会是这样:"曼德尔这个分期方法实际上反映了他在《晚期

---

① 《马克思恩格斯全集》(第31卷),人民出版社1998年版,第101页。
② 《马克思恩格斯全集》(第31卷),人民出版社1998年版,第101页。

资本主义》一书中所提出的最基本的论题。他认为资本主义的发展可分为三个主要阶段,而每个阶段都是对前一个阶段的辩证发展。第一阶段是市场资本主义,接着的第二阶段是帝国主义下的垄断式资本主义,最后才到我们所身处的第三阶段,有人称之为后工业时代,我觉得那并不准确,我以为我们或可更客观地称现阶段的社会为'跨国资本主义'。我曾经指出过,曼德尔对后工业社会的介入以及跨国资本主义或消费资本主义的论述,其实并未偏离马克思对19世纪资本主义社会的宏观分析。曼德尔以为今天的消费社会才算是资本主义最彻底的实现,是资本主义社会最彻底的形式。在此,资本的扩张已达到惊人的地步,资本的势力在今天已渗透到许许多多前此未曾受到商品化的领域里去。简言之,我们当前的这个社会才是资本主义社会最纯粹的形式。早年,前资本主义的组织一直受到既有资本主义结构的容忍和剥削;到了今天,它们终于在新的社会组织里被彻底消灭了。可以说,就历史发展而言,我们直到今天才有机会目睹一种崭新的文化形式对大自然和潜意识的领域积极地进行统治和介入。"[1]

面对这样的社会现实,大多数西方马克思主义者的论调是:强调资本对劳动的统治以及其塑造社会秩序的力量,认为资本主义内在的动力和扩张性使资本主义社会的剥削和奴役不断穿越民族国家的界域,开始了全球资本统治的全球化时代。劳动从物质性向非物质性的转变,到底预示着什么?这个变化"与其说是资本主义发展所带来的客观上的历史进步,毋宁说是资本主义从宏观到微观、从经济政治到日常生活道德心理的统治逻辑的逐步完善和完成"[2]。可以说,这应当是马克思所谓资本主义自身的进一步展开。此时,物质劳动开始无法满足马克思主义者分析资本主义的状况的需要,西方马克思主义者们开始在主体、意识形态、文化和艺术的批判和超越中试图去加以把握。他们这一研究路向,偏离了马克思理论的批判传统,认为晚期资本主义一切

---

[1] 〔美〕詹姆逊著,陈清侨等译:《晚期资本主义的文化逻辑》,生活·读书·新知三联书店1997年版,第484页。
[2] 刘怀玉、陈培永:《从非物质劳动到生命政治——自治主义马克思主义大众政治主体的建构》,载于《马克思主义与现实》(双月刊),2009年第2期,第73—82页。

社会反抗力量都已经被同化,造成了其自身批判和解放的二律背反困境。内格里则不满意于这种悲观的理论旨趣,继承了马克思的理论传统,继续从劳动领域出发,分析和挖掘,提出"非物质劳动"理论,来代替马克思的劳动价值论,以期达到分析当代资本主义社会的作用。内格里认为:非物质劳动,一方面是资本主义全球化经济的重要驱动力,体现了资本新的剥削形式;另一方面也是构建无产阶级主体性的活动,须积极挖掘这一概念的人类解放意义。在更深层、更隐蔽的现代性异化统治形式中寻找未来人类更高级、更全面的自由发展的可能性。

意大利自治马克思主义传统再次肩负起马克思所提倡的研究路向,从劳动领域,试图提出新的劳动概念,把握当前的资本主义状况,构建革命的主体和挖掘解放的潜能。意大利学者拉扎拉托早就专门提出过劳动的新概念,即非物质劳动。他在《非物质劳动》一文中认为:非物质劳动同时生产出主体和经济价值,这迫使我们去质疑工作和劳动的古典定义,即物质劳动,而且非物质劳动往往在以网络和流动的方式存在的直接的集体形式中构造其自身。劳动不仅更多体现出集体的力量,而且科学性劳动已成了生产力的首要源泉,在组织它的生产周期中,这种劳动日益成为增长的因素。这导致了这样一种现象:社会财富是从科学和一般智力中,而不是个人直接的劳动中产生出来;而且具有流动性特点的非物质劳动,进一步加剧了劳动社会的危机。马克思所分析的"工业后备军"的范畴,可以描述"所有"非物质劳动者处境。马克思认为:"工业后备军"是流动的、潜在的、不流动的大量失业者,他们不属于就业劳动过程,是处于边缘化的群体。因此,流动性的非物质劳动者与"工业后备军"实质上是没有区别的,这种劳动的组织模式,使得劳动者的地位进一步边缘化,加强了劳动的剥削。而且,非物质劳动的出现,不仅导致了社会生活的深刻变革,而且引发了新的产业革命。在资本主义产业结构中,信息产业和服务产业开始成为主导产业,而且后工业商贸甚至出现了这样一种趋势:总是倾向于商业和金融方面而不是生产方面,工业转向了服务业(大银行服务、保险业等)。

而意大利学者内格里则不满足于此,他认为:非物质劳动不仅包括劳动的智力和科学方面,而且还应该包括情感性劳动。计算机模式只能解释服务性交流和非物质劳动的一方面,非物质劳动的另一方面则是人类交际和互动的情感性劳动。这使我们认识到经济生产的工具行为已与人类关系的交际行为相结合起来。这种劳动对于构建无产阶级的主体性有重要意义。"前面我们坚持认为马克思的一般智力理念有着重要性和局限性。在资本主义发展的某一点上,马克思只瞥见为未来而劳动的种种力量充满了科学、交流和语言的力量。一般智力是由积累起来的知识、技能和技巧所创造出的一种集体、社会的智力。劳动的价值由此被一种新的普遍而具体的劳动力经过占用及自由使用新型的生产力加以实现。马克思所视为未来的正是我们的时代。劳动力的这种激烈的转换和将科学、交流与语言融入生产力的行为业已重新定义了整个劳动的现象学和全世界的生产景象。"[1]

他还进一步指出:非物质劳动开始取代工业劳动成为霸权。这种劳动分为两种,一类是科学劳动;一类是情感性劳动。这表现在科技和服务对全球经济发展的贡献。因此,非物质劳动俨然成为了全球经济的后现代化的动力。而情感性劳动正变得越来越重要,至少在支配性国家中是如此,一个表现就是雇主趋向于强调教育、态度、个性、合群行为员工需要的主要技能。一个工人具有好的态度和社交技能也就是说他擅长于情感性劳动,如法律援助者、空中服务员、快餐食品工人等的活动,这种劳动重新构建了无产阶级的主体性。从产业结构上说,情感性劳动主要是服务业中的活动,服务业覆盖了从健康教育、金融到交通、娱乐与广告等广泛范围内的各种活动。内格里本人并没有直接给出数据,而只是提及了1970年以来的七国集团的就业数据,指出两种信息化的基本模式都涉及到后工业服务业就业的增加。美国学者格莱塔·R.克里普纳倒是给出了这方面的具体的数据变化图,我们可以直观地感受到服务业的发展和规模。

---

[1] Antonio Negri and Michael Hardt. *Empire*, Harvard University Press, 2000, p. 364.

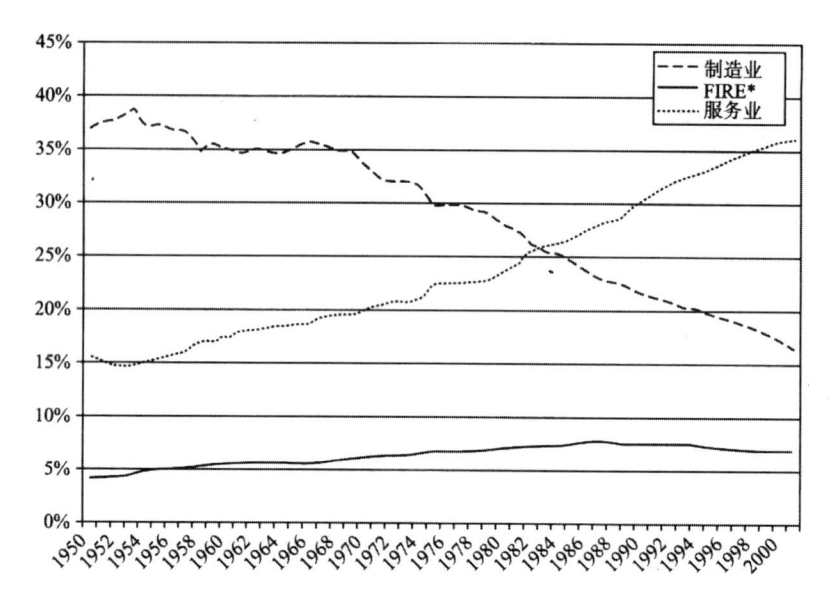

图1 1950—2001年美国经济中各产业就业的相对份额

注：* FIRE 是金融、保险和房地产的英文缩写，下同。①

图1展示了从1950年到2001年在全部就业中这三个产业相对份额的变动情况。在图中，制造业的份额显著下降，而服务业的份额则平稳上升。因此，这一数据解释了经济发展是服务业兴起的结果。这些服务性活动的普遍特点在于以知识、信息、感情和交际为主角。不过，内格里在分析一种发展模式时指出了一种趋势：管理资本的金融服务业开始统治其他服务部门。因此，内格里认为：非物质劳动，既是全球经济的动力，也是构建无产阶级主体性的活动。

第三节 马克思政治经济学批判的恢复

马克思开创的资本主义政治经济学批判传统，曾一度被抛弃，甚至被遗忘。在国外马克思主义思潮中，由于法兰克福学派社会批判理论

---

① 〔美〕格·R.克里普纳著，丁为民等译：《美国经济的金融化》（上），载于《国外理论动态》，2008年第6期，第7—15页。

的广泛影响,使得原本具有高昂斗志的人们至今都陷入到悲观主义情绪之中走不出来。内格里《帝国》一书,在这样的背景下出版,犹如一缕阳光穿云破雾,给人们带来了乐观和希望。内格里在新的时代条件下,再现了马克思政治经济学批判的传统,从劳动领域对资本主义社会现实进行分析和批判,揭露资本主义的剥削本质和主要矛盾,挖掘革命的潜能和解放的条件,构建政治主体,创造新的社会。内格里在这里,将法兰克福学派抽象的人本主义和精神分析扭转回对资本主义社会现实社会生产关系的具体分析路向上。无论内格里是部分地,还是有距离地,抑或是后现代主义修正地恢复了马克思政治经济学批判的传统,都是件振奋人心的事情。

马克思的政治经济学批判,可以说是晚期马克思的批判方法,主要是探讨资本主义社会经济的发展规律,从剩余价值理论出发,批判了资产阶级对无产阶级的政治压迫和经济剥削。国外马克思主义中影响最大的法兰克福学派,继承了马克思的批判传统,形成了自己的社会批判理论。但是,他们继承的批判传统,并非是政治经济学批判传统,而是马克思早期的人本主义的批判传统。他们认为:"在《资本论》中所采用的批判方法已经不合时宜了,用剩余价值理论来分析现代资本主义社会,展现在人们面前的似乎是一个'矛盾消失了的世界'。因此,他们得出结论,马克思对资本主义的批判,从本质上说是伦理的而非经济的。基于这样的认识,他们要求对资本主义社会的批判,要回到马克思早期的轨道上来,从异化劳动理论出发,把批判社会对人性的压抑、摧残作为重点。"[1]法兰克福学派的这种社会批判,仅仅停留在单纯的否定性阶段,认为:科学技术逐渐变成统治的意识形态;一切反抗力量,如工人阶级的阶级意识、文化、艺术等等,都被资本主义所同化;关于未来社会的所有乌托邦都是没有希望的希望。然而,这种否定性社会批判,实际上并没有威胁到资本主义的存在和发展,它只是站在抽象的人道主义立场上,对资本主义社会现实的声讨,而不是立足于现实具体社会

---

[1] 安徽大学哲学系编:《法兰克福学派批判理论与马克思批判理论之比较》,载于《马克思主义研究》,1998年第3期,第66—72页。

内格里的"非物质劳动"理论及其当代意义研究
The Contemporary Significance of Antonio Negri's Theory of Immaterial Labor

生产关系基础上的深刻剖析,没有认真思考马克思在《莱茵报》时期遇到的"物质利益"难题。因而,他们对当代资本主义社会的批判只能是一种价值悬设的道德批判,最终很容易陷入"伦理反对派"的尴尬境地而无法自拔。事与愿违的是,正相反,法兰克福的社会批判理论却在一定程度上成功地泯灭了人们心中对社会发展的希望,把人们带进绝望的深渊。事实上,马克思对资本主义的批判确实是伦理的,但不是抽象的伦理批判,而是具有伦理关怀的政治经济学批判。

马克思说:"资本唤起科学和自然界的一切力量,同样也唤起社会结合和社会交往的一切力量,以便使财富的创造不取决于(相对地)耗费在这种创造上的劳动时间。"①虽然马克思进一步指出,如果这方面太成功了,资本主义就要吃到生产过剩的苦头,必要劳动将中断,资本无法实现剩余时间,这必然会酝酿出危机甚至革命。但是,现实是资本主义成功地转嫁和避免了危机,形成了一种新的和具有稳定性的资本统治模式。内格里在《帝国》中指出:当我们写作这本书而20世纪走向结束之时,资本主义已是奇迹般地富有,而它的积累比以前更加强健。我们如何能够使这一事实和20世纪开始时无数马克思主义作家的细致分析相一致呢?面对这样的事实,很多学者开始动摇和怀疑,甚至产生悲观的情绪,而内格里仍然以一种革命乐观精神去解读当今的资本主义社会。"但这其实与简单的乐观主义或悲观主义无关,它更是一种理论选择,或是一种对政治理论所持使命的立场。"②

既然资本主义已经发生了重大的变化,那么到底该如何去解读?西方马克思主义为我们提供了很多批判的视角,但大都抛弃了马克思的政治经济学批判路向,甚至认为马克思的劳动解放只是一种乌托邦,根本无法实现。内格里在这样的背景下,接过马克思的这一批判传统,提出了"非物质劳动"理论,给予了自己独到的见解。内格里是通过政治地解读马克思的《1857—1858年经济学手稿》文本开始他对马克思的原则性地恢复,继承了马克思所开创的批判气质和劳动解放愿望,但

---

①《马克思恩格斯全集》(第31卷),人民出版社1998年版,第101页。
②Paolo Virno and Michael Hardt, eds. *Radical Thought in Italy: A Potential Politics*, Minnesota: University of Minnesota Press, 1996, p. 7.

他对如何去捍卫马克思主义、如何去复活马克思主义的传统以及复活马克思主义的劳动概念并不感兴趣。他认为,随着高科技和服务业的发展,马克思的劳动价值论已经不再适用,物质劳动既不再是财富的主要来源,也无法去衡量财富,必须定义一种新的价值、一种新的劳动的概念和一种新的剥削形式,才能诊断当今资本主义的状况,构建政治主体,创建新的社会。在这里,内格里将洗澡水和小孩一起倒掉了,他狭隘地理解了马克思的劳动概念,在抛弃了马克思"物质劳动"概念——作为"生产劳动"的历史形式的同时,也不假思索地抛弃了"生产劳动"概念本身以及马克思关于"非物质生产劳动"的论述。物化在商品中的"物质劳动",作为"生产劳动"的历史形式,对于理解早期资本主义有很大的帮助,因为当时资本主义的财富就是表现为商品的堆积。但马克思的"生产劳动"概念并不仅仅具有物质规定性,这个从简单劳动过程的观点得出生产劳动的定义,对于资本主义生产过程是绝对不够的,生产劳动还具有社会规定性,即从一定的社会形式即劳动得以进行的社会生产关系得出来的定义。如在资本主义社会中,只要是直接增殖资本的劳动或直接生产剩余价值的劳动,就是生产劳动。资本主义生产劳动的这一规定,同劳动的一定内容,同劳动的特殊有用性或劳动所借以表现的特殊使用价值都毫无关系。因此,物质生产劳动无法完全涵盖"生产劳动",只能是生产劳动最初的主要表现形态。非物质生产劳动,如服务、技术创新、知识生产、管理、培训、金融产品或基金的创新等,也可以是生产劳动,也是财富或剩余价值的表现形式,只不过在早期还没有被资本所吸纳,更别说成为主要劳动形式。因此,物质生产劳动成为马克思主要关注的劳动形态,非物质生产劳动在整个资本主义生产过程中微乎其微,可以忽略不计、置之不理和撇开不谈,只有在研究雇佣劳动(涉及社会关系的劳动定义)时,在论及不同时是生产劳动的雇佣劳动的范畴时,才能考察它们。

于是,内格里抛弃了马克思关于"生产劳动"和"非物质生产劳动"概念的洞见,另辟蹊径,试图从他所谓的"生命政治学"框架阐释出一套关于生产力、创造性、剥削、劳动和价值生产的新劳动理论,即非物质劳动或生命政治劳动理论。他认为,这一理解框架要比马克思主义的劳动框架更有用。它提示我们,当代的资本主义的生产,不只是在生产剩余价值,或者是在生产劳动产品,它是在生产一种社会形式,在生产一种价值体系,在生产一种社会经验的结构。也就是说,当代资本主义的生产,不仅生产商品,而且还生产社会关系和社会生活。事实上,这正体现了马克思提出的"社会关系生产比商品生产更为重要"的观点,内格里自己也肯定了这一点:"由于今天非物质生产的统治地位,我们可能通过对过去的观察比以前看得更加清楚。换句话说,由于非物质劳动直接产生关系和社会生活,所以我们比任何时候都更清楚地看到资本的目的确实是社会关系的生产。物质商品的生产——例如冰箱、汽车和大豆等——实际上只是生产过程的中间环节。真正的目的是这些物质商品所创造或推进的社会关系。"[1]

因此,无论是"非物质劳动",还是"生命政治劳动",都没有跳出马克思"生产劳动"的范畴。内格里在后现代社会中,用生命政治学的语言规范和表达方式激活和发挥了马克思的劳动理论,试图深化共产主义理论,为《资本论》续写新的篇章。内格里的非物质劳动理论虽然存在着各种各样的缺陷,但却在一定程度上为我们提示出了当代资本主义生产和统治的秘密:资本主义的剩余价值形态已经发生了变化,剩余价值规律在社会关系再生产的方式中继续发生着作用。内格里的非物质劳动理论并没有突破马克思的生产劳动与剩余价值学说,相反倒是体现了马克思剩余价值学说的当代价值。非物质劳动,作为发达国家的主要劳动形式,这预示着发展中国家也将经历这一过程,因为它是后者未来的景象。在一定程度上,由于非物质劳动理论具有积极的意义,它对于正在处于经济结构转型期和加快发展第三产业的中国而言,有一定的启示意义,值得关注和讨论。

内格里的非物质劳动理论,对资本主义的劳动形式和生产方式进行了分析,看似继承了马克思的理论传统,恢复了马克思的这种政治经济学批判传统。但对于到底有没有恢复?学者的结论还是有差别的。

---

[1] 〔美〕尼古拉·布朗、〔美〕伊莫瑞·泽曼著,王逢振译:《什么是群众?——迈克尔·哈特和安东尼奥·内格里访谈录》,载于《文艺研究》,2005年第7期,第108—117页。

有学者质疑：内格里的非物质劳动及其霸权观点，在政治和理论上都与马克思主义有较大的距离。[1] 而有的学者则肯定地认为：马克思开创的资本主义政治经济学批判在哈特和内格里那里部分地得到了恢复。其核心内容体现在他们的非物质劳动理论。[2]

有学者这样分析："后现代主义的内在性，构成了《帝国》理论体系的哲学基石。"这种内在性，是以生命政治为依托。"内在性的生命政治权力不是反物质的单纯的精神权力，也不是抽象的虚拟权力，而是活生生的欲望和肉体、大脑和身体。"内格里企图将之作为帝国理论唯物主义的哲学基础。事实上，"这种生命政治权力实际上并非政治经济文化真正结合的权力，它本质上是受到帝国全面控制和改造的人性和欲望，其中的经济政治内容完全被主观化、人性化，被哲学化的'赤裸生命'所吸纳和统摄。社会性、社会化、社会关系等都被改写为生命、欲望等主观的人性概念，等同于生命政治权力。因此，齐泽克称'帝国'是前马克思主义的理论，实在是一个精到的评价。后现代的'新唯物主义'试图用生命政治取代唯物史观，用内在外在的划分取代马克思主义的历史辩证法，只是再现了一种没有客观现实依据的人性哲学，并没有达到马克思主义的理论高度和覆盖能力。它不但没有实现对唯物主义思想的更新，相反落入了哲学史上一种主观化的历史唯心主义路线"。"它没有回答马克思主义在当代面临的问题，没有对发展其理论做出贡献，相反在后现代的激进形式下从历史唯物主义后退到旧人本主义。从'内在性'的生命政治权力出发，他们取代历史辩证法而建构的'非目的论的阶级斗争理论'，成了张扬生命欲望的无阶级载体的、无政府状态的'阶级斗争'学说；他们对劳动价值论的'超越'，是把披上了'帝国'外衣的当代资本对劳动的剥削，变成了资本对人性、对内在性生命权力的压抑和控制，劳动成了人性的表现；他们对马克思国家理论的'发展'，则是用后现代的、人性化的帝国主权取代了民族国

---

[1] 陶文昭：《哈特的非物质劳动论评析》，载于《新视野》，2008 年第 3 期，第 87—89 页。

[2] 汪行福：《〈帝国〉：后现代的宏大叙事》，载于复旦大学当代国外马克思主义研究生中心编：《当代国外马克思主义评论》(5)，人民出版社 2007 年版，第 333—366 页。

家理论，从而全面否定了马克思主义的共产主义学说。"①

也有学者则相反地认为："民众在新的历史条件下——在全球化的帝国时期——从事解放斗争，《帝国》的这一主题显然将它置于马克思主义传统中。只不过，《帝国》是对后现代性状况的马克思主义的回答。这也是后现代状况下的新的无产阶级的指南——这个无产阶级远远不是马克思时代的产业工人了，它包括一切受剥削于、受支配于资本主义的民众。今天，民众主体性发生了变化，资本主义结构发生了变化，资本主义对民众的剥削和控制方式发生了变化，但是，由马克思所开创的批判气质没有变化，解放的愿望没有变化，乌托邦式的未来要求没有变化，革命和斗争的使命感没有变化。这是后马克思主义者对今天全球现实的一个马克思主义的诊断性呼应。"②

为什么评论会如此地截然相反？原因主要在于内格里思想是极其庞杂的。首先，他和法国哲学家路易·阿尔都塞一样，都是以重读马克思的著作作为其理论出发点的，如内格里的《超越马克思的马克思》一书，是专门解读马克思《1857—1858年经济学手稿》的。其次，法国后结构主义深刻地影响了内格里。近15年的法国流亡生活，让内格里切身地感受到："在20世纪八九十年代，在巴黎，就我们自己而言，我们开始意识到自己置身于后现代，一个新的时代。此外，我们确信，而且现在仍然坚信，马克思可以被运用到后现代性的分析方法中来。在作出新的巨大的断裂决策时，马克思主义总有用武之地。"③因此，在理论中，内格里把马克思和福柯结合在了一起，把意大利的工人主义和法国的后结构主义观点结合在了一起。《帝国》中的很多观点和表达方式，如控制社会、生命政治劳动等都印证了这一点。仅仅就这两个方面而言，已经够让人眼花缭乱的了，更别说他还是研究斯宾诺莎的著名学者，而且他十分推崇马基雅维利的自由学说。

事实上，这里涉及到一个前提或判断，即一个最基本的学派定位问

---

① 周穗明等：《20世纪末西方马克思主义》，学习出版社2008年版，第374—375页。
② 汪民安：《生产》（第一辑），广西师范大学出版社2004年版，第294页。
③ 黄晓武：《帝国与大众（上）——内格里论全球化的新秩序》，载于《国外理论动态》，2003年第12期，第39—43页。

题。这个问题处理好了,一切问题都可以迎刃而解了。批判者自然是不承认内格里以及意大利自治马克思主义是马克思主义学派的,肯定者则相反,认为内格里及其学派不仅属于马克思主义传统,而且还在新的时代条件下激活和发展了这一理论。

国内有学者对当今国外各种马克思主义思潮做了一个划分,这对于我的理论分析有很大的帮助。他认为:晚期马克思主义、后马克思思潮和后现代马克思主义是当今国外三种分析资本主义后工业—后现代社会的重要理论。后马克思思潮与后现代的马克思主义在从根本上绝弃于那个犹自沉醉在现代性话语之中的同时,却又沉醉于后现代性之中。他们要么是已经根本放弃了马克思主义的基本原则,充其量只是在幽灵式地援引马克思的批判方法,如早期的德勒兹、布迪厄、早期的鲍德利亚和晚期的德里达,以及波斯特和齐泽克;要么是将断章取义的马克思主义与后现代思潮嫁接起来,自我标榜为一种全新的马克思主义流派,如生态学马克思主义和女权主义马克思主义。而晚期马克思主义在基本理论立场和逻辑基础上与这二者是根本不同的。他们仍然坚持马克思主义哲学最基本的原则和最根本的观点,并认为马克思主义哲学的解释框架是后工业社会无法超越的。[①]

"所谓的晚期马克思主义,是指活跃在当前西方左派学界中的一群至今坚持主张以历史唯物主义的生产方式构架来重新解决当代资本主义发展新问题的马克思主义者。他们中间最具代表性的风云人物当数中国学界耳熟能详的詹姆逊(《后现代主义,或晚期资本主义的文化逻辑》)、德里克(《革命之后:警惕全球资本主义》)、贝斯特与科尔纳(《后现代转折》)和哈维(《后现代的状况》),以及那本风靡全球的《帝国》的作者哈特和内格里等人。""晚期马克思主义者们依然坚持着马克思哲学最基本的原则和最根本的观点,特别是坚持以生产方式为核心的历史唯物主义分析框架,并将其指认为理论运作中最重要的方法

[①] 张一兵:《西方马克思主义、后现代马克思思潮和晚期马克思主义》,载于《当代国外马克思主义评论》,2000 年,第 265—269 页。

论基础和原则。"①譬如哈特和内格里的"生命政治生产"中的帝国政治,其根本的立论原则都还是马克思的历史唯物主义。

另外,他们的基本判断是资本主义体制并没有发生了根本性质的改变,如詹姆逊说:"我的核心观点是,今日的资本主义并未发生根本性的变化,这些变化并未超出伯恩斯坦时代人们所想象的范围。"②大卫·哈维在《后现代的状况》一书的卷首语中也明确指出,当今资本主义的最新变化"在与资本主义积累的基本规律进行对照时,这些变化在表面上显得更像是转移,而不是某种全新的后资本主义社会或后工业社会出现的征兆"。他认为,当代资本主义仍然是一个"获利的生产,仍然是经济生活的基本组织的社会",并且,"资本主义生产方式的基本规律继续在历史—地理的发展中作为不变的塑造力量在起作用"③。他们坚持以物质生产方式作为全部社会存在和运动的本质和基础是晚期马克思主义批判当代资本主义的重要前提之一。他们总是首先建立一套社会生产方式的分析构架,然后再行判断:"资本主义不仅仅是一种生产体系或生产方式,而且是一种最富有弹性和适应能力的生产方式。"④而且,"只要资本主义的生产方式存在,马克思主义就还有意义"⑤。正因为如此,他们的头脑比后(现代)马克思思潮的论者们要清醒得多,从而才能深刻地发掘出当代资本主义存在的真正秘密。例如,内格里和哈特就在《帝国》中尖锐批评了福柯一类"试图超越历史唯物主义"的后现代思想家,并通过肯定德勒兹的《千高原》来明确指认自己的理论分析基础仍然是在马克思的社会生产维度中,只不过这种生产发展到了某个全新的生命政治生产阶段,这超越了任何纯自然主义的或人类学意义上的概念。

---

① 张一兵:《何为晚期马克思主义》,载于《南京大学学报》(哲学、人文科学、社会科学),2004 年第 5 期,第 5—8 页。
② 〔美〕詹姆逊:《现实的马克思主义》,见俞可平主编:《全球化时代的"马克思主义"》,中央编译出版社 1998 年版,第 71 页。
③ 〔美〕大卫·哈维:《后现代的状况》,商务印书馆 2003 年版,第 159 页。
④ 〔美〕詹姆逊:《现实的马克思主义》,见俞可平主编:《全球化时代的"马克思主义"》,中央编译出版社 1998 年版,第 73 页。
⑤ 〔美〕德里克:《马克思主义向何处去?》,见俞可平主编:《全球化时代的"马克思主义"》,中央编译出版社 1998 年版,第 216 页。

陈学明教授在评价《帝国》时就直接指出内格里与后现代主义之间的关系,他认为:内格里《帝国》是批判后现代主义的,但这不是说内格里维护当代资本主义。后现代主义没有看到现代性和当代资本主义已经发生了重大转折,而是对这种转变持肯定态度,他们批判的是已经消失的现代主权,没有觉察资本主义新的统治形式。[1]

内格里的理论,既然是马克思主义理论的继续和发展,那么它该如何准确地定位,它又是在何种程度上继续和发展了,尤其是在马克思政治经济学批判方面的冲击和变革。

在马克思之后,出现过"政治马克思主义"。这一学派的理论特色,是从"阶级中心"的角度来解释历史变迁,即阶级斗争是历史运动的运作原则,阶级斗争导致了历史运动。"这种取径反对根据生产力与生产关系之间的长期冲突趋势来解释历史变迁。据此,政治马克思主义者企图重建历史唯物论,以阶级为分析核心,特别着重生产关系的变化所导致的历史转型。"内格里以及20世纪60年代逐渐兴起的意大利自治马克思主义[2],在"重建历史唯物论"这个层次上,与"政治马克思主义"的取径是极为类似的,他们十分注重对"阶级构成"与劳动过程的分析。"自治马克思主义的'阶级中心'这一取径,让他们特别注重生产关系的层面。他们在《帝国》以及其他晚近著作中的许多核心概念,一方面借用了某些争议颇多的资本主义类型学分析(如调节理论、后工业社会理论、知识经济理论等等),一方面持续追溯阶级构成的历史变化(从专业工人、大众工人到社会化工人,再到更富有政治哲学意涵的'诸众')。整体而言,他们的作品仍延续了20世纪六七十年代以来'阶级中心'式的理论视野。"[3]

---

[1] 陈学明:《评〈帝国〉一书对当代资本主义的最新批判》,见:复旦大学当代国外马克思主义研究中心编:《当代国外马克思主义评论》(5),人民出版社2007年版,第291—332页。

[2] 意大利自治马克思主义,也有学者译为意大利自主马克思主义。本文认为,译为前者也许能更好地反映意大利马克思主义理论和政治实践的特点,因为他们既是议会外,又是意大利共产党之外的群体。

[3] 万毓泽:《意大利自主主义运动与政治马克思主义:对〈帝国〉的脉络化解读与批判》,载于《政治与社会哲学评论》,2006年第18期,第93—149页。

虽然内格里注重劳动形式和生产关系的考察,但由于他极度仇视任何带有"客观主义"色彩的经济分析,使他并没有彻底地实现马克思的政治经济学批判,而是抛弃了马克思许多的政治经济学洞见(如对资本主义动态发展的理解)。他在《超越马克思的马克思》中这样分析道:"《资本论》这个文本……的作用是将批判化约为经济理论,将主体性消解于客观性之中,并将无产阶级的颠覆能力从属于资本主义力量所拥有的那种重组、压迫的智能。我们若要再度正确地解读《资本论》(不是知识分子的煞费苦心,而是为了群众的革命良心),就必须以《政治经济学批判大纲》来批判《资本论》,必须透过《政治经济学批判大纲》的范畴来重新阅读《资本论》——前者充满了无产阶级的能力所领导的、无法超越的敌对关系。"[1]《政治经济学批判大纲》中的马克思是一位充满"革命意志"的行动者,而非只致力于《资本论》第一版序言所谓的"揭示现代社会的经济运动规律"。对内格里来说,《资本论》往往不由自主地显露出"高度的客观主义",而《政治经济学批判大纲》却"代表了马克思革命思想的顶点;随着这些笔记而来的,是在理论与实践上的彻底突破,而这正是革命行动的基础,也是革命行动之所以有别于意识形态与客观主义的基础"[2]。

内格里在理论中为了避开"客观主义"的陷阱,实际上却很容易走入了另一种"唯意志论"的极端。这一理论往往高举反对"目的论"的旗帜,夸大行动者形塑历史的力量,而忽略了所有的行动都会受到外部的环境和条件所制约。内格里以及自治马克思主义在诠解政治经济学理论、重建历史唯物论时所采纳的"阶级中心"的取径,可放在"政治马克思主义"的脉络下来予以定位。他在(正确地)反对"客观主义"的同时,则拥抱了一种过度政治化的经济危机理论,从而无法彻底地解释和撼动资本主义社会新的现实。因此,内格里对马克思政治经济学批判的恢复是部分的,但不彻底。

---

[1] Antonio Negri. *Marx beyond Marx: Lessons on the Grundrisse*. Trans. Harry cleaver *et al.* New York; London: Autonomedia & Pluto Press, 1991, p. p. 18—19.

[2] Antonio Negri. *Marx beyond Marx: Lessons on the Grundrisse*. Trans. Harry cleaver *et al.* New York, London: Autonomedia & Pluto Press, 1991, p. 19.

小结

随着现实无产阶级社会运动的暂时失败,西方马克思主义的研究开始与政治实践相脱离,在理论上表现为开始偏离马克思的政治经济学批判。然而,偏离政治经济学的研究最终必然会陷入悲观主义的局面,无法揭示资本主义社会的内在矛盾。在这样的背景下,内格里继承了马克思的政治经济学批判,希望从生产和劳动领域挖掘革命的潜能和构建政治的主体。不过,遗憾的是,内格里对马克思政治经济学批判的恢复是不彻底的。内格里的理论政治批判有余,理论批判不足。

第四章
21世纪的劳动理论：内格里的非物质劳动理论

第一节 非物质劳动概念的提出

内格里非物质劳动概念的提出，需要从《帝国》说起。内格里《帝国》具有强烈的现实意义，它不仅关注全球化经济和社会运动，而且还力图提炼后现代社会的劳动形式——非物质劳动。内格里认为：非物质劳动不仅是帝国得以构建的社会本体论，是解释当今资本主义生产现实的基础工具，而且也同样是大众这一全球无产阶级得以形成的基础。

内格里在《帝国》中认为："帝国正在我们的眼前物质化。在过去的几十年中，当殖民制度已被舍弃，苏联对资本主义世界的市场的障碍最终坍塌，我们已经见证了经济和文化方面交流的不可抗拒、不可扭转的全球化。伴随全球市场和生产的全球流水线的形式，全球化的秩序、一种新的规则的逻辑和结构，简单地说，一种新的主权形式正在出现。""新的全球的主权形式就是我们所称的帝国。"[1]内格里所勾勒出来的这一全球新秩序，到底是什么？与传统的帝国主义有关联吗？

---

[1] Antonio Negri and Michael Hardt. *Empire*, Harvard University Press, 2000, p.xi.

内格里进一步指出:"我们不妨借用世界市场的模式帮助我们理解帝国主权。"①"与帝国主义形成强烈对比的是,帝国并不建立权力中心,也不依赖固定的疆界或壁垒。帝国是一个去中心化与去地域化的统治工具,并且逐渐将全球领域并入其开放与扩张的整体中。透过调节由指令所构成的网络,帝国管理着混杂的认同、灵活的层级与多元的交换。同时,帝国的全球彩虹也融化了帝国主义世界中不同的国家色彩。"②"过去曾经是数个帝国主义强权之间的冲突或竞争,在重要方面,已经被单一权力的观念所取代;这个单一的权力具有限制所有强权国家的优势,并以一元的方式组织它们,而且是在绝对后殖民与后帝国主义的共同权利观念下对待它们",因此,"在帝国的平坦空间中,权力的场所是不存在的——权力无所不在,亦无处存在。帝国是一个无所在之地,或其实是一个非场所"。简言之,帝国主义之间的冲突将不复存在;取而代之的"帝国",是一个平均分布的、通畅无阻的网络,没有中心可言。内格里认为,跨国公司和全球性机构(如世界银行、国际货币基金会)支配了世界经济,使民族国家走向衰落。

我们发现,内格里关于帝国的描述,更像是糅合了大量后现代主义修辞的精致文体,而不是严格意义上的政治经济学分析。可见,内格里把马克思和福柯结合在了一起,既在原则上继承了马克思政治经济学分析,又带有法国后结构主义理论的色彩。

按照马克思主义的语言规范表述则是:内格里这里的"帝国",与传统帝国主义不同。它是一种全新的统治形式或资本积累的权力形式,而帝国主义作为一种服务于资本积累的权力形式,已经完成了其历史性任务,开始退出历史舞台。这阶段可以大致归为马克思的"国家"和"对外贸易"阶段。这一阶段的历史表现是:帝国主义国家,在全球范围内,对非资本主义国家进行扩张、侵略和征服,以达到发展资本主义的目的。在理论上,罗莎·卢森堡这样阐述这一历史进程:帝国主义阶段的资本积累是以非资本主义的他者的存在为条件的,不断地强行

---

① Antonio Negri and Michael Hardt. *Empire*, Harvard University Press, 2000, p.190.
② Antonio Negri and Michael Hardt. *Empire*, Harvard University Press, 2000, p.xii.

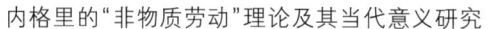

内格里的"非物质劳动"理论及其当代意义研究
The Contemporary Significance of Antonio Negri's Theory of Immaterial Labor

将非资本主义国家纳入资本主义范围,掠夺资源和市场,实现最原始的资本积累。一旦非资本主义空间被瓜分殆尽,帝国主义的资本积累模式就走到了尽头。线性的理论逻辑进展到这里,似乎资本主义必然会灭亡。然而历史的发展毁灭了这一希望,内格里认为,资本主义已经发展到"帝国"阶段,即资本主义的最新发展阶段,或者是马克思所谓的世界市场阶段。这是资本主义社会真实任务所要建立的阶段。如果我们不能理解这一事实,就无法把握时代的基本矛盾和对抗形式的变化。内格里指出:马克思称资本主义比它之前的社会形态和生产方式先进,同样,我们也要宣称,帝国与它之前的社会形态和生产方式相比具有先进性。马克思论述的基础是一方面,他对资本主义之前的社会中存在的狭隘的、森严的等级制度感到强烈的厌恶(这种感觉是健康的)。另一方面,他认识到,在新的环境中,解放的潜能在增长。同样,今天我们也可以看到,帝国结束了现代权力的残酷统治,在帝国状态下,解放的潜能同样也在增长。

在这里,内格里对古典马克思主义的帝国主义理论进行了批判,认为帝国主义不再是资本主义的最新发展阶段。内格里在法国《外交世界》的一篇专栏中,说明他所提出的"帝国"可以被视为"帝国主义的最高阶段",代表的是"集体资本的秩序"。显然,这是在宣告,列宁(认为帝国主义乃"资本主义的最高阶段")乃至布哈林(强调资本与民族国家的相互渗透,以及由此形成的"国家资本主义"之间的军事竞争)的古典帝国主义理论,已不再适用于今天这个"世界新秩序"。"帝国主义极大地依赖着这些有限的疆界和内外部的区分。帝国主义其实为资本创造了一个束缚——或者更准确地说,在一定程度上,帝国主义实践所造成的疆界阻碍着资本主义的发展和资本主义世界市场的完全实现。资本必须最终克服帝国主义,将内外部之间的限制摧毁。在这些推理的基础上可以夸张地说,列宁对帝国主义及其危机的分析直接引出了帝国的理论。……列宁对帝国主义危机的分析与马基雅维利对中世纪秩序危机的分析具有同样的力量和必然性:要么是世界共产主义的革命,要么就是帝国,而且这两种选择之间有着深刻的类比。"[①]

[①] Antonio Negri and Michael Hardt. *Empire*, Harvard University Press, 2000, p. 234.

第四章 21世纪的劳动理论：内格里的非物质劳动理论

按照内格里的逻辑：既然世界共产主义的革命没有发生，那么现在呈现在我们眼前的就是帝国，资本新的全球统治秩序。然而，内格里的这种政治经济学分析，不是最终目的，而仅仅是一种手段或工具，通过这样的分析来寻找新的无产阶级——大众。他认为："大众才是我们的社会和世界的生产力量，而帝国仅只是一件用来俘获的工具，远离大众的活力。借用马克思的说法，帝国是一只死劳动积累的吸血蝙蝠，它只有靠吸食活人的血液才能生存下去。"①因此，"唤出帝国的正是大众"②，以后摧毁帝国的也将是大众，大众才是帝国主权的主宰者。内格里勾勒帝国的秩序并不是最终意图，大众这个政治主体的指认与构建才是他的真正目的。

内格里认为："当帝国的行动是有效时，这不应归功于它自身的力量，而是因为这样的事实：它是被反对帝国的民众抵抗的反弹所驱动的。在这个意义上，也许应该说，抵抗实际上是先于权力的。"③资本主义的历史应该是以工人阶级的反抗为先导的社会重构的结果。资本为了应对工人阶级的对抗，才采用新技术，不断地变革社会关系，创造新的统治模式。"工人阶级不是资本主义发展的衍生物，而是一种真正对立的主体，它能够通过自己的斗争打破资本的逻辑和资本的统治，建立一种新社会。"④因此，我们要认识到，"每一次当资本通过扩大固定资本和重组劳动过程的方式来回应工人的诉求时，工人阶级就在斗争的新一轮的循环中在政治上重构了自身。这个过程的全部寓意在内格里对马克思关于机器的论述中得到了清晰的表达"⑤。马克思在讨论机器时，明确地表达过这一观点：在资本主义社会，资本家则是"为了抵制罢工等等和抵制提高工资的要求而发明和应用机器"。工人的"罢工大部分是为了阻止降低工资，或者是为了迫使提高工资，或者是

---

① Antonio Negri and Michael Hardt. *Empire*, Harvard University Press, 2000, p.62.
② Antonio Negri and Michael Hardt. *Empire*, Harvard University Press, 2000, p.43.
③ Antonio Negri and Michael Hardt. *Empire*, Harvard University Press, 2000, p.360.
④〔意〕内格里著，刘长缨译：《超越马克思的马克思·前言》，载于《国外理论动态》，2008年第9期，第55—58页。
⑤〔意〕内格里著，查日新译：《超越马克思的马克思·导论一》，载于《国外理论动态》，2008年第9期，第59—63页。

为了规定正常工作日的界限。同时,这里的问题总是关系到限制绝对的或相对的剩余劳动时间量,或者关系到把这一剩余时间的一部分转给工人自己。为了进行对抗,资本家就采用机器。在这里,机器就直接成了缩短必要劳动时间的手段。同时机器成了资本的形式,成了资本驾驭劳动的权力,成了资本镇压劳动追求独立的一切要求的手段"①。在这一社会形式下,机器的性质是资本的形式,是资本支配劳动的权力,是资本剥削和镇压劳动的手段。然而,具有如此魔力的机器本质上只是劳动资料,只是劳动的一个环节、劳动的辅助工具而已,而在资本主义条件下,转化为机器的劳动资料,却成了支配、剥削和镇压劳动的存在,而这正是资本的必然趋势的体现。"提高劳动生产力和最大限度否定必要劳动,正如我们已经看到的,是资本的必然趋势。劳动资料转变为机器体系,就是这一趋势的实现。"②这种机器的出现,对工人来说,最直接的影响是,严重贬低了工人的必要劳动导致工人对抗的暂时瓦解。因此,内格里认为,帝国正是在这样的历史逻辑中被无产阶级呼唤出来的。

于是,内格里认为,理论"第一位和最基本的任务是去确认、肯定和促进现存社会力量中的积极因素,它们指向一种新的替代型的社会,一个即将来临的社会。潜在的革命总是内在于当代社会领域"③。内格里不断地解读资本主义社会的发展,企图重建新的无产阶级主体。他曾经专门写了一篇论文《考古学与规划:群众工人与社会工人》探讨阶级主体的重建问题,提出了政治主体从群众工人向社会工人转变。然而,随着资本渗透到社会生活的各个领域,无产阶级主体的范围继续不断地演变和扩大,直到"我们理解的无产阶级范畴包括一切受剥削于、受支配于资本主义的人。……我们的观点是,所有这一切劳动形式都在某种意义上屈从于资本主义规范和资本主义生产关系。实际上,正由于它被容纳在资本之中,并维持着资本,无产者自身作为一个阶级

---

①《马克思恩格斯全集》(第32卷),人民出版社1998年版,第387页。
②《马克思恩格斯全集》(第31卷),人民出版社1998年版,第92页。
③Paolo Virno and Michael Hardt, eds. *Radical Thought in Italy: A Potential Politics*, Minnesota: University of Minnesota Press, 1996, p.7.

才得以界定"①。

内格里在《帝国》中这样总结道:"我们要认识到,劳动与反抗主体已发生了深刻的变化。无产阶级的构成已经历了转化,故而我们的理解也必须转变。从概念上讲,无产阶级已成为一个十分宽泛的范畴,它包含所有那些自己的劳动遭受直接的或间接的剥削,屈从于资本主义生产和再生产规范的人。在过去的一个时代,这个范畴将重心建立在产业工人阶级之上,并一度被实际上纳入后者名下。它的典范形象是男性产业工人大众。无论是在经济分析之中,还是在政治运动中,产业工人阶级都被赋予领导作用,其地位凌驾于其他所有劳动者之上。时至今日,那个阶级已从我们的视线中彻底消失了。它其实并未消亡,只不过它在资本主义经济中的特殊位置及它在无产阶级构成中的霸权地位已被取代。无产阶级已不再是昔日的旧模样,但这并不意味着它已消亡。这仅仅意味着我们再度面临这一艰巨的任务:把无产者作为一个阶级,对它的新构成进行分析、理解。"②

因此,内格里的理论特别"强调马克思历史辩证法的阶级主体维度,发展马克思主义的阶级斗争理论,并结合不同时代的理论与实践,建构自主的、抵抗的政治主体以对抗资本的逻辑和统治。帝国与大众就是这一理论逻辑的最新发展与时代演绎,大众就是其在资本主义进入全球化阶段的替代自主的工人阶级的政治主体"③。

那么帝国到底如何运行,大众又是如何建构?内格里赞同马克思提出的资本主义发展本身为无产阶级解放创造条件的思路,认为,无论是帝国的生产力,还是大众的革命潜能,都只能在生产和劳动领域中寻找。"我们的分析现在也必须深入到那个物质性层面,在那里探索统治范式的物质转型。我们需要找出生产社会现实的各种力量和途径,同时我们也要确定驱动这一生产的主体。"④非物质劳动概念正是在这

---

① Antonio Negri and Michael Hardt. *Empire*, Harvard University Press, 2000, p. 53.
② Antonio Negri and Michael Hardt. *Empire*, Harvard University Press, 2000, p. p. 52—53.
③ 刘怀玉、陈培永:《从非物质劳动到生命政治——自治主义马克思主义大众政治主体的建构》,载于《马克思主义与现实》(双月刊),2009年第2期,第73—82页。
④ Antonio Negri and Michael Hardt. *Empire*, Harvard University Press, 2000, p. 22.

样的逻辑思路上提出来的。

第二节　非物质劳动定义的内容

内格里在《帝国》序言中这样概括道:"当代帝国主义全球地理的转变以及世界市场的实现标志着在资本主义生产的模式当中有一条道路。……资本似乎面对着一个流畅的世界,……占据统治地位的生产过程的自身变化,流通渠道的建设和对新的全球流通的限定相伴随,结果是工业化的工厂的劳动在减少,其优先地位让位给交流性的、合作性的、富有情感的劳动。在全球经济的后现代化当中,财富的创造更倾向于我们称为生命政治的生产,即社会生活自身的生产,在其中,经济的、政治的、文化的生活不断增长地相互重叠、相互投资。"[1]这里明确指出非物质劳动是交流性的、合作性的、富有情感的劳动。

然而,非物质劳动概念,最早并不是内格里提出的,而是由拉扎拉托专门分析的。他在其《非物质劳动》一文中,探讨了在后福特和后泰勒制下劳动的崭新组织模式。他给出了非物质劳动的经典定义:非物质劳动是生产商品的信息内容和文化内容的劳动。"非物质劳动的概念涉及劳动的两个不同方面:一方面,关于生产商品'信息内容'的活动,它直接涉及工业部门和第三产业部门的大公司内工人的劳动过程中发生的变化,在那里,与直接劳动相关的技术逐渐变成由控制论和计算机控制(以及垂直的和横向的交流)的技术。另一方面,关于生产商品'文化内容'的活动,非物质劳动包括通常不被认为是'工作'的一系列活动——换句话说,指大量界定和确定文化和艺术标准、时尚、品位、消费者规范的活动,如果从战略高度说,就是界定和确定舆论的活动。这一享有特权的领域曾经是资产阶级和它后代的领域,这些活动从20世纪70年代末就开始成为我们界定为'大众知识分子'的那些人的领域。发生在这些战略部门中的意义深远的变革不仅从根本上改变了劳

---

[1] Antonio Negri and Michael Hardt. *Empire*, Harvard University Press, 2000, p. xiii.

动力的组成、管理和规章制度——生产组织,而且更深刻的是,这些变革改变了知识分子及他们的活动在社会中扮演的角色和发挥的作用。"①拉扎拉托认为:不仅劳动的形式发生了变化,而且知识分子也被纳入到资本主义的生产过程中来了,成为资本剥削的对象,这扩大了"生产工人"的概念。"这种生产活动并不仅仅局限在高度技能化的工人中;它在今天指向劳动力的一种使用价值,并且更普遍地,指向后工业社会中每一个生产主体的活动模式。"②非物质劳动在全球性生产中已被设定为具有战略地位的角色,尤其是科技劳动已成为生产力的首要源泉,日益成为增长的要素。

不仅如此,拉扎拉托还继续分析道:首先,被改组的劳动者即非物质劳动者,被管理要求成为积极的主体。不稳定性、机动性是这类劳动者的显著特点。虽然在一定程度上激活了工人的个性和主体性,但本质上却是更高层次的极权统治,劳动被要求与资本的价值生产相一致。"要求'成为沟通主体'的管理预示着要比早前的精神和体力劳动之间的严格分工更具有极权主义的特点,因为资本主义甚至要在价值的生产中寻求控制劳动者的个性和主体性。"其次,非物质劳动,不仅质疑劳动的传统定义,而且还提示出它不单是在生产商品,而且首先生产的是一种社会关系。"非物质劳动首先生产的是一种社会关系。只有当它在这一生产中成功时,它的活动才有经济价值。这个活动立即使物质生产'遮蔽'的一些东西变得显而易见,即劳动生产的不仅是商品,最重要的是它生产了资本关系。"③于是,拉扎拉托认为:非物质劳动同时生产出经济价值和主体性,体现了资本主义的生产已经侵入我们的生活,并摧毁了一切在经济、权力和知识中的反对因素。

---

①Maurizio Lazzarato. *Immaterial Labor*. in P. Virno and M. Hardt, eds. *Radical Thought in Italy*: *A Potential Politics*. Minneapolis, Minnesota: University of Minnesota Press, 1996, p. p. 133—147.

②Maurizio Lazzarato. *Immaterial Labor*, in P. Virno and M. Hardt, eds. *Radical Thought in Italy*: *A Potential Politics*, Minneapolis, Minnesota: University of Minnesota Press, 1996, p. p. 133—147.

③Maurizio Lazzarato. *Immaterial Labor*, in P. Virno and M. Hardt, eds. *Radical Thought in Italy*: *A Potential Politics*, Minneapolis, Minnesota: University of Minnesota Press, 1996, p. p. 133—147.

内格里的"非物质劳动"理论及其当代意义研究
The Contemporary Significance of Antonio Negri's Theory of Immaterial Labor

作为意大利马克思主义者之一,内格里的非物质劳动概念,深受拉扎拉托思想的影响。内格里基本吸收了拉扎拉托的非物质劳动思想,如新的劳动形式是资本深入剥削的形式,非物质劳动要放在马克思社会关系再生产理论中进行理解才可以生产主体,而且进一步发展了这一概念。他认为:拉扎拉托现生产性劳动越来越具有非物质化的倾向,越来越被通讯交往领域智力化,由此发展出了新的价值理论,作为资本剥削机制的新核心。与此同时,也提出了新的主体性问题,这涉及剥削和革命潜能问题。"这一主体性主要在知识、交往和语言的领域内发挥作用。"[1]然而,内格里不满意这一发现,认为:"当他们把生产置入生命政治环境中时,他们几乎仅仅把它放到语言和交往的视野中加以展示。因此,这批作者最严重的缺陷之一就是在处理生命政治社会中的新生产实践时趋向于仅仅触及它在智力和非物质方面的表现。然而,身体的生产力和情感的价值在这个环境中无论如何也是具有核心重要性的。"[2]因此,内格里在《帝国》中详细阐述了三种类型的非物质劳动:"第一种出现在已被信息化和已经融汇了通讯技术的一种大工业生产之中,这种融汇的方式改变了生产过程自身。生产被视为一种服务,生产耐用物品的物质劳动和非物质劳动相混合并趋向非物质劳动。第二种非物质劳动带有分析的创造性和象征的任务,它一方面自身分解为创造性和智能的控制,另一方面成为日常的象征性任务。最后,第三种非物质劳动涉及感情的生产和控制,并要求(虚拟的或实际的)人际交往,即身体模式上的劳动。"[3]其中,特别提出了第三种劳动——情感性劳动。内格里认为,情感性劳动之所以重要,是因为这一劳动涉及劳动主体的再生产。内格里的非物质劳动不是仅仅局限于经济意义,更注重于劳动形态的变化对主体性的影响的研究。他认为,非物质劳动不仅生产价值,同时也生产反抗帝国的政治主体。

内格里还指出:"在这些形式的每一种非物质劳动中,合作完全内含于劳动本身。非物质劳动立即涉及到社会的互动和合作。换言之,

---

[1] Antonio Negri and Michael Hardt. *Empire*, Harvard University Press, 2000, p.29.
[2] Antonio Negri and Michael Hardt. *Empire*, Harvard University Press, 2000, p.29.
[3] Antonio Negri and Michael Hardt. *Empire*, Harvard University Press, 2000, p.293.

非物质劳动的合作方面并非像以前各种劳动形式那样由外界强加或组织起来;相反,合作完全内在于劳动活动自身。"①劳动本身已经内在包含交流与合作。而哈贝马斯基于交往行为理论批判和重建马克思主义理论,他认为马克思的社会劳动是一种工具性行为,仅仅是纯生产性活动,并没有区分和包含交往行为向度。所谓的劳动解放与人类解放无关,唯有通过交往行为才能实现真正的人类解放。而马克思倡导从技术进步中发现人类解放的条件,也是不可能,科学技术已经成为统治人的意识形态,科技的进步只会进一步加剧人的奴役和毁灭。在内格里看来,哈贝马斯对马克思生产主义和劳动乌托邦的批判本质上是建立在传统工业化的福特制生产方式的理解上的,旧式工厂的围墙阻断了不同地域、部门之间的沟通与合作,甚至在围墙内,劳动者只需要执行单纯的指令进行紧张的工作,根本没有也不需要人与人之间更多的沟通和相互合作。人类的交往行为只能是工厂,或者说是经济之外的事情。而在后现代的生产方式下,劳动和交往的对立已经消失,通讯技术以及网络技术的长足发展和广泛运用,充分说明了信息、沟通和合作已经成为了后现代生产的重要环节和基本条件。"事实上当哈贝马斯提出交往行为的概念时,实际上已经有力地证明了通讯生产形式以及由此所产生的本体论的后果。但是,哈贝马斯所依据的仍然是外在于全球化效应的生命和真理的立足点,从那里可以抗击对存在的信息的殖民化。"②可以说,哈贝马斯的交往理论,在一定意义上提示了新的生产形式的历史性的存在,用哈贝马斯的话来说:非物质劳动不仅渗透认知理性,同时也渗透着道德实践意义上的交往合理性。但哈贝马斯不认为能从生产领域中发现人类解放的条件,而是仅仅看到了生产发展的奴役和毁灭的一面,赋予仍然具有意识哲学意义上的交往理性的能动作用,而没有看到新的解放主体只能在社会劳动关系中出现的一面,他这一康德式的自我意识的反思根本无法触动社会现实本身,最多只能解释世界,而不能如同马克思所说的改变世界,改变现存的社会生产关

---

①Antonio Negri and Michael Hardt. *Empire*, Harvard University Press, 2000, p. 294.
②Antonio Negri and Michael Hardt. *Empire*, Harvard University Press, 2000, p. p. 33—34.

系,以期实现人类的解放。

内格里在《帝国》的后续之作《大众》中,一方面针对学者的批评,一方面结合资本主义社会的发展,进一步完善了非物质劳动概念。非物质劳动,"即创造非物质性产品,如知识、信息、交往、关系,其或情感反应的劳动"[1]。包括两种类型:一种"主要涉及智力或语言的劳动,如解决问题、处理象征性或分析性的任务,以及语言表达方面的工作等。这种非物质性劳动产生想法、符号、符码、文本、语言单位、形象和其他诸如此类的产品"。另一种是情感劳动,它"涉及精神,同时也涉及身体。……情感劳动是一种生产或操控诸如轻松、愉快、满足、兴奋或激动等情感的劳动"[2]。内格里把《帝国》中分析的前两种劳动合为一种涉及智力或语言的劳动,因为他意识到前两种劳动完全可以归为一类,没必要分成两个部分,否则显得重复。

有学者批评认为:非物质产品所规定的非物质劳动则犯有方法论的错误,其定义仍然受意大利工人主义的影响,他们定义非物质劳动是以它的产品形式,而不是以劳动过程、社会联系和阶级对抗方面来规定。而且没有讨论他们所列举的涉及广泛领域的具体工作如何具有质上的同一性,而是武断地认为所有生产非物质产品的劳动都是非物质劳动,并认为非物质劳动出离和反抗资本,甚至其概念本身都是混乱的,给人的第一印象是劳动缺乏物质。[3]

内格里针对学者对于概念本身缺乏物质性的批判,回应指出:"所有从事非物质性生产的劳动仍然是与物质有关的——它像所有劳动形式一样,都涉及我们的身体和头脑。所谓非物质性是指其产品。"他们还意识到这个概念的模糊性,于是建议用"生命政治劳动"作为命名这一劳动的可替换形式。它不仅创造物质商品,而且还创造关系并最终创造社会本身。这样可能更有利于理解,而且还能跨越经济、政治、社

---

[1]Antonio Negri and Michael Hardt. Multitude: War and Democracy in the Age of Empire, New York: The Penguin Press,2004,p.108.

[2]Antonio Negri and Michael Hardt. Multitude: War and Democracy in the Age of Empire, New York: The Penguin Press,2004,p.108.

[3]David Camfield, The Multitude and the Kangaroo: A Critique of Hardt and Negri's Theory of Immaterial Labour, Historical Materialism,15(2007),p.p.21—52.

会和文化之间的界限,但作者还是决定用"非物质劳动"这一概念,因为这一劳动形式可以更好地抓住和显示经济变化的普遍趋势。①

他在《大众》中还给出一个判断:非物质性的生产正在对其他形式的生产构成一种霸权,它已经取代了以前的工业生产的霸权。他认为每一个经济体系中,有多种劳动方式并存,但总有一种劳动方式对其他方式构成霸权。如19世纪、20世纪的工业劳动,在全球经济中占有霸权地位,驱使其他劳动方式具有工业化的因素。而在20世纪后十年,工业劳动失去了霸权地位,代之而起出现了"非物质性劳动"。

关于生命政治生产,内格里在"帝国三部曲"之三——《大同世界》中给予了进一步的思考。"从更高阶段的抽象形式来看,生命政治生产的最终核心不是为主体去生产客体——人们一般就是这样去理解商品生产的,而是主体性自身的生产。这是我们的伦理和政治筹划的出发点。"②换句话说,在生命政治生产中,劳动者不是与劳动产品相异化,而是与人的类本质相异化。生命政治生产所生产的是主体性,但是这一主体性是与资本的生产逻辑相一致的主体性,而不是与无产阶级的自我价值增殖机制相一致的主体性。换句话说,生命政治生产不是人的自由自觉的活动,而是异化劳动,它使人的本质与人相异化。"他在自己的劳动中不是肯定自己,而是否定自己,不是感到幸福,而是感到不幸,不是自由地发挥自己的体力和智力,而是使自己的肉体受折磨、精神遭摧残。"③内格里的表述是,如今劳动从属于资本的实际吸纳,劳动受到了资本深入的剥削和统治。因此,内格里认为,今天伦理和政治筹划的关键"就在于对主体性生产的控制或自治"④。

在政治筹划中,内格里借助两个概念:贫穷和爱。内格里认为贫穷是一个政治概念,它不是指物质匮乏,而是指**力量**或政治可能性。贫穷

---

① Antonio Negri and Michael Hardt. *Multitude*: *War and Democracy in the Age of Empire*, New York: The Penguin Press, 2004, p.109.
② 〔美〕哈特、〔意〕内格里著,王行坤译:《大同世界》,中国人民大学出版社2015年版,第4页。
③ 〔德〕马克思:《1844年经济学哲学手稿》,人民出版社2000年版,第54页。
④ 〔美〕哈特、〔意〕内格里著,王行坤译:《大同世界》,中国人民大学出版社2015年版,第4页。

具有创造新世界的可能性或潜能。"诸众的贫穷并不意味着苦难、剥夺或者匮乏,而是确立社会主体性的生产,结果就是彻底多元且开放的政治体,这个政治体既反对个人主义又反对排他性的、联合起来的拥有财产的社会团体。"[①]内格里同意朗西埃关于政治性质的理解,指出:政治的全部基础在于穷人与富人的斗争。而爱也是一个政治概念,它不是指私人的情感,而是指本体论意义上的**构成性能力**。"爱是一个本体论事件,它标志着与现存物的断裂以及新事物的创生。"[②]爱可以指引我们建立新社会。对于贫穷和爱的概念,可以说政治性批判的意味较强,但是理论性批判不足,没有揭示贫穷产生的深层原因。所以,这就是为什么贫穷和爱在资本面前显得微不足道。

针对这一点,内格里认为:"有些读者可能会反对说,我们在依赖贫穷和诸众这些概念时,完全不可救药地混淆了马克思的概念,比如,分不清因为暴力性的剥夺而导致的'前资本主义的'苦难和因为雇佣劳动和剥削而导致的资本主义的苦难之间的差别。正因为如此,我们背离了马克思的唯物主义方法,也模糊了马克思主义分析的阶级特征。我们的批评者可以说,甚至空想社会主义者也不会如此神秘化马克思与科学社会主义对剥削的分析。但是,我们要坚持说,我们的方法与传统马克思主义分析一样,都是唯物主义的,但部分是因为劳动和剥削的性质改变了——这点我们在后面的章节会详细分析,我们推翻了与工人阶级相关的某些传统概念。"[③]笔者相信马克思主义的传统概念,如物质劳动、工人阶级等提法确实落后于时代的发展了,如今,劳动的形式和无产阶级的构成都已经发生了巨大的变化,但不能因此说劳动和剥削的性质就发生了改变。如果我们只是一般性地研究劳动和剥削的概念,那么是不会觉得资本主义社会的剥削和前资本主义社会的剥削是有区别的。既然没有对资本主义社会的劳动和剥削有准确的把握,

---

[①] 〔美〕哈特、〔意〕内格里著,王行坤译:《大同世界》,中国人民大学出版社2015年版,第31页。
[②] 〔美〕哈特、〔意〕内格里著,王行坤译:《大同世界》,中国人民大学出版社2015年版,第142页。
[③] 〔美〕哈特、〔意〕内格里著,王行坤译:《大同世界》,中国人民大学出版社2015年版,第44页。

这也会导致我们会轻而易举相信如今劳动和剥削的性质已经发生了改变。这就是内格里理论的症结所在,他没有继承马克思历史唯物主义的方法,没有准确地揭示资本主义社会的劳动和剥削概念,从而也就没有办法揭示资本主义社会生产关系的内在矛盾,以至于内格里最终不得不求助于贫穷所蕴含的政治性批判力量。这正是马克思曾经批判过的蒲鲁东在《贫困的哲学》中的思路。这说明内格里的理论功课准备不足,走了一条前人已经走过的失败道路。

由于内格里上述的理论逻辑,必然导致他会政治性地解读福柯的生命权力理论。内格里认为,福柯在《规训和惩罚》中所发展出来的生命权力,虽然将注意力集中在权力的控制上,但是它具有双重性,"与其说是在压制,不如说是在生产主体"①。福柯所指的权力的他者可以视为主体性生产的新机制,"坚持将生命视为反抗力量,视为追求另类存在的生命的另一种力量"②。它不仅反抗权力,而且还寻求自治。生命权力的后一种解读被内格里称为生命政治。

关于上述福柯的生命政治,内格里认为主流学界还没有发现。如埃瓦尔德和埃斯波西多对福柯生命政治的阐释,只看到控制和规范。人们只能看到"自由主义"的福柯和道德批判。而阿甘本的解读则是消极的,其分析回到了海德格尔,"否定生命权力反抗的任何构建可能","完全排除了自主和创造性行动的一切可能"③。至于福柯的生命政治之所以具有反抗和生产性力量,内格里认为,是因为福柯将自由纳入了理论考量。自由的不妥协打破了现存的规范和秩序。这里我们只看到消极的方面,还看不到创造性。内格里在这里借用福柯语言学理论实现腾挪转换,如用福柯"事件"的概念赋予生命政治以创造性。然后为了摆脱生命政治的唯心主义嫌疑,内格里进一步说明:"尽管如此,对生命政治语境来说,我们不能仅从语言学和认识论角度去理解,

---

① 〔美〕哈特、〔意〕内格里著,王行坤译:《大同世界》,中国人民大学出版社2015年版,第45页。
② 〔美〕哈特、〔意〕内格里著,王行坤译:《大同世界》,中国人民大学出版社2015年版,第46页。
③ 〔美〕哈特、〔意〕内格里著,王行坤译:《大同世界》,中国人民大学出版社2015年版,第46页。

同时也要从人类学和存在论的层面,将其理解为自由的行动。"①生命政治事件使得生命的生产可以转换为生命的反抗和创造。

贫穷、生命、自由等抽象的概念构成了内格里政治筹划的基础。这使得他的政治理论最终只能是建立在道德批判的基础上,而不是建立在资本主义生产关系内在矛盾的揭示之上。这必然使得内格里的批判显得苍白无力。

内格里认为,全球经济发展的"三种主要趋势向政治经济学的传统概念和方法提出了挑战,因为生命政治生产将经济的重心从物质商品的生产转移到了社会关系的生产"②。其实,这是内格里没有抓住马克思劳动问题的本质所带来的认识上的混乱。如果只是经验地将马克思的劳动概念理解为物质劳动,无产阶级等同为男性工人,劳工局限在本国本民族,那么我们可能会形成与内格里同样的认识。如今,生产的非物质化、女性化和移民化似乎已经颠覆了马克思的劳动理论,需要提出新的劳动概念进行概括。如果我们对马克思的劳动理论有一个科学的认识的话,就会发现,在资本主义社会中,所谓生产的非物质化表明越来越多的劳动形式被纳入到资本主义的生产过程中,所谓生产的女性化表明越来越多的人身材料被纳入资本主义生产过程中,所谓生产的移民化表明资本主义绝对剩余价值生产残忍地回归了。马克思早就说过,在资本主义社会中,最重要的生产不是物质生产,而是生产关系的生产和再生产。因此,内格里的生命政治生产只能说是揭示了社会关系的生产,而不能说是揭示了经济的重心从物质商品的生产转移到了社会关系的生产。生产关系的生产和再生产,在资本主义社会的任何时期都是最重要的。因此,全球经济发展的三种主要趋势,实际上并没有颠覆马克思的劳动理论,反而是印证和发展了马克思的劳动理论。

因此,内格里发现:"当我们分析生命政治生产的时候,我们的注意力又从剥削回到了异化,正好和马克思的思想轨迹相反——但是,又

---

①〔美〕哈特、〔意〕内格里著,王行坤译:《大同世界》,中国人民大学出版社2015年版,第48页。
②〔美〕哈特、〔意〕内格里著,王行坤译:《大同世界》,中国人民大学出版社2015年版,第108页。

没有回到他青年时的人本主义。生命政治生产以新且特别的方式昭示了异化的特征。例如,考虑到认知和情感性劳动,资本不仅异化了工人的劳动产品,同时也异化了劳动过程本身,以至于工人在工作的时候,都无法感觉到他们进行思考、爱和关心的能力。"[1]我们再一次看到了令人困惑地倒转。内格里倒转了马克思本身的发展轨道,从晚期的政治经济学批判转回到了早期的人本主义批判。内格里运用马克思早期异化劳动的思想分析当代劳动的境况。马克思在异化劳动中看到的是消极的方面,而内格里却在当代的异化劳动——生命政治劳动中看到了积极的方面,即自主性。如非物质劳动者可以自主地进行协作,摆脱资本家的统治。这是一种典型的经验主义观点。经验主义由于看不到劳动的社会形式,所以它才发现不了剥削和斗争的真正方式。这一点在内格里采取的阶级斗争的形式方面体现得最为明显。

"在生命政治生产的语境下,我们认识到,资本不应该仅仅简单地被理解为一种社会关系,更应该是一种开放的社会关系。最初,资本在其内部集聚劳动力,并对劳动进行控制,……生命政治劳动趋向于生成自己的社会协作形式,并自主地生产价值。事实上,生命政治生产的社会组织越具有自主性,它的生产力就越高。资本在以往可以创造一个生产循环,并在价值创造的过程中吸收劳动力,但这一做法在如今变得越来越困难。"[2]何为开放的社会关系?是指资本主义社会的生产关系更加人性,还是指社会关系从资本变为了人的社会关系?很显然都不是。生命政治生产具有自主性并不能说明社会关系的开放,而是表明资本规训机制的转型升级。而内格里却认为,生命政治劳动的自主性打开了资本的社会关系,它可以打破资本主义生产的循环,逾越其与资本的关系实现自治。而生命政治语境下的阶级斗争采取的形式是出走。内格里指出:"我们所谓的出走,是通过实现劳动力潜在自主性的方式从与资本的关系中退出的过程。因此,出走不是

---

[1]〔美〕哈特、〔意〕内格里著,王行坤译:《大同世界》,中国人民大学出版社2015年版,第112页。

[2]〔美〕哈特、〔意〕内格里著,王行坤译:《大同世界》,中国人民大学出版社2015年版,第120页。

拒绝生命政治劳动力的生产力，而是拒绝资本对生产能力日益增强的制约因素。"①内格里的"出走"与马克思的"革命"相比，就显得太天真了。无论是佛家式的"出世"，还是鲁滨逊式的"抽离"，都无法改变现实的社会生产关系。这就是看不到劳动的社会形式所引起的必然结果。劳动的历史实质上是生产关系的历史，因此，劳动的解放实质上是生产关系的改变。不改变社会生产关系，是不可能实现劳动的解放的。

"生命政治生产因日益摆脱资本主义统治而具有自主性，因为其协作模式不再像在工厂里那样由资本从外部提供，而是内在于生产过程，自主生成。"②在内格里的生命政治生产中，表现出的不是自主性的生成，而是资本的统治从外部强制发展到了内在认同。生命政治生产所生成的自主性是为资本增殖服务的，而不是为了实现人的自由发展。这是资本主义社会中，劳动的社会生产关系本质所决定的。

"生命政治劳动过程的自主性以及价值的不可计量的逾越性都是当下资本主义统治中矛盾的核心要素。"③资本主义社会的内在矛盾到底是什么？我们发现，内格里已经抛弃了马克思的洞见。他只是经验性地看到劳动的能动性——自主性和价值的抽象性——共同性，而看不到劳动和价值范畴都只是社会生产关系的理论表现。这使得内格里看到的资本主义社会的内在矛盾就只能是人的自主性和共同性与资本统治之间的矛盾，而看不到资本主义社会的内在矛盾其实是社会生产关系的内在矛盾。这就是内格里劳动理论的问题所在。"穷人的诸众、另类现代性的力，以及生命政治生产力正变得越来越具有自主性，并逾越了之前约束它们的计量和控制形式。"④量的变化和形式的改变

---

① [美]哈特、[意]内格里著，王行坤译：《大同世界》，中国人民大学出版社2015年版，第121页。
② [美]哈特、[意]内格里著，王行坤译：《大同世界》，中国人民大学出版社2015年版，第209页。
③ [美]哈特、[意]内格里著，王行坤译：《大同世界》，中国人民大学出版社2015年版，第209页。
④ [美]哈特、[意]内格里著，王行坤译：《大同世界》，中国人民大学出版社2015年版，第216页。

不足以说明资本主义社会劳动性质的改变。所谓的自主性只不过是马克思所讲的"以物的依赖性为基础的人的独立性"。

第三节　非物质劳动的理解框架——生命政治学

那么到底该如何理解内格里的非物质劳动概念？是否依然可以用马克思的劳动概念去评价它？马克思的劳动概念能否继续解释当前资本主义的状况？内格里在论述非物质劳动概念时，曾建议用"生命政治劳动"作为命名这一劳动的可替换形式。半路突然杀出一个生命政治劳动概念，让人很难理解什么是生命政治劳动概念。"非物质劳动"与"生命政治劳动"到底又是怎么可以替换的？内格里在上海的一次座谈会中给出了这样的提示："这涉及到马克思主义的劳动概念对当前状况解释的有用性问题。我们是不是还可以用马克思价值观的框架来理解我们所提出的非物质性劳动这样一个问题？'非物质劳动'概念试图定义一种新的价值、一种新的劳动的概念和一种新的剥削形式。我们要从一个生命政治学的框架来理解这一种新的生产方式。"[1]内格里在这里已经明确地表明：非物质劳动概念是从生命政治学的框架来理解，而不是马克思价值观的框架。因此内格里说："我对如何去捍卫马克思主义、如何去复活马克思主义的传统以及复活马克思主义的劳动概念都不感兴趣；我更感兴趣的是如何阐释出一套当代的关于生产力、创造性、剥削、劳动和价值生产的新的生命政治的框架，这样一个框架要比马克思主义的劳动框架更有用。它提示我们，当代的资本主义的生产，不只是在生产剩余价值，或者是在生产劳动产品，它是在生产一种社会形式，在生产一种价值体系，在生产一种社会经验的结构。"[2]

---

[1]〔美〕哈特、〔意〕内格里：《帝国与大众——迈克尔·哈特、安东尼奥·内格里与上海学者座谈会》，见许纪霖主编：《帝国、都市与现代性》，江苏人民出社2005年版，第56—81页。

[2]〔美〕哈特、〔意〕内格里：《帝国与大众——迈克尔·哈特、安东尼奥·内格里与上海学者座谈会》，见许纪霖主编：《帝国、都市与现代性》，江苏人民出社2005年版，第56—81页。

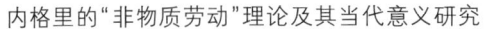

内格里的"非物质劳动"理论及其当代意义研究
The Contemporary Significance of Antonio Negri's Theory of Immaterial Labor

什么是生命政治学？它是内格里在解读法国后结构主义时提出的一种政治学。这一学派代表人物有福柯、德勒兹和瓜塔里。法国后结构主义理论一直被视为逃避政治经济学，但在《帝国》里被内格里创造性地转换到社会领域，开始了马克思式的政治经济学的冒险。内格里所谓的生命政治概念，是从积极的方面考察福柯的"生命权力"概念所提出的。

福柯的"生命权力"是与人口成为政治的因素相关的，与规训人身体的解剖学权力相对应。在《规训与惩罚》中，福柯提出了"一种权力'物理学'或权力'解剖学'，一种技术学"，这种权力直接渗透到"个人、他们的身体、他们的姿态和日常行为"，它"不是增加人体的技能，也不是强化对人体的征服，而是要建立一种关系，要通过这种机制本身来使人体在变得更有用时也变得更顺从，或者因更顺从而变得更有用"[1]。内格里认为：这一阶段是规训社会阶段。规训社会可以大致定位于18、19世纪，其主要机制是把社会分隔和区分为一个个封闭的空间，如工厂，并赋予其相应的行为规则以实现社会统治。此时资本权力已经直接作用于生命活动本身，开始具有生命政治的形式。后来，福柯在《必须保卫社会》中认为，生命权力出现了，"它完全不在细节的层面上考虑个人，相反，通过总体机制，来获得总体平衡化和有规律的状态；简单说就是对生命，对作为类别的人的生理过程承担责任，并在他们身上保证一种调节，而不是纪律"[2]。这一阶段是控制社会阶段。控制社会大致是20世纪初至今，它的特点是规训的规范化手段的强化和普遍化。资本权力的控制超出了一系列封闭的空间，渗透到社会的各个领域以及人的意识和欲望。在这一阶段，超验的资本权力开始真正内化为生命权力，深入控制和统治人。

福柯的权力，并非传统意义上的超验的权力，而是内化到生命的权力，这种权力散于社会生活的各个领域，它不仅是压迫性的，更是生产性的。福柯的权力主要关注的是主体的生产。他在《规训与惩罚》中

---

[1] [法]福柯著，刘北成、杨远婴译：《规训与惩罚》，生活·读书·新知三联书店2003年版，第156页。

[2] [法]福柯著，钱翰译：《必须保卫社会》，上海人民出版社1999年版，第232页。

第四章 21世纪的劳动理论：内格里的非物质劳动理论

一个形象的比喻，即"全景监狱"，来说明权力对人的控制和生产。"我们的社会不是一个公开场面的社会，而是一个监视社会。在表面意象的背后，人们深入地干预着肉体。在极抽象的交换背后，继续进行着对各种有用力量的细致而具体的训练。交流的渠道是一种积聚和集中知识的支撑物。符号游戏规定了权力的停泊地。个人的美妙整体并没有被我们的社会秩序所肢解、压制和改变。应该说，个人被按照一种完整的关于力量与肉体的技术而小心地编织在社会秩序中。我们远不是我们自以为的那种希腊人。我们不是置身于圆形竞技场中，也不是在舞台上，而是处于全景敞视机器中，受到其权力效应的干预。这是我们自己造成的，因为我们是其机制的一部分。"[1]美国批判理论家波斯特注意到了这一点："权力的'毛细血管式的'延伸及规训社会的整个空间，福柯所注意到的这种情况在今天已经远为完善了。"[2]主体在控制社会中，由权力重新制造出来，同时这种被制造出来的伪主体又将作为"驯顺的身体"屈从于权力。

然而，福柯生命权力关注的主体生产，是被动的。生命最终被资本纳入到生产方式中，以实现资本的增殖。"尼采和德勒兹将身体看做是生产性的，它生产了社会现实，生产了历史，身体的生产就是社会生产。但福柯恰恰相反，他认为，是历史摧毁了身体。尼采身体的主动生产性变成了福柯的身体的被动铭写性。福柯关注的历史，是身体遭受惩罚的历史，是身体被纳入到生产计划和生产目的的历史，是权力将身体作为一个驯服的生产工具进行改造的历史。那是个生产主义的历史。而今天的历史，是身体处在消费主义中的历史，是身体被纳入到消费计划和消费目的中的历史，是权力让身体成为消费对象的历史，是身体受到赞美、欣赏和把玩的历史。身体从它的生产主义牢笼中解放出来，但是，今天，它不可自制地陷入了消费主义的陷阱。一成不变地贯穿着这两个时刻的，就是权力（它隐藏在政治、经济、文化的实践中）对

---

[1] [法]福柯著，刘北成、杨远婴译：《规训与惩罚》，生活·读书·新知三联书店2003年版，第243页。
[2] [美]波斯特著，范静哗译：《第二媒介时代》，南京大学出版社2000年版，第122页。

身体精心而巧妙地改造。"①

因此,福柯的控制社会中的生命权力的论述,虽然使他们认识到新权力范式的生命政治本质。生命权力,这种新的权力形式,在当今的控制社会中,已经"达到饱和、浸透个体的意识和肉体,处理、组织个体的总体生活的境界"。"权力已经表现为一种控制,它伸展到民众的意识和肉体的最深处,同时也跨越社会关系的全部"②,直接指向生活本身的生产和再生产。但内格里认为:"即使福柯强有力地把握住了社会的生命政治层面,并将之界定为内在性领域。"③但他由于受结构主义认识论的影响,未能抓住生命政治社会中生产的真实动力。而德勒兹和瓜塔里则向我们展示了生命权力的严格意义上的后结构主义式理解。他们把社会生产的本体内容聚焦在机器生产上,各种社会机器生产出世界,同时也生产出构成这个世界的主体与客体。但他们的表述仅仅触及了现象的表面,没有更好地把握社会生产与生命权力的关系。如德勒兹则认为:"当权力以生命为对象时,生命就会成为对权力的反抗。"④这仍然是抽象的内在性。内格里认为:生命政治学把握了社会现实中资本控制劳动的内在性方面,但在社会内容上往往是抽象的,尤其是生命政治没有建构在生产的维度上,这必然就成了没有根基,没有动力,没有主体的抽象概念。内格里指出:"我们的分析必须聚集在生命权力的生产维度上。"⑤"最根本的还是要把所有这些讨论引到生命的生产性维度这一问题上。换句话说,也就是要确定这一概念的物质性维度,从而超越任何纯自然主义的或人类学意义上的概念。"⑥力求让生命政治与马克思的社会生产联系起来,才能为生命政治找到客观基础,使生命政治发挥诊断资本主义的革命作用。因此,内格里的生命

---

①汪民安、陈永国:《后身体:文化、权力和生命政治学》,吉林人民出版社2003年版,第20—21页。

②Antonio Negri and Michael Hardt. *Empire*, Harvard University Press, 2000, p. 24.

③Antonio Negri and Michael Hardt. *Empire*, Harvard University Press, 2000, p. p. 27—28.

④〔法〕吉尔·德勒兹著,杨凯麟译:《德勒兹论福柯》,江苏教育出版社2006年版,第95页。

⑤Antonio Negri and Michael Hardt. *Empire*, Harvard University Press, 2000, p. 27.

⑥Antonio Negri and Michael Hardt. *Empire*, Harvard University Press, 2000, p. 421.

第四章 21世纪的劳动理论:内格里的非物质劳动理论

政治劳动"是一种动力,也就是说,它的基础不是立足于对传统哲学的重新阐释,而是立足于劳动形式的变化,或立足于今天的人类活动。我的思想中有非常明显的唯物主义倾向,……在我看来,赤裸生命无非就是无产阶级的生命"[1]。内格里曾这样专门说明了这一概念:"对我来说,生命政治是具有如下特征的空间:首先是新的生产方式;其次是这种新的生产方式向全社会延展;再次是在这个社会中,伴随着社会完全被置于资本的控制之下,矛盾的各种经典因素都出现了。换句话说,我接过了生命政治这一概念,并对它进行了重新界定(很显然是在实体性的意义上),目的就是解释资本主义的发展现在给我们带来的断裂和对抗。生命政治可以仅仅是生命权力的光明面,但它绝非仅此而已。它是一种力量。从一种内在的、非辩证的、非目的论的角度来看,我觉得它是非常重要的。"[2]内格里在某次访谈中也特别说明了这一点,福柯的生命政治可以发展出主体。"在福柯的著作中,生命政治最初也是最主要的是从历史的角度来阐述的,与其说是一种本体论基础,不如说是一种历史问题框架。在这个问题框架中,某些概念,尤其是主体性生产概念是非常重要的。我不是福柯的追随者,同样也不是德勒兹的追随者。我研究这一概念是想看看它的结果。还有,我写过的唯一一篇和福柯有关的文章是关于他的《规训与惩罚》的,这是他在70年代早期,也就是他思想发展中重要的第二阶段形成之前写的。在这篇文章中,我写到福柯的分析很完美,但遗漏了主体性。我说:'让我们等他给我们指出这一遗忘的要素吧!'后来事实证明,他没有让我们白等。"[3]

内格里之所以要借用福柯的生命权力概念,是因为它与马克思论述的资本对劳动的实质吸纳思想相契合,福柯从权力层面把握到了资本剥削劳动者已经深入到生命统治的阶段:"在规训社会向控制社会

---

[1] 〔意〕内格里、〔美〕亨宁格著:《马克思主义的发展与社会转型——内格里访谈》,载于《国外理论动态》,2008年第12期,第83—86页。

[2] 〔意〕内格里、〔美〕亨宁格著:《马克思主义的发展与社会转型——内格里访谈》,载于《国外理论动态》,2008年第12期,第83—86页。

[3] 〔意〕内格里、〔美〕亨宁格著:《马克思主义的发展与社会转型——内格里访谈》,载于《国外理论动态》,2008年第12期,第83—86页。

的转变中,我们可以说资本主义在发展过程中,始终孜孜以求的一切社会力量互为影射的关系得到全面实现,马克思曾确认某种类似的东西,他称之为资本对劳动力的形式吸纳到实际吸纳的过渡。后来法兰克福学派的哲学家们也分析了一个与之紧密相连的过程——文化(以及社会关系)被吸纳入集权国家,或更确切地说被吸纳入畸形的启蒙辩证法的过程。"[1]那么,马克思的"形式吸纳"和"实质吸纳"概念指的具体是什么?法兰克福学派是如何在这一逻辑下继续发展的?内格里在《帝国》中说道:当现代积累以对非资本主义的环境的吸纳为基础时,后现代的积累则依赖于对资本主义领域自身的实质吸纳。即帝国主义依赖形式吸纳,而帝国依赖实质吸纳。从社会层面说,帝国主义阶段的社会是规训社会,帝国阶段的社会形态是控制社会。所谓"形式吸纳"和"实质吸纳",这是从资本的角度来说的,而且是从全球视角来看的。马克思从劳动的角度和领域考察认为:在资本主义发展过程中,劳动对资本的从属分为两种形式:一种是以绝对剩余价值生产为基础的形式叫做劳动对资本的形式上的从属,一种是以相对剩余价值生产为基础的形式叫做劳动对资本的实质上的从属。所谓劳动对资本的形式上的从属,是指劳动过程直接从属于资本,受资本监督和支配,但还没有涉及到生产方式本身。劳动对资本的实质上的从属,则不仅是劳动过程在形式上从属于资本,而且改变了这个过程,赋予生产方式本身以新的形式,从而第一次创造出资本主义所特有的生产方式。如机器的使用和科技的运用,颠覆了劳动及劳动者的地位;文化的生产,不仅改变了劳动的方式,而且重塑了劳动者的主体性。法兰克福学派也曾借助上述两个概念,分析资本主义的变化,进行他们的社会批判。资本主义初期,资本主要通过外在的强制手段,如法律和政治制度实施统治,是资本的形式吸纳阶段。到晚期资本主义时期,资本统治的重心已经从法律和政治制度深入到人的灵魂和无意识领域,创造了新的稳定的统治模式,这是资本的实质吸纳阶段。然而法兰克福学派的社会批判理论,对资本主义的最新发展基本上持否定的态度,没有将劳动方式的变化

---

[1] Antonio Negri and Michael Hardt. *Empire*, Harvard University Press, 2000, p.25.

和科学技术的进步与马克思的人类解放思想积极联系起来,而是认为:科学技术不再是人类普遍智力的发展,而是变成了统治阶级的意识形态;文化工业使得资本的生产不仅侵蚀了艺术与文化领域,而且决定了人类活动的性质和目的,用黑格尔的话说,则是人的自我确定性丧失。这完全是一幅资本统治和同化一切异己因素的画面,充斥着悲观和毁灭的基调。

"然而,我们所提到的转变过程与上述过程有着根本区别。马克思的描述关注过程的单维性,法兰克福学派后来仅仅对马克思的描述进行了重述和补充。与之不同,福柯论及的过程在根本上触及多元性和复杂性——在德勒兹和瓜塔里那里,这种观察视角发展得更为明确。"[1]内格里认为:法国后结构主义并没有逃避政治经济学,而是从内在性的层面抓住了资本主义深入剥削的实质,给予我们思考资本主义的本质以极大的启发。内格里在接触到后结构主义这些文本时发现,这不正是马克思描述的资本对劳动从形式吸纳向实质吸纳阶段的过渡吗? 不过内格里比马克思、其他马克思主义者,甚至比他的意大利马克思主义的前辈们走得更远,他认为实质吸纳不仅包含了社会的经济或文化维度,而且还包含了整个社会有机体。"它是对整个市民社会的吸纳,是对所有在资本逻辑中的劳动时间和生活时间的吸纳,它就是资本对劳动者的控制,对劳动者身体、灵魂、意识的完全支配,这与马克思所说的在资本主义的冲击下从手工劳动向工业劳动转变的实质吸纳明显不同,只能说这是改造过的福柯与超越马克思的马克思的相遇了。"[2]

因此,资本权力控制已经内化和普遍化为生命权力控制,"身体"概念在哲学上的兴起,可以在一定程度上说明这一点。身体已经沦为了资本权力追逐的对象,控制和塑造新的主体性,以达到资本目的。大卫·哈维在《希望的空间》中指出:"身体"成为当今学界的重要概念,但很容易陷入唯心主义,必须立足于生产维度。但他认为:马克思关于

---

[1] Antonio Negri and Michael Hardt. *Empire*, Harvard University Press, 2000, p.25.
[2] 刘怀玉、陈培永:《从非物质劳动到生命政治——自治主义马克思主义大众政治主体的建构》,载于《马克思主义与现实》(双月刊),2009年第2期,第73—82页。

"身体"的论述,仍然是值得关注,无需借助其他学者的著作。"成为'万物尺度'的身体本身就是创造它的各种力量进行争夺的场所。身体(就像人和自我)是一种内部关系,并因此对世界是开放的、易渗透的。不幸的是,相关的身体概念实在太容易发生唯心主义的转变,特别是学院政治学中。……身体研究的基础必须立足于对物质实践、再现、想象、制度、社会关系和政治经济力量的主要结构之间的真正的时空关系的理解。这样,身体就可以被看做是一个连接点,解放政治学的可能性借此得以研究。在这个主题上,虽然有许多著名的富有洞察力的著作,但是,马克思对身体在资本循环内发生的物化的理解,却是值得关注的至关重要的论见。身体'从最深层的意义上来说可以是一个积累策略',但它也是政治抵抗的场所,……我们是最名副其实的政治动物,具有道德主张并因此能够变革处于任何市民社会中心地位的社会关系和制度。总之,劳动者可以要求与尊严、需要以及对公益所做贡献相等的各项权利。如果这些主张在可变资本的循环内不能实现,那么解除这些限制的革命性要求似乎就是身体政治学必须关注的根本方面。"[1]

马克思关于劳动者在可变资本循环中处境的描述,并非纯粹是经济学或客观主义,而是具有政治学意义的。"虽然马克思《资本论》的理论框架被解读为一种悲观主义基调,描述了身体是如何被资本循环和积累的外部力量所塑造,认为身体是承担这种特定述行经济角色的被动实体,但正是这种分析激活了他在其他方面的考虑,人类抵抗、渴求改革、反抗和革命,这些起改革作用的过程如何能够确实发生。"[2]只要劳动者处于资本主义生产过程中,"随之产生了许多的必然结果。首先,个人生产力被还原成了创造剩余价值的能力。马克思讽刺性地谈道,'所以,成为生产工人不是一种幸福,而是一种不幸';劳动者可以具有的唯一价值不是由他所做的工作及产生的有用的社会效果来决

---

[1]〔美〕大卫·哈维著,胡大平译:《希望的空间》,南京大学出版社2005年版,第124—125页。
[2]〔美〕大卫·哈维著,胡大平译:《希望的空间》,南京大学出版社2005年版,第98页。

定的,而是由'一种特殊社会的生产关系来决定……这种生产关系把工人变成资本增殖的直接手段'。劳动者作为人所期望的东西,以及从他/她的身体中榨取出来的对劳动力商品的需要,这两者之间的差距便是异化的核心。而且,虽然工人作为个人可能会以不同的方式体现自己的价值,这些方式取决于他们如何理解自己的生产力、有用性和对他人的价值,但是由他们为资本创造剩余价值的能力所决定的那种十分有限的社会评价必然会对他们的生产产生重要影响"[①]。仅仅为了创造剩余价值的资本主义评价体系,不可能永远存在下去,一旦政治要素积累到一定程度,就会产生冲突。因为"人体是一个战场,冲突的社会生态评估和再现力量永远都运行在这个战场的内部和周围。马克思为理解资本主义制度下身体生产的过程和作用提供了丰富的概念工具。同样非常重要的是,他为研究如下的问题提供了一种适当的认识论("历史—地理"的辩证法的),即在当代资本主义全球化的条件下,人体是如何产生的、它们如何成为意义的能指和所指,以及内在化的身体实践又怎么样反过来改变其自我生产的过程"[②]。

因此,无论是生命政治学的理解框架,还是马克思关于"身体"论述值得关注,都说明了资本的统治已经内化了,劳动不仅是形式地从属于资本,而且是实质地从属于资本。劳动不仅生产剩余价值,或者是在生产劳动产品,而且还生产社会关系和主体。非物质劳动正是在这一意义上提出来的。

第四节 内格里的非物质劳动霸权思想

一、非物质劳动霸权的内涵

内格里关于劳动领域发生的变化,给出了这样的判断:非物质劳动

[①]〔美〕大卫·哈维著,胡大平译:《希望的空间》,南京大学出版社2005年版,第102页。

[②]〔美〕大卫·哈维著,胡大平译:《希望的空间》,南京大学出版社2005年版,第111页。

开始取代工业劳动成为霸权,正在对其他形式的劳动产生影响。

这一判断一经抛出,即招来许多学者的责难,如英国学者约瑟夫·乔纳拉在《非物质劳动阶级将取代产业工人阶级的霸权地位吗?》一文中这样批评道:"全球产业工人阶级不仅在数量上仍在增加,而且由于劳动生产率的提高,它在世界生产中的作用仍在加强。巩固和发展工业基础仍然是全世界的政府和资产阶级精英的首要关注点,这不仅因为只有这样他们发动战争才有基础,而且因为只有这样,日益扩大的服务业才有坚实的物质基础。现代经济根本不是建立在所谓观念和概念基础上的无重量的自由漂浮物。"[1]这意味着:产业工人不仅在数量上仍然占有绝大多数,而且在地位上更是现代经济的根本,内格里的非物质劳动霸权似乎有舍本逐末之嫌。

内格里在写《大众》一书时,已经意识到:肯定会有学者不同意这一观点,因此必须适当交代一下。他回应道:"当我们认为非物质性劳动正趋于占据一个霸权性地位的时候,我们并不是说今天世界上大多数工人生产的主要是非物质性商品。相反,如几百年来的情况一样,农业劳动在数量上仍然占据优势,从全球范围来说,工业劳动在数量上也没有下降。非物质性劳动在全球劳动中只占少数,而且,它只是集中在全球某些主导性地区。因此,我们在说非物质性劳动占据霸权地位的时候,指的是非物质性劳动在质量上占据了霸权地位,并给其他劳动形式以及社会本身施加了一种倾向性影响。换句话说,非物质性劳动在今天所处的地位正如150年前工业劳动所处的地位一样,那时,工业劳动只占了全球生产的一小部分,并且集中于世界的一小部分地区,但却对其他的生产方式构成了霸权。正如在那时候所有劳动方式及社会本身都被推向了工业化一样,今天,劳动和整个社会都得进行信息化,要变得更智能化,更可交流化,更情感化。"[2]这段话提示我们,内格里不是从劳动的数量上,而是从劳动的质上给出非物质劳动霸权的判断。

---

[1] [英]约瑟夫·乔纳拉:《非物质劳动阶级将取代产业工人阶级的霸权地位吗?》,载于《国外理论动态》,2005年第12期,第55—56页。

[2] Antonio Negri and Michael Hardt. *Multitude: War and Democracy in the Age of Empire*, New York: The Penguin Press, 2004, p.109.

非物质劳动霸权,不是指数量上多,也不是指物质劳动不重要,而是指它能够改变其他劳动形式和经济发展模式。内格里认为:"任何经济体系中都存在多种不同的劳动方式,它们比肩共存,但总有一种劳动方式能对其他的方式构成霸权。这一霸权性的劳动方式像一个风暴的中心一样,能逐渐转化其他的劳动方式,并使它们适应自己的核心本质。这一霸权劳动方式的强势并不建立在数量的优势上,而建立在它对其他劳动方式施加的转化能力上。"①比如,工业劳动在历史上曾经就经历类似的阶段。内格里指出,"19 世纪和 20 世纪,工业劳动在全球经济中占有一种霸权性的地位,尽管与其他生产方式如农业劳动相比,它在数量上并不占优。"②马克思在写《剩余价值理论》时,还曾统计过一个数据,可以作为参考。处于工业化初期的英国,"根据最近的(1861 或 1862 年)工厂报告,联合王国真正在工厂工作的总人数(包括管理人员)只有 775534 人,而女仆单是英格兰一处就有 100 万"③。而从 1851 年英国的就业统计显示:当时的家庭服务业是仅次于农业的第二大行业,从业者达 103.9 万人。这里可以发现,当时工业劳动者的数量,不仅比农业劳动者少,而且比家庭服务人员还少。"但就工业生产能将其他生产方式卷入其漩涡这点上看,它就具有了一种霸权性的地位:农业、矿业甚至整个社会本身都被赶上了工业化之途。机械化实践,连同工业劳动及其工作日带来的生活节奏,都逐渐使其他社会构成单位,如家庭、学校和军队都发生了变化。当然,转变后的劳动实践,如工业化了的农业与工业相比,仍然存在很大的差异,但它们也享有越来越多的共性。"④

因此,内格里认为:"从某些方面来说,在工业霸权时代处于从属地位的阶级,为理解非物质性劳动霸权的主要特性提供了钥匙。例如,

---

① Antonio Negri and Michael Hardt. *Multitude*: *War and Democracy in the Age of Empire*, New York: The Penguin Press, 2004, p. 107.
② Antonio Negri and Michael Hardt. *Multitude*: *War and Democracy in the Age of Empire*, New York: The Penguin Press, 2004, p. 107.
③〔德〕马克思:《剩余价值理论》(第 1 册),人民出版社 1975 年版,第 197—198 页。
④ Antonio Negri and Michael Hardt. *Multitude*: *War and Democracy in the Age of Empire*, New York: The Penguin Press, 2004, p. 107.

内格里的"非物质劳动"理论及其当代意义研究
The Contemporary Significance of Antonio Negri's Theory of Immaterial Labor

农业生产者在劳动中总要使用知识、智力和创造性等非物质性劳动的典型方式。当然,农业工作是一种极为艰苦的体力劳动,但农业也是一门科学。每位农业生产者都是一名化学家,要为不同的土壤选择适当的作物,要将水果酿造成酒,将牛奶提炼成奶酪;同时,每位农业生产者也是遗传生物学家,要选择最佳的种子以提高作物品种的性能;另外每位农业生产者还是气象学家,要随时观察天象的变化。农业生产者必须得了解地球,并按照它的律动节奏工作。选择和决定最佳的日子播种或收获庄稼是一个复杂的计算过程。这不是本能的随机反应行为,也不是对过去的机械重复,而是基于传统知识,并结合当前观察到的条件的决定行为,通过运用自己的智力和经验,不断地进行创造性调整。(同样,许多农业生产者还得是金融代理人,随时观察不断变化的市场行情,以决定抛售产品的最佳时机。)农业中典型体现的这种随着自然不可预测的变化而变化的开放的科学,更多的是非物质性劳动核心包含的知识类型,而不是工厂中所需的机械性科学。"[1]

因此,非物质劳动,不仅从资本主义生产过程之外,开始进入到价值生产的行列,而且还形成了对其他劳动形式的霸权。它改变了马克思劳动理论的内外辩证法,无产阶级已经完全被纳入资本之内,资本的内外空间特性已经发生了改变。"在当今世界中,上述的空间特性已经改变。一方面,资本主义剥削关系正扩展到一切地方,不再局限于工厂,而倾向于占领社会生活的整个领域。另一方面,社会关系也完全浸透于生产关系中,已不再可能再将社会生产和经济生产区分开。生产性力量和支配系统间的辩证运动已不再有确定的场所,劳动力的一些根本性质无法再被把握。同样,剥削也无法再被具体化和量化。实际上,剥削和支配的对象已不再是具体的生产性活动,而是一般性的生产能力,也就是抽象的社会活动和它所具有的包容一切的力量。这种抽象劳动是没有固定处所的劳动,然而它非常强大。"[2]

然而,这一新的劳动形式,到底对于我们意味着什么?我们可以轻

---

[1] Antonio Negri and Michael Hardt. *Multitude: War and Democracy in the Age of Empire*, New York: The Penguin Press, 2004, p.110.

[2] Antonio Negri and Michael Hardt. *Empire*, Harvard University Press, 2000, p.209.

松愉悦地劳动,实现自身的全面发展吗？在某种程度上说,这是有道理的。以至于有些学者乐观地认为,"新经济",比如经济的高科技化、信息化、金融化,可以使得工作变得有趣而悦人心情,财富变得更加平等化和民主化。然而,事实并非如此简单。当今资本主义社会的社会关系,仍然是在马克思批判的问题域中,不管劳动形式如何改变,都改变不了劳动的雇佣劳动性质,其目的依然是为了资本的增殖,而不是人类自身的发展。然而,正如马克思判断资本主义的历史功绩一样,非物质劳动可以在一定程度上实现了自由、民主、平等等观念,然而却无法改变劳动所具有的剥削性质,其反而会更加深入和极权。

二、非物质劳动霸权的影响

正如内格里指出的:"非物质性生产的霸权并不能使所有工作都变得令人愉快且回报丰厚,它不能缓解工作场所中的等级制和控制现象,也不能遏止国家或全球劳动市场的单极化趋势。"[①]因为非物质劳动仍然是资本积累的劳动形式,"当我们从现代性走向后现代性,原始积累的过程真正地在继续。原始积累并不是发生一次然后就结束的一个过程；相反,资本主义生产关系和社会阶层不得不持续地再生产。已经改变的是原始积累的模式或方式。首先,区分两个现代模式的内外部之间的作用业已逐渐削弱。更重要的是,不断积累的劳动与财富的本质在于变化。在后现代中积累的社会财富正日益呈现非物质形态；它包括社会关系、交往系统、信息以及情感的网络。相应来说,社会劳动力就愈加地非物质化；它同时在直接地生产和再生产各方面的社会生活"[②]。因此,内格里虽然认识到了非物质劳动仍然具有剥削的性质,但对于其中隐含的人类的异化和压迫的新的可能性还缺乏充分的认识。

（一）非物质劳动霸权对社会生活的影响

首先,内格里看到了非物质劳动对工作条件的影响,比如,工作日的变化。他认为:"然而,非物质性劳动的霸权有可能使工作条件得到

---

① Antonio Negri and Michael Hardt. *Multitude: War and Democracy in the Age of Empire*, New York: The Penguin Press, 2004, p.111.
② Antonio Negri and Michael Hardt. *Empire*, Harvard University Press, 2000, p.258.

改善。例如,我们可以考察一下在非物质性劳动范式下工作日的变化,具体地说,工作时间与娱乐时间的分界线变得越来越不那么绝对了。在工业劳动范式下,工人在工厂的时间内几乎完全用于生产。但是,当生产的目的是解决一个问题或创造一种想法或关系的时候,工作时间就可能扩展到生活的全部时间中。一个想法或一个形象蹦入你脑海的时候,你不一定在办公室里,你也可以在洗澡,甚至在睡梦中。我们可以再次借助农业或家庭劳动的传统特性来理解这一变化。传统上,田野中的农业劳动当然是没有上下班概念的:如果有必要,工作时间可以日出而作,日落而息。传统意义上妇女承担的家务劳动更为明显地打破了工作时间的分界,工作时间可以充满人的一生。"[1]这里可以发现,内格里揭示出非物质劳动模糊了工作时间与娱乐时间的界限,甚至将一天、乃至一生的全部时间纳入到工作时间。这意味着,马克思批判过的,资本主义在绝对剩余价值生产时期,使用过的扩大劳动时间的伎俩又在高级阶段重演了。初期是强迫工人进行长时间的劳动,现在则是威逼利诱劳动者主动延长劳动时间。关于资本与闲暇时间的关系,美国著名社会学家和未来学家丹尼·贝尔(Daniel Bell)早在20世纪初,于其著作《后工业社会的来临》中,清楚地表达了类似的观点:"工作以外的时间是游戏或闲暇的'自由时间'。但是在后工业社会里,'自由时间'也要受到计量和分配所支配。那些活动中的'时间收益'是和工作时间的收益处于同等地位的。……人在闲暇时间里就成为了经济人。"[2]这与马克思批判过的,人仅仅具有工人的存在的境况相差无几了。人更多的属性是劳动者或工人,而不是作为一个自由而全面的人而存在。大卫·哈维在《希望的空间》中也谈到了,生产社会关系的非物质劳动对于人的影响。"随之产生了许多必然结果。首先,个人生产力被还原成了创造剩余价值的能力。马克思讽刺地说道:'所以,成为生产工人不是一种幸福,而是一种不幸';劳动者可以具有的唯一价

---

[1] Antonio Negri and Michael Hardt. *Multitude: War and Democracy in the Age of Empire*, New York: The Penguin Press, 2004, p.111.
[2] 〔美〕丹尼·贝尔著,高铦等译:《后工业社会的来临》,新华出版社1997年版,第520页。

第四章　21世纪的劳动理论：内格里的非物质劳动理论

值不是由他所做的工作及产生的有用的社会效果来决定的，而是由'一种特殊社会的生产关系来决定……，这种生产关系把工人变成资本增殖的直接手段'。劳动者作为人所期望的东西，以及从他/她的身体中榨取出来的对劳动力商品的需要，这两者之间的差距便是异化的核心。而且，虽然工人作为个人可能会以不同的方式体现自己的价值，这些方式取决于他们如何理解自己的生产力、有用性和对他人的价值，但是由他们为资本创造剩余价值的能力所决定的那种十分有限的社会评价必然会对他们的生活产生重要影响。"[1]个人在不知不觉中仅仅被资本规定为生产工人，这是资本主义最大的胜利。人类开始丧失了自我确定性，受制于资本。

其次，非物质劳动改变了劳动的组织模式，劳动关系从长期、固定和稳定的雇佣关系转变到灵活、流动和不稳定的雇佣关系。内格里这样揭示道："许多经济学家也用福特主义和后福特主义来标示从一种以稳定的长期雇佣关系（典型体现在工厂工人身上）为特征的经济，向另一种以灵活性、流动性和不稳定的劳动关系为特征的经济的转化：之所以要有灵活性，是因为要完成各种任务，之所以要有流动性，是因为工人必须得经常变换工作，之所以会有不稳定性，是因为没有保障稳定、长期雇佣关系的合同。"[2]内格里道出了非物质劳动的非常重要的特点：灵活性、流动性和不稳定性。劳动之所以有这样的特点，是因为生产的非中心化即全球化导致的。"这些向着生产的非地域化和增长了的资本流动性的趋势不是绝对的，而是有着重大的抵消的趋向，但就它们的进展程度而言，它们将劳动置于一个被剥削的交易地位。在工业化大生产的福特主义时代，资本受制于一个具体的区域，并进而必须按合同与一个有限的劳动力人口打交道。生产的信息化和非物质生产的增长的重要性已倾向于将资本从地域和交易的束缚中摆脱出来。通过将场所移到全球网络的另一点，资本可以退出和一个有限的本地人

---

[1]〔美〕大卫·哈维著，胡大平译：《希望的空间》，南京大学出版社2005年版，第102页。
[2] Antonio Negri and Michael Hardt. Multitude: War and Democracy in the Age of Empire, New York: The Penguin Press, 2004, p. 112.

口谈判——或者仅仅通过使用迁移的可能性作为谈判的一种武器。已享受过相当稳定性和合约权力的全球劳工人口由此发现自己处于日益动荡的就业形势中。"①因此,由于高科技和信息化的发展,资本从地域与交易的束缚中摆脱出来,不再受制于地域劳动力匮乏和罢工的影响。这加剧了全球劳动力之间的竞争,使劳动力在全球劳动市场中处于更加不利的地位。这意味着:资本将全球的劳动力,置于马克思所谓的"工业后备军"的地位。"工业后备军"是流动的、潜在的、不流动的大量失业者,他们不属于就业劳动过程,是处于边缘化的群体。因此,具有灵活性、流动性和不稳定性特点的非物质劳动者与"工业后备军"实质上是没有区别的,这种劳动的组织模式,使得所有劳动者的地位边缘化,加强了资本对劳动的剥削。拉扎拉托细致地分析了上述情况:"非物质劳动的生产周期的组织(一旦我们抛弃办厂主义者的偏见就会发现,这的确是一种生产周期)并不明显地呈现在我们眼前,因为它不是由工厂的四道围墙来限定的。它赖以维持运作的场所在外部,亦即在作为整体的社会里,处于我们称之为非物质劳动流域的区域层面上。小的,有时是非常小的生产单位(经常只由单个个体所组成),根据特殊的计划被组织起来,而且可能只存在于那些特殊工作时段以内。只有在资本家需要的时候生产周期才运转起来;一旦工作完成,整个周期就会瓦解,再次融入网络和流域里,而这些网络和流域则使生产能力的再生产和强化得到保证。不稳定性、过度剥削、机动性和层次结构是大都会的非物质劳动显而易见的特点。在独立自主的自雇工人标签背后,我们实际上可以发现一种知识型无产阶级,但只有在剥削他或她雇主那里这种知识型无产阶级才能被辨识出来。值得注意的是,在这种工作状态中,我们越来越难以把休闲时间跟工作时间分辨出来。某种意义上讲,生活变得难以从工作中区分出来。"②这样,资本以一种似乎可以相互选择的虚假自由和平等的假象,最大程度地削弱了工人在生

---

① Antonio Negri and Michael Hardt. *Empire*, Harvard University Press, 2000, p. 297.
② Maurizio Lazzarato. *Immaterial Labor*, in P. Virno and M. Hardt, eds. *Radical Thought in Italy: A Potential Politics*. Minneapolis, Minnesota: University of Minnesota Press, 1996, p. p. 133—147.

产过程中的地位。

第三,非物质劳动,不仅在劳动领域压迫劳动者,而且在整个社会生活中全面地控制和剥削劳动者。内格里对这一点没有太多阐述。有学者认为:非物质劳动制造的商品,如文化工业产品等,已经改变了马克思生产与消费的关系,需要重新进行界定。那么马克思的生产与消费的关系是什么样的关系?马克思在《1857—1858年经济学手稿》导言中这样分析道:"生产直接是消费,消费直接是生产。"①生产与消费之间具有直接的同一性。就消费方面来说,消费不仅实现产品,而且还为生产创造内在对象,作为目的需要。就生产方面来说,生产既为消费提供对象,又创造消费的性质、方式和动力,即"生产不仅生产对象,而且也为对象生产主体"②。马克思还专门提到了,生产与消费之间具有直接的同一性,"在经济学中常常是以需求和供给、对象和需要、社会创造的需要和自然需要的关系来说明"③。生产与消费的这一关系,在非物质劳动的背景下需要重新界定吗?我们这里借助德波对当今资本主义的认识,来看看马克思关于生产与消费的关系是否需要重新界定。德波的景观社会理论,给我们这方面的启发。内格里认为:虽然德波的《景观社会》一书中言语有些疯狂而错乱,它或许是当代资本大胜利意识的最好的表达。德波的景观社会,是借用费尔巴哈—马克思批判基督教神学幻象的语境来确立自己全新的立意的,与上帝之城一样,当今资本主义世俗基础已经将自身分离出来,在茫茫的总体性景象群中建立了一个同样虚幻的景观社会。这一虚幻的景观社会已经胜过现实社会,带有资本属性的人化自然最终被实现为我们生活于其中的社会。这是资本主义生产方式统治整个社会生活的表现,即马克思形容的外在于个人的市场的经济力量开始支配整个社会存在。资本通过景观,如广告、媒体、电视、电影等一切意识形态宣传工具所制造的表象,来生成和变换人的渴望和虚假需求(用马克思的表达应该是社会创造的需要,而不是人类的自然需要),制造消费欲望,以达到消费自己精心生

---

① 《马克思恩格斯全集》(第30卷),人民出版社1995年版,第32页。
② 《马克思恩格斯全集》(第30卷),人民出版社1995年版,第33页。
③ 《马克思恩格斯全集》(第30卷),人民出版社1995年版,第35页。

产出来的废品(商品)。"景观还通过支配生产之外的大部分时间来达到对现代人的全面控制,这也是德波关于当代资本主义统治新形式的一个发现,即对人的非劳动时间的控制。景观的主要的捕捉对象其实恰恰是生产之外人的闲暇时间。景观的无意识心理文化控制和对人虚假消费的制造,都是在生产之外的时间中悄然发生的。由此,资本对人的统治在空间和时间上都大大扩展了。并且,也正是由于景观能在一切闲暇时间中对人发生颠覆性欲望驱动,才使物质生产更加远离人之真实需要,从而更直接地服务于资本的剩余价值的增殖。"[1]这意味着,资本不仅通过非物质劳动尽可能地延长劳动者的劳动时间,侵占生活时间,而且还通过非物质劳动制造的景观来覆盖生活中一切还没有被劳动占用的零碎时间,制造多方面的虚假需要。生产在当今的资本主义社会,不仅制造消费的对象,而且还通过景观潜移默化地创造消费的方式,虚假的消费需要,消费的主体,以达到实现商品的剩余价值。由此可见,马克思的生产与消费的关系仍然可以分析当今资本主义,资本主义的新发展体现了马克思的逻辑推导,揭露出资本主义的剥削实质仍然是马克思所批判的那样,并没有发生改变,而是进一步发展和深化了。

德波揭示了资本主义社会这一发展和深化的规律:"在当代资本主义生产过程里,面对自动化机器体系巨大的操控力量,劳动者始终处于被动的地位之上,这一点,马克思已经看到了。马克思没能看到的是,在原本美好的闲暇时间中,人的存在非但同样不能如他所想自由而全面发展、获得一种舒展的创造性,相反,同样是被奴役和被动的。绝望在此油然而生,景观统治的实现不再主要以生产劳动时间为限,相反,它最擅长的,恰恰是对劳动时间之外的闲暇时间进行支配和控制。……可见,在资本主义社会中,人在一切生活中都只能面对景观强加于自己的东西,人,只是一个被动接受影像的观众。我们不再能听从自己的个性,甚至已经不能知道自己真实需要,不能在闲暇时间中舒展

---

[1] [法]居伊·德波著,王昭凤译:《景观社会》,南京大学出版社2006年版,第22页。

第四章 21世纪的劳动理论：内格里的非物质劳动理论

创造性和主动性,一切闲暇生活的模式都是由景观事先制造的,是资本逻辑对劳动之外的时间实施的一种全新的殖民统治。阳光明媚的假日,人们可能自助旅行,可能去户外体育锻炼,也可能到商店、饭店和其他娱乐场所休闲消费,但这一切,几乎都是在景观无形的教唆和预设控制下进行的。我们号称自己正在自由地享乐、主动地活动,然而真的不是！主动性和创造性的光鲜外表之下,真正发生的还是一种闲暇生活中的伪主动性和被动性,其本质仍然是无个性。"①因此,"景观的逻辑,是幕后隐遁的资本帝国主义殖民逻辑。"②面对这样的现实,德波的结论是极度悲观的。"德波不无忧伤地断言,景观将是永远照耀现代被动性帝国的不落的太阳,它覆盖世界的整个表面并永恒沐浴在自身的光辉之中。"③"景观展示其所是：一种以生产力的增长基础的、受制于机器的独立运动的、产生于一种日益精确地将劳动分工碎片化为姿势和动作的自在发展的分离力量。在这一发展过程中,所有共同体和所有批判意识都消解了;在这过程中,相互分离的力量不可能再重新统一起来。"④

虽然非物质劳动是资本深入剥削劳动的新形式,但它也给劳动者带来了积极的影响,尽管这是资本所不愿意看到的。由于内格里的理论旨趣是在当今新形势下重构无产阶级政治主体,因此,他更关注非物质劳动的政治方面的积极影响。内格里极不赞同德波的悲观结论,他认为："我们也应该认识到,非物质性劳动是如何同样涉及劳动社会化的急剧扩张,并因此也为劳动的自治政治组织提供了新的基础的。一方面,非物质性劳动相比于先前的劳动形式与协作关系构成了一种不同的、更加密切的关系,协作关系、通讯交流和协同融合关系的建立是

---

① [法]居伊·德波著,王昭凤译：《景观社会》,南京大学出版社2006年版,第31页。
② [法]居伊·德波著,王昭凤译：《景观社会》,南京大学出版社2006年版,第23页。
③ [法]居伊·德波著,王昭凤译：《景观社会》,南京大学出版社2006年版,第25页。
④ [法]居伊·德波著,王昭凤译：《景观社会》,南京大学出版社2006年版,第28页。

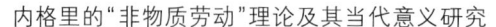

内格里的"非物质劳动"理论及其当代意义研究
The Contemporary Significance of Antonio Negri's Theory of Immaterial Labor

内在化于生产过程本身的,因此,它们也要完全依赖于劳动主体;另一方面,非物质性劳动的产品与其他劳动形式相比是不同的,它的产品是劳动本身,并在许多情况下,它一出来就是社会化和普遍性的。相比于生产汽车和打字机的劳动,生产通讯交流、情感关系和知识的劳动更能够直接扩大我们共同享有的领域。在上述两种情况下,生产都更加明显而直接地变为主体的生产和社会本身的生产。换句话说,非物质性生产霸权导致的劳动的进一步抽象化也意味着劳动的更大社会化。共同基础的不断建立,以及不同生产方式的日益趋同,减弱了从性质上将不同劳动者区分为不同阶级的基础,因此,也为我们称之为大众的劳动者形成一个共同的政治方案创建了基础。"[1]内格里这里是继承马克思的理论传统,从劳动领域寻找革命主体和解放的条件,认为,非物质劳动是更大社会化的劳动,劳动的非物质化、均质化倾向,不仅扩大了劳动者之间的共性,而且还生产了无产阶级的主体性,为大众的形成创造政治基础。这是内格里在哲学上进行理性推导所得出的结论,虽然与马克思"全世界无产阶级联合起来"的口号相近,但难免会有逻辑上的跳跃。把非物质劳动理解为资本主义真正的劳动形式,它使得劳动者获得了一定程度的解放,可能更为恰当,而不是直接就可以推导到大众。正如《晚期资本主义的文化逻辑》作者詹姆逊说的那样:"简言之,我们当前的这个社会才是资本主义社会最纯粹的形式。早年,前资本主义的组织一直受到既有资本主义结构的容忍和剥削;到了今天,它们终于在新的社会组织里被彻底消灭了。可以说,就历史发展而言,我们直到今天才有机会目睹一种崭新的文化形式对大自然和潜意识的领域积极地进行统治和介入。"[2]因此,非物质劳动是资本主义统治自然、社会和人类的崭新方法,在非物质劳动的力量还没有完全展现出来之前,也即是在资本主义还没有完全展开之前,是很难重建起无产阶级主体。马克思在《1857—1858年经济学手稿》中,在叙述其"三大社会形态"

---

[1] Antonio Negri and Michael Hardt. *Multitude: War and Democracy in the Age of Empire*, New York: The Penguin Press, 2004, p. p. 113—114.
[2] 〔美〕詹姆逊著,陈清侨等译:《晚期资本主义的文化逻辑》,生活·读书·新知三联书店1997年版,第484页。

的理论时,曾经指出:"人的依赖关系(真实完全是自然发生的),是最初的社会形态,在这种形态下,人的生产能力只是在狭窄的范围内和孤立的地点上发展着。以物的依赖性为基础的人的独立性,是第二大形态,在这种形态下,才形成普遍的社会物质变换,全面的关系,多方面的需求以及全面的能力的体系。建立在个人全面发展和他们共同的社会生产能力成为他们的社会财富这一基础上的自由个性,是第三个阶段。第二个阶段为第三个阶段创造条件。"①即这三大社会形态是人类社会发展所无法跳跃的,以物为依赖性的资本主义社会形态,它为更高级的人的全面发展的社会形态创造条件。资本主义社会在还没有实现普遍的物质变换,全面的关系,多方面的需求以及全面的能力的体系之前,是很难直接跨入更高级社会,因为历史中的资产阶级时期负有为新世界创造物质基础的使命:一方面要造成以全人类互相依赖为基础的世界交往,以及进行这种交往的工具,另一方面要发展人的生产力,把物质生产变成在科学的帮助下对自然的统治。"培养社会的人的一切属性,并且把他作为具有尽可能丰富的属性和联系的人,因而具有尽可能广泛需要的人生产出来。"②

因此,内化合作、交流、协作、知识、文化、情感、自主性等在内的非物质劳动,更多的是促进了全面关系、多方面的需求以及全面能力体系的展开,迫使劳动者成为能动的主体,提供具有创造性、个性化、知识和能力多面化的劳动,虽然对于个人来说是极权的、片面和畸形的,而且这类劳动是为资本增殖服务,塑造了资本实现剩余价值所需要的具有多方面需求甚至虚假需求的消费者,但在积极方面,它客观上起到了发展人的全面能力体系或生产力的作用,促进了马克思意义上"社会个人"的发展。比如,拉扎拉托很好地指出了这一点:在生产要求工人开始掌握处理信息甚至投入决策过程时,"工人会被当成各种生产功能的协同操作中的能动主体,而不是服从简单指令的奴隶"。虽然这会引起资本家的担忧——工人可能会获得控制生产的权力,但现实的经

---

① 《马克思恩格斯全集》(第30卷),人民出版社1995年版,第107—108页。
② 《马克思恩格斯全集》(第30卷),人民出版社1995年版,第389页。

验是,他们成功解决了这一问题,既赋予了工人适当的自主性,又实现了更高层次的控制。"实际上,雇主对这种新变化所产生的两个问题极为担忧:一方面,他们被迫认可劳动的自由和自主性,这是生产协作唯一可能的形式;但同时在另一方面,他们又不得不(这一点对于资本主义来说生死攸关)重新分配新的劳动质量与其组织所要求的权力。当今的管理考虑到工人的主体性只是为了把它编配成跟生产的要求相一致的状态。于是,变革的这一层面的内容便再次成功地掩盖了这样的事实,那就是工人与公司的个体和集体利益从来都不是一致的。"因此,西方社会提倡的所谓我们都要"成为主体"的口号,主张参与式管理的企业模式,"根本不是去除等级与协作、自主与命令之间的对抗状态,实际上是在更高的层次上重新提出这种对抗性,因为它既激活了工人个体真正的个性,又与之相抵触。首要的是,我们在这里所面对的是一种独裁主义话语:一个人必须表现他自己,必须交谈、沟通、合作等等。这种'论调'跟在泰罗制之下的行政命令中人们所听到的论调一样,改变了的只是内容而已。其次,如果不再可能去严格拟定和指明工作和责任,而是相反,现今的工作要求合作与集体协作,那么这种生产的主体便必须具有沟通的能力——他们必须是工作团队的积极参与者。于是,(无论是水平的还是垂直的)沟通关系均完全在形式和内容上被事先决定好了;除了服从信息沟通,别无选择。主体变成了编码和译码的单纯传送者,他所传达的信息必须是清晰不含混的,在沟通语境中完全被管理所规范化。施加命令的必要性以及随之而来的暴力在这里表现为一种规范化的沟通形式"[1]。因此,虽然成为主体的参与式管理模式具有极权主义的特点,然而它在一定程度上要寻求劳动者的个性和主体性,这必然在客观上推动了人的全面能力体系的发展,使得自由、平等、民主观念进一步深入人心。

因此,"非物质劳动同时生产出主体性和经济价值这一事实,向我们展示出资本主义的生产是如何侵入我们生活的,并如何摧毁了一切

---

[1] Maurizio Lazzarato. *Immaterial Labor*. in P. Virno and M. Hardt, eds. *Radical Thought in Italy: A Potential Politics*. Minneapolis, Minnesota: University of Minnesota Press, 1996, p. p. 133—147.

第四章 21世纪的劳动理论：内格里的非物质劳动理论

在经济、权力和知识中的反对因素"①。科技、知识、文化、欲望甚至人的意识都被资本所吸纳，开始具有资本的属性，与人相对立而存在。用黑格尔的话说，人类在最残酷的自我意识生死斗争中败北，人类彻底沦为了资本的奴隶。因此，非物质劳动取代工业劳动形成霸权，说明资本已经渗透了文化与经济、国家与地区、工厂的内与外、工作与闲暇之间的界限，开始统治整个社会生活。非物质劳动虽然在一定程度上促进了主体性和个性的发展，但是更为重要的是，进一步加强了资本全面极权的倾向，极大地浪费工人的血与肉。

（二）非物质劳动霸权对全球经济的影响

非物质劳动必然会与工业劳动一样彻底改造人性和社会。非物质劳动的霸权不仅对人类的社会生活产生深刻的影响，而且还不断引发了产业的革命。

内格里《大众》中详细地论述了非物质劳动霸权如何影响全球经济的所有领域和地区。"首先，同时也是最明显的一点是，非物质性劳动的霸权决定了新的全球劳动分工，例如，某些非物质性生产形式被局限在全球的强势地区内，同时，许多工业和制造业生产部门却转移到了全球的一些从属地区。"②

由于非物质劳动霸权对劳动分工的影响，内格里甚至进行这样的历史分期："现在可以平常地观察自中世纪以来三个独特时期的经济范式的延续，每一个均受主要经济部门的界定：在第一个范式中，农业与原材料的开采是经济的主体；第二个范式中，工业与可持续商品的生产占据着优势地位，在第三个即目前的范式中，提供服务和掌握信息，则是经济生产的核心。统治地位就这样由基础产业转到第二产业再到第三产业。经济现代化包括了第一个范式转到第二个的过程，即从农业的统治转到工业的统治。现代化意味着工业化。我们不妨将从第二

---

①Maurizio Lazzarato. *Immaterial Labor*. in P. Virno and M. Hardt, eds. *Radical Thought in Italy: A Potential Politics*. Minneapolis, Minnesota: University of Minnesota Press, 1996, p. p.133—147.

②Antonio Negri and Michael Hardt. *Multitude: War and Democracy in the Age of Empire*, New York: The Penguin Press, 2004, p.114.

个范式到第三个范式的过程,即从工业的统治到服务和信息的统治过程称为一个经济后现代化过程,或者更恰当地称之为信息化。"[1]信息化产业处于全球竞争的核心位置,开始统治其他产业,成为经济发展的新模式,工业和制造业的地位逐渐下降甚至被转移到附属国家。

然而,对非物质劳动霸权引发产业革命也许会有这样的误解:信息化产业的兴起,会导致工业和农业的萎缩,直至遭遇抛弃的境地。内格里及时地解释道:"认为现代化已经结束而全球经济正经历一个朝向信息化经济的后现代化过程的观点并不意味着工业生产会被抛弃,或者甚至说它停止扮演一个重要角色,即便在全球最主要的地区也是如此。恰如工业化进程改造了农业并使之更加多产一样,信息革命也将通过全新界定与激活生产过程来改造工业。这里新的迫切的管理技巧在于'视生产为一种服务'。结果,随着工业的改造,生产与服务间的区分正变得模糊起来。就像经过现代化过程所有生产趋向工业化,通过后现代化过程所有的生产也趋向服务化的生产、趋向信息化。"[2]因此,非物质劳动获得霸权,并不意味着工业劳动和农业劳动不再需要或不重要,体现在产业方面,即是信息化产业、工业和农业并不是有你无我的关系,而是同时存在、不可或缺以及相互融合的关系。这里就涉及到非物质劳动霸权的第二点影响:信息化产业对其他产业的渗透和革新。

"其次,正如我们已经指出的,非物质性劳动的本性倾向于改变其他的生产方式。当然,每种霸权形式的劳动都会制造一些共同因素:正如经济现代化和工业劳动的霸权使得农业和其他所有生产领域都要与工业的技术、实践方式和基本经济关系保持一致一样,经济的后现代化和非物质性劳动的霸权也具有同样普遍的转化功能,这一方面是因为出现了新的普遍性基础这样一个事实,另一方面也是因为在今天,我们能够更清楚地认识到长久存在的普遍性基础,如在农业中信息和科学知识所起的作用。我们再次强调,这并不是说,劳动和生产的条件在全

---

[1] Antonio Negri and Michael Hardt. *Empire*, Harvard University Press, 2000, p. 280.
[2] Antonio Negri and Michael Hardt. *Empire*, Harvard University Press, 2000, p. 285.

世界或所有不同的经济领域都已变得统一一致了。我们指的是,劳动过程、生产条件、地方状况和有效经验的许多个例常常与越来越成为普遍性的劳动形式和生产与交换的一般关系和谐共存——这种普遍性和特殊性之间并不存在矛盾。"①

内格里这里指出的影响方式,工业化就曾这样改造过农业和社会。"现代化和工业化的进程改造了与重新定义了所有社会层面上的要素。当农业被现代化成了工业时,农场逐渐变成工厂,随之而来的有所有工厂的纪律、技术、工资关系等等。农业就此被现代化成了工业。更普遍的是,社会自身缓缓地受到工业化,直到改变人际关系和人性本质的程度。社会成了工厂。……人性化的过程与人性自身在现代化定义的进程中遭到彻底改造。"②因此,当非物质劳动的霸权取代工业劳动的霸权,必然也会改造工业和社会,导致产业结构发生变化,工业的地位开始下降,传统处于边缘化的服务业以及新兴的信息产业开始占据主导地位,对第一产业和第二产业进行渗透和革新。内格里在《帝国》中详细地说明了这一变化的情况。他认为:"尽管世界的附属国家和地区无力实施这样的战略,后现代化进程却对他们施加了不可逆转的变化。信息化与向服务业的转化已基本上完全在主要资本主义国家而非其他地方就此出现了,就发展的线性阶段而言,这一事实不应该将我们带回到对当代全球经济形势的一种理解。当然随着工业生产已在宗主国没落,它已被有效地输送到附属国,如从美国与日本到墨西哥和马来西亚。那样的地理转移和换位可能导致某些人相信存在一种新的全球组织,其经济等级为:宗主国是信息服务的经济,它们的直接附属国是工业经济,那些进一步附属的则是农业经济。例如,从发展的阶段来看,可以认为通过工业生产的当代输出,福特在20世纪90年代于巴西建立的一个汽车工厂可与30年代的底特律的一个福特汽车厂相比,因为两种生产属于同一个工业阶段。

然而,当我们更仔细观察,我们能发现两个工厂不可相比,差异则

---

①Antonio Negri and Michael Hardt. *Multitude: War and Democracy in the Age of Empire*, New York: The Penguin Press, 2004, p.115.
②Antonio Negri and Michael Hardt. *Empire*, Harvard University Press, 2000, p.284.

极度重要。首先,两个工厂在技术与生产实践上相差甚远。当一定的资本输出之后,它通常以生产率的最高水平被输出。那么,20世纪90年代巴西的福特工厂不会用20世纪30年代底特律的福特工厂的技术建造,但将建立在可能的最先进和生产力最强的计算机和信息技术上。工厂自身的技术基础建设将明确地把它放在信息经济之内。其次,也许更重要地,两个工厂处在与全球经济整体相关的不同的统治关系上。20世纪30年代,底特律的汽车工厂处在全球经济顶点的统治地位,产出的是最高价值;20世纪90年代的汽车工厂,无论在圣保罗、肯塔基或符拉迪沃斯托克,都在全球经济中占据着一个附属地位——从属于高价值的服务业的生产。如今所有的经济活动均倾向于受到信息经济的统治,并在质上被其转化。全球经济的地域差异不是不同阶段发展的共存的迹象,而是新的全球生产等级的类别。"①

由此看出,非物质劳动霸权,不仅影响了全球经济发展模式,而且还改变了全球经济的等级体系。"对全球等级核心位置的竞争不是通过工业化来实施,而是通过生产的信息化。有着不同经济形式的大国,如印度和巴西,可以同时支持所有层次的生产过程:以信息为基础的服务业生产,商品的现代的工业生产,以及传统的手工业、农业和矿业的生产。这些形式中不需要一个有序的历史进程,相反它们融合和共存。所有生产的形式在世界市场的网络中出现,并受制于服务业的信息化生产。

自20世纪50年代以来的意大利经济的转化清楚地表明,相对落后的经济并不简单地遵循统治的地区经历过的相同阶段,而是以可替换的和混合的模式发展起来的。二战后,意大利仍是一个主要以农民为基础的社会,但在20世纪五六十年代,它经过激烈却可能是不彻底的现代化和工业化,这是一个首要的经济奇迹。但后来在七八十年代,当工业化的过程仍未完成时,意大利经济又开始了另一种转变,一个后现代化的过程,并取得了第二次经济奇迹。这些意大利奇迹不是真正

---

①Antonio Negri and Michael Hardt. *Empire*, Harvard University Press, 2000, p. p. 286—287.

地允许它赶上主要经济形式的大跃进;相反,它们代表了不同的不完全经济形式的混合。这里最有意义的和可能实际地将意大利案例作为所有其他落后经济普遍模式的地方在于:意大利经济在转向另一阶段(信息化)之前并没有完成前一个阶段(工业化)。据两个当代的经济学家认为,最近意大利的转变揭示了从原始工业主义向原始信息主义的一种有趣的转化。不同地区将逐步发展到使农业因素混合有部分的工业化和部分的信息化。各经济阶段于是当即同时出现,汇合成一种杂交、复合的经济,这种经济在全世界没有种类而有程度上的变化。"[1]

印度、巴西和意大利经济发展的例子表明:信息经济为工业化落后的国家带来了新的发展机遇,完全可以在还没有经过完整工业化阶段,就可以直接发展信息经济,并以它要推动产业的革命,从而缩短与发达国家之间的差距。这可以说是一个前所未有的发展机遇。正如吉登斯所说,"新技术的发展为我们提供了机会,使我们能跳过工业发展的某些阶段,这些阶段在过去是新兴国家所必经的。"[2]然而,这种理论说明,更多的是一种乌托邦的理想。高科技看似无阶级性,是天生的民主派,但实际上它是外在于人的具有资本属性的,为发达国家所控制和垄断。比如,关于信息技术,内格里认为:"从政治上说,全球的信息基础设施也许被刻画为一种民主的机制与一种寡头卖主垄断的机制的结合,这两种机制以不同的网络系统的模式在运行。"[3]发达国家正是凭借着对信息技术的垄断和非物质劳动的霸权,强化旧的国际分工,推行新殖民主义,榨取超额利润。因此,印度、巴西和意大利的经济发展,是在付出巨大代价基础上获得的,而且与发达国家的差距不是越来越小,而是越来越大。事实上,自20世纪70年代以来,发达国家凭借这种技术优势和不公平的国际经济体系,贫穷的"东方"和南半球与富有的"西方"或"北方"在收入上的差距比以往任何时候都更大。中国在最近几十年的发展中也深刻地体会到了这一点。因此,面对这样的国际

---

[1] Antonio Negri and Michael Hardt. *Empire*, Harvard University Press, 2000, p.288.
[2] [英]威尔·赫顿、安东尼·吉登斯编:《在边缘——全球资本主义生活》,生活·读书·新知三联书店2003年版,第71页。
[3] Antonio Negri and Michael Hardt. *Empire*, Harvard University Press, 2000, p.299.

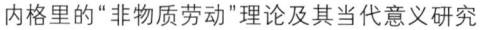

大环境,落后国家要想获得技术,实现自身的发展,只能是自力更生、自主创新,拥有自己的知识产权。中国的创新型社会就是在此背景下提出的。

小结

非物质劳动霸权取代工业劳动霸权,不仅改造了社会生活,而且还引发了新一轮的产业革命。首先,非物质劳动霸权虽然在一定程度上客观促进了人的发展,即全面的能力体系的发展,但也增强了资本剥削的深度和广度,更大程度地浪费人的血与肉。其次,非物质劳动霸权改变了全球经济的发展模式,信息化产业成为了经济发展的核心竞争力。虽然发达国家通过对技术、知识产权的垄断来剥削落后国家,但这对于落后国家来说,仍然是一个前所未有的发展机遇。自主创新是发展的关键。

第五章
对内格里"非物质劳动理论"的学术定位

第一节 对内格里"非物质劳动"概念的学术考察

意大利自治马克思主义研究的"一个主题就是试图理解近些年劳动实践的变化方式,以及新形式的劳动可能带来什么样的新的、更大的潜能"[①]。安东尼奥·内格里的"非物质劳动"理论就是其中具有代表性的一个,它继承了马克思从劳动领域挖掘无产阶级解放条件和潜能的传统。虽然内格里的"非物质劳动"理论具有重要的学术价值,但非物质劳动概念本身却在学术界引起了不小的争议。"非物质劳动"给人的第一印象是劳动缺乏物质内容,而且概念本身过于宽泛,指向不明。虽然内格里后来建议用"生命政治劳动"作为其替换形式,以凸显主体生产的意图,但"非物质劳动"概念的影响已经形成,一时难以扭转不利局面和消除负面影响。而出现如此被动和不利处境的主要原因是,内格里在提炼劳动概念时没有意识到"非物质劳动"概念的历史。

---

① Paolo Virno and Michael Hardt, eds. *Radical Thought in Italy: A Potential Politics*, University of Minnesota Press, 1996, p. 5.

这给他的理论带来了不小的麻烦。

内格里提出"非物质劳动"概念的基本思路如下：内格里认为，马克思的劳动理论是物质劳动理论。而物质劳动理论已经过时，因为它一方面已经难以衡量巨大的社会财富。另一方面又无法分析资本主义的当代发展。因此，内格里认为有必要建立新的劳动理论。而其他学者关于劳动新形式的提法，如智力劳动、知识劳动、科技劳动、交往劳动、情感劳动等，在内格里看来，只揭示了劳动新形式的一个方面，没有能够涵盖所有方面。故内格里提出"非物质劳动"来把握劳动的新形式，这不仅能涵盖劳动发展的所有新形式，而且可以更好地抓住和显示"经济非物质化"的趋势。在内格里提出"非物质劳动"的思路中，我们至少可以发现两个问题：一是内格里对马克思劳动理论存在误解，二是内格里对劳动新形式的提炼是经验性的概括。因此，内格里在提出自己的劳动理论过程中，一方面抛弃了马克思的劳动理论。另一方面忽略了思想史对"非物质劳动"概念的论述和判断。

一、"非物质劳动"概念的传统内涵

首先，我们考察一下"非物质劳动"概念的传统内涵，主要包括两个方面：一是指认识论意义上的精神劳动，二是指马克思曾经搁置的非物质生产劳动。

（一）精神劳动

非物质劳动，一般情况下会被认为是认识论意义上的精神劳动。因为，在哲学史上，"非物质"具有"精神实体"的特定内涵，如乔治·贝克莱的"非物质主义"学说。那么，人们在认知"非物质劳动"概念时，自然而然就会将其与精神劳动联系在一起。而提及精神劳动，人们往往又会想到黑格尔的精神劳动概念。这是影响人们认知内格里"非物质劳动"概念的其中一个障碍。

国内学界对贝克莱的"非物质主义"研究甚少。人们对贝克莱的印象主要受到苏联学者对其评价的影响。他们在"坚持哲学的党性原则"思想的支配下，简单化和片面化地将贝克莱的理论看作彻头彻尾的主观主义谬论而加以全盘否定。而在西方，贝克莱学说的命运却截然相反。被称为"非物质主义"的贝克莱哲学,一经问世就引起知识界的巨大反响。迄今为止,他的"非物质主义"学说一直是人们热衷的重要课题,其研究已经超出了近代经验论和唯理论的界限,上追溯到了古希腊哲学,下扩展到了现当代哲学。贝克莱的"非物质主义"主要是为了批判传统哲学的物质实体学说而创立的。他在哲学上否认物质实体的存在,肯定唯一存在的只有精神实体。因为传统哲学将物质定义为是一种被动的、不思想的、超验的、与人毫无关系的物质实体。这样的物质实体兼有本体论上的实在性和认识意义上的不可知性的两种特征,这就直接暴露了传统哲学物质实体概念本身的困境。贝克莱从认识论的角度考察认为:无论是概念本身的矛盾——不思想的物质无法产生观念,还是给人类认识带来混乱——承认物质实体会使世界二重化而导致怀疑论等,都证明物质实体无法存在。因此,贝克莱认为:"除了精神或能感知的东西以外,再没有任何别的实体。"[1]虽然贝克莱的"非物质主义"是有问题的,但其积极的意义是,它充分暴露了传统哲学的物质观存在着严重的缺陷和当时人类认识能力的不足。传统哲学虽然在本体论意义上承认物质客观的、独立的存在,但是在认识论意义上忽视了物质的认识意义,没有承认和发现其应有的地位和作用。贝克莱的"非物质主义"则强调了人的主观能动性和认识的主体作用,试图走出物质实体的形而上学,但却又因否认物质的存在和认识意义,肯定精神实体,最终倒向了精神实体的形而上学和唯心主义。

在贝克莱"非物质主义"学说的影响之下,"非物质"就具有了精神实体的特定内涵。因此,人们在认知内格里的"非物质劳动"概念时,就容易将其理解为精神劳动,留下了唯心主义的印象。而对于精神劳动的了解,人们第一反应就会想到黑格尔的精神劳动。这一方面跟黑格尔是德国古典哲学的集大成者有关系。另一方面与马克思对黑格尔劳动概念的论断有关系。

德国古典哲学以近代哲学为其思想发展的历史前提,继续思考着认识论的主要命题,即思维与存在的关系问题。近代哲学虽然觉察到

---

[1] 〔英〕贝克莱:《人类知识原理》,商务印书馆2010年版,第25页。

了主体的能动性,但由于受到形而上学机械性的束缚,没能用主体的能动性说明思维与存在如何实现同一,因此他们关于思维与存在同一的论断往往是未经证明的独断。这成为了德国古典哲学研究的基础。康德的主要贡献是第一次有意识地将思维的主观能动性原则引入主客关系中,将其作为主体和客体实现同一的先决条件。康德以后的德国古典哲学继续和发展这一研究路向,超越了认识论的范围,逐步深入到自然和社会生活的各个领域,以期实现思维与存在的同一。在这一努力中,黑格尔运用辩证法,使思维和存在的矛盾在唯心主义范围内达到了最彻底的同一。历史被看成绝对精神的自我发展和自我实现,而劳动只不过是自我意识形成和独立的一个环节。比如,"在陶冶事物的劳动中则自为存在成为他自己固有的了,他并且开始意识到他本身是自在自为地存在着的"①。在这里,黑格尔赋予了劳动在自我意识形成过程中具有重要作用。通过劳动,奴隶的意识回到了它自身。在劳动里,奴隶通过自己再重新发现自己的过程,才意识到他自己固有的意向。马克思充分肯定了黑格尔的这一劳动思想,认为:"黑格尔把人的自我产生看作一个过程,把对象化看作非对象化,看作外化和这种外化的扬弃;可见,他抓住了劳动的本质,把对象性的人、现实的因而是真正的人理解为他自己劳动的结果。"②然而,黑格尔所讨论的辩证同一,事实上并未超出康德以来局限于自我意识、抽象思维之中的这条一贯的唯心主义思路。所谓绝对精神的发展和实现仍然是意识内部的自我旋转,思维与存在仍然处于外在的同一之中。因此,马克思进一步揭示出:黑格尔所指的"全部外化历史和外化的全部消除,不过是抽象的、绝对的思维的生产史,即逻辑的思辨的思维的生产史"③。而"黑格尔唯一知道并承认的劳动是抽象的精神的劳动"④。虽然黑格尔的精神劳动看到了劳动的积极的方面,即劳动在认识世界和确证人自身方面的积极意义,但是它却没有发现劳动的消极的方面,即劳动并非是自为的劳

---

① [德]黑格尔:《精神现象学》,商务印书馆1979年版,第131页。
② [德]马克思:《1844年经济学哲学手稿》,人民出版社2000年版,第101页。
③ [德]马克思:《1844年经济学哲学手稿》,人民出版社2000年版,第99页。
④ [德]马克思:《1844年经济学哲学手稿》,人民出版社2000年版,第101页。

动,而是异化的劳动。这一劳动所确证的人是单向度的、片面发展的人——用马克思的话说仅仅是生产性的工人,用福柯的话说是顺从的主体,而非自由全面发展的人。"马克思指出了黑格尔的局限,他揭示了从某些劳动关系中揭露了统治和奴役乃是某些劳动关系的必然结果,这些劳动关系是具体化世界中的关系。主人对奴隶的关系,因此,既不是一种永恒的关系,也不是一种自然的关系,而是扎根于一定的劳动方式中的,扎根于人与其劳动产品关系中的。"①因此,黑格尔的精神劳动在解释世界方面有积极意义,但在改变世界方面却很难奏效。而这与内格里赋予"非物质劳动"人类解放的意图是相矛盾的。

(二)非物质生产劳动

影响人们认知内格里"非物质劳动"概念的另一个障碍,则是马克思曾经讨论过的"非物质生产劳动"概念。学界关于"非物质生产劳动"的了解,表现在两个方面:一方面认为它是经济学领域中的服务概念,不能创造价值;另一方面认为它是被马克思搁置的概念,没有研究的价值。这两点认知所产生的影响是,服务等非物质生产劳动一直不被正统马克思主义理论界所接受,而关于经济和劳动的非物质化发展趋势也一直被学界所拒斥。这势必也会影响到学者对内格里"非物质劳动"概念的理解。

马克思所讨论的非物质生产劳动是否是只消费不创造价值的服务?它是否真的没有研究价值才被马克思所搁置?我们先从服务或非物质生产劳动是否创造价值谈起。这个问题讨论完之后,我们自然而然就会知道非物质生产劳动是否有研究的价值,它是在什么意义上被提出的。

法国学者让·克罗德·迪劳内认为,在19世纪,争论的双方代表是亚当·斯密和让·巴蒂斯特·萨伊。② 亚当·斯密支持物态的狭隘劳动概念;萨伊支持服务也是经济商品。而马克思对这两种观点都给予了批判,认为亚当·斯密观点有正确的部分,抓住了要领,但也有局

---

①〔美〕马尔库塞:《理性与革命》,上海人民出版社2007年版,第108—109页。
②〔法〕让·克罗德·迪劳内:《非物质生产概念及马克思理论》,海派经济学2010年第30期,第119—124页。

限性,只看重生产劳动的物质规定性,而萨伊错误地将某些社会关系(如交易和银行业务)归类于经济物品。而德国学者沃尔夫冈·弗里兹·豪格则认为,关于生产劳动的讨论,马克思批判地提到了亚当·斯密和昂利·施托尔希①。豪格指出,斯密不认为统治阶级等非物质劳动者是生产劳动者,而施托尔希则认为非物质劳动实现的是内在财富即文明要素的生产。虽然马克思赞同施托尔希并批评斯密没有区分非物质价值和财富,但施托尔希的非物质劳动概念没有从一定的社会历史形式来考察,因此他并没有能够超出泛泛的毫无内容的空谈。

其实关于上述的争论,我们在马克思对生产劳动概念的讨论中可以窥见全貌。在《资本论》第 4 卷剩余价值理论中,马克思在讨论"关于生产劳动与非生产劳动的理论"时曾明确地阐明了生产劳动概念的内涵并详细地考察了资产阶级政治经济学在生产劳动问题上的庸俗化过程。马克思通过对斯密生产劳动概念二重性的考察,揭示出斯密关于生产劳动的第一个定义,触及了问题的本质,抓住了要领,即从一定的社会形式即劳动得以进行的社会生产关系方面得出来的定义:只有生产资本的雇佣劳动才是生产劳动。因此,使劳动成为"生产的"或"非生产的"劳动的,既不是劳动的这种或那种特殊形式,也不是劳动产品的这种或那种表现形式。只要实现价值增殖的劳动都是生产劳动。不管这个价值是随着劳动能力本身活动的停止而消失,还是物化、固定在某个物中。马克思还特别提及:非物质劳动者只要是受雇于资本家并为资本家创造剩余价值就是生产劳动者,相反则不是。"例如一个演员,哪怕是丑角,只要他被资本家(剧院老板)雇佣,他偿还给资本家的劳动,多于他以工资形式从资本家那里取得的劳动,那么,他就是生产劳动者;而一个缝补工,他来到资本家家里,给资本家缝补裤子,只为资本家创造使用价值,他就是非生产劳动者。前者的劳动同资本交换,后者的劳动同收入交换。前一种劳动创造剩余价值;后一种劳动消费收入。"②

---

①〔德〕沃尔夫冈·弗里兹·豪格著,李春建、汪行福译:《非物质劳动》,见《国外马克思主义研究报告》,人民出版社 2012 年版,第 314—327 页。
②《马克思恩格斯全集》(第 26 卷 I),人民出版社 1972 年版,第 148 页。

而斯密的第二个定义却又从劳动的物质规定性出发,离开了社会规定性,得出如下错误的观点:生产劳动是物化在任何商品中的劳动。因此,斯密越出和社会形式有关的那个定义的范围,越出了从资本主义生产的观点来给"生产劳动者"下定义的范围。实际上,"劳动的物质规定性,从而劳动产品的物质规定性本身,同生产劳动和非生产劳动之间的这种区分毫无关系。例如,饭店里的厨师和侍者是生产劳动者,因为他们的劳动转化为饭店老板的资本。这些人作为家仆,就是非生产劳动者,因为我没有从他们的服务中创造出资本,而是把自己的收入花在这些服务上"①。因此,斯密关于生产劳动的这一错误的定义给资产阶级政治经济学的庸俗经济学家们留下了可发挥的巨大空间。"亚当·斯密的反对者无视他的第一种解释即符合问题本质的解释,而抓住第二种解释,并强调这里不可避免的矛盾和不一贯的地方。而且他们把注意力集中在劳动的物质内容,特别是集中在劳动必须固定在一个比较耐久的产品中那个定义,用这个办法为自己的论战制造方便。"②如斯密《国富论》的译者热尔门·加尔涅、《论政治经济学的各种体系》的作者沙尔·加尼耳、《论政府和贸易的相互关系》的作者弗·路·奥·费里埃海关副督察、《论公共财富的性质和起源》的作者罗德戴尔伯爵、《论政治经济学》的作者让·巴·萨伊、《思想的要素》的作者德斯杜特·德·特拉西伯爵、《政治经济学教程》的作者昂利·施托尔希、《政治经济学基本原理》的作者威·纳骚·西尼耳、《政治经济学教程》的作者佩·罗西以及马尔萨斯主义者托·查默斯牧师等人,大多数反驳斯密关于生产劳动和非生产劳动的区分,都把消费看作是对生产的必要刺激。"因此,在他们看来,那些靠收入来生活的雇佣劳动者,即非生产劳动者(对他们的雇佣并不生产财富,而雇佣本身却是财富的新的消费),甚至从创造物质财富的意义来说,也和生产工人一样是生产劳动者,因为他们扩大物质消费的范围,从而扩大生产的范围。可见,这种看法大部分是从资产阶级经济学观点出发,一方面为有闲的

---

①《马克思恩格斯全集》(第26卷Ⅰ),人民出版社1972年版,第150页。
②《马克思恩格斯全集》(第26卷Ⅰ),人民出版社1972年版,第166页。

富人和提供服务给富人消费的'非生产劳动者'辩护,另一方面为开支庞大的'强大政府'辩护,为国债的增加,为占有教会和国家的肥缺的人、各种领干薪的人等等辩护。"①

不过,马克思认为,斯密关于生产劳动的第二个定义虽然是错误的,但也有其合理的因素。因为在当时的资本主义社会中,具有物质形式的商品生产占统治地位,财富表现为商品的巨大堆积,而非物化形式的商品生产,如服务等,虽然被资本主义所利用,也创造剩余价值,但它只是在很有限的规模上被应用,同整个生产比起来是微不足道的。②因此马克思是在这样的前提下认为,我们完全可以把它们撇开不谈,置之不理,只有在研究雇佣劳动时,才考察它们。③

马克思关于"非物质生产"的上述讨论原本是为了说明资本主义条件下的生产劳动是实现资本增殖的劳动,不管是固定在物质产品中的劳动,还是一经生产随即消失的劳动能力,但其产生的后世影响却使人们认为马克思是否认非物质生产劳动的,马克思的劳动理论只是物质劳动理论或资产阶级的劳动价值论。这种理解对马克思劳动理论的科学内涵以及经济和劳动的非物质化现实发展带来了巨大的障碍,也阻碍人们认知内格里的非物质劳动理论和挖掘其学术价值。

二、内格里"非物质劳动"概念的独特内涵

经济的去物质化或非物质化趋势导致了劳动方式出现了巨大的变化,非物质劳动逐渐取代物质劳动、工业劳动成为劳动的主要社会形式和价值的主要来源。我们虽然都知道劳动方式的这种转变并没有改变资本剥削劳动的实质,但该如何解读劳动方式的这种变化及对人类的影响,却一直乏善可陈。内格里的劳动理论可以说在这方面作出了有益的探索。

内格里的"非物质劳动"概念是如何来的?它的内涵是什么?它又承担着什么样的理论任务?根据上述讨论,我们发现,内格里对"非

---

① 《马克思恩格斯全集》(第26卷Ⅰ),人民出版社1972年版,第291—292页。
② 《马克思恩格斯全集》(第48卷),人民出版社1985年版,第61—62页。
③ 《马克思恩格斯全集》(第49卷),人民出版社1982年版,第106页。

第五章 对内格里"非物质劳动理论"的学术定位

物质劳动"概念的使用,不是按照严格的学术方式,如谱系学或语言学分析,而是经验的概括和总结。他使用这一概念的目的是权宜性的政治需要,为了尽可能涵盖受资本剥削的所有人,以制造最大程度的同质性,重构无产阶级政治主体。我们所知的是,这一概念是从意大利马克思主义传统中共享出来的。正如《帝国》的另一个作者哈特所言:"实际上,这些作者(意大利的学者)把新概念的发明和表达理解为一个集体策略。当一个作者发明了一个新的术语时,其他作者立即就接受它,并赋予它他们自己的理解和想法,完全不需要引证其出处。不久这个概念的起源就被忘记了,并且被接受为一个一般的词汇。"①而明确讨论过这一概念的是毛里齐奥·拉扎拉托。他在其《非物质劳动》一文中,探讨了在后福特和后泰勒制下劳动的崭新组织模式。他给出了非物质劳动的经典定义:非物质劳动是生产商品的信息内容和文化内容的劳动。②拉扎拉托认为:非物质劳动同时生产出经济价值和主体性的事实,体现了资本主义的生产已经侵入我们的生活,并摧毁了一切在经济、权力和知识中的反对因素。最后是内格里将"非物质劳动理论"系统阐述和发扬光大。内格里认为,拉扎拉托的非物质劳动理论虽然提出了新的主体性,其中涉及了剥削和革命潜能问题,但"这一主体性主要在知识、交往和语言的领域内发挥作用"③。"因此,这批作者最严重的缺陷之一就是在处理生命政治社会中的新生产实践时趋向于仅仅触及它在智力和非物质方面的表现。然而,身体的生产力和情感的价值在这个环境中无论如何也是具有核心重要性的。"④于是,内格里在《帝国》中特别强调非物质劳动的第三种类型:"第三种非物质劳动涉及感情的生产和控制,并要求(虚拟的或实际的)人际交往,即身体模式上的劳动。"⑤这一劳动涉及劳动主体的生产和再生产。因此,内格

---

① Paolo Virno and Michael Hardt, eds. *Radical Thought in Italy: A Potential Politics*, Minnesota: University of Minnesota Press, 1996, p.9.

② Paolo Virno and Michael Hardt, eds. *Radical Thought in Italy: A Potential Politics*, Minnesota: University of Minnesota Press, 1996, p.133.

③ Antonio Negri and Michael Hardt. *Empire*, Harvard University Press, 2000, p.29.

④ Antonio Negri and Michael Hardt. *Empire*, Harvard University Press, 2000, p.29.

⑤ Antonio Negri and Michael Hardt. *Empire*, Harvard University Press, 2000, p.293.

里的非物质劳动理论不仅仅局限于经济意义,更注重劳动形态的变化对主体性的影响。他认为,非物质劳动不仅生产价值,同时也生产反抗帝国的政治主体。而内格里在《帝国》的后续之作《诸众》中,进一步完善了非物质劳动概念,指出非物质劳动"即创造非物质性产品,如知识、信息、交往、关系,甚或情感反应的劳动"[1]。同时,针对学者的批评,内格里还建议用"生命政治劳动"作为命名这一劳动的可替换形式,以明确说明非物质劳动不仅创造商品,而且还创造社会关系并最终创造社会本身。不过,内格里最终还是决定用"非物质劳动"这一概念,因为他认为这一劳动形式可以更好地抓住和显示经济变化的普遍趋势。[2]

我们发现,内格里的非物质劳动理论重现了马克思《资本论》的逻辑,即资本主义的发展本身就是无产阶级解放的条件。内格里旨在"深化共产主义理论,或者是为《资本论》续写新的篇章"[3]。他试图继承马克思的政治经济学批判传统,从当代劳动和生产领域中寻找解放力量。但内格里却否定了马克思劳动理论,认为马克思的劳动理论(正统马克思主义物质劳动理论)已经过时。内格里无意捍卫或复活它,而是希望借助生命政治学的框架来解读它。

由此可见,内格里的"非物质劳动"与马克思的"非物质生产劳动"的人类解放意图是一致的,但侧重点和解读方式却不一样。前者的侧重点是政治性解读,内格里注重的是无产阶级新主体的生产和建构,创建新的社会;后者的侧重点是经济学分析,马克思揭示使劳动成为能够创造剩余价值的劳动的方面,不是劳动的物质规定性,而是劳动所处的社会历史形式。而前者的解读方式是后现代的方式,内格里从生命政治学的框架来建构无产阶级;后者的解读方式是历史唯物主义的方式,马克思从生产力与生产关系辩证关系的角度来把握无产阶级。

---

[1] Antonio Negri and Michael Hardt. *Multitude*: *War and Democracy in the Age of Empire*, New York: The Penguin Press, 2004, p.108.

[2] Antonio Negri and Michael Hardt. *Multitude*: *War and Democracy in the Age of Empire*, New York: The Penguin Press, 2004, p.109.

[3] 〔美〕迈克尔·哈特、〔意〕安东尼奥·内格里著,陈飞扬摘译:《大众的历险》,载于《国外理论动态》,2004年第8期,第38—41页。

所谓生命政治学框架主要源自于内格里对福柯生命权力理论的政治性解读。福柯认为,在现代社会(资本主义社会)中,传统压制性与否定性的权力表现为肯定性与生产性的权力,尤其是在控制社会(晚期资本主义社会),权力已经发展为生命权力,并渗透到社会生活的各个领域以及人的意识和欲望,对身体进行塑造和控制,以生产出驯顺的主体,促进资本主义的经济发展。福柯看到的是资本权力对劳动者主体的塑造和控制,而内格里看到的则是劳动者主体在对资本权力的政治斗争中不断重构自身。因为,内格里认为福柯的生命权力理论,一方面令人感到绝望,其生产出来的主体"永远是静默而被动的,它处在各种权力的摆布和操作下而听天由命,它被塑造,被生产,被改造,被操纵"[1]。另一方面它仅触及资本控制劳动的内在性方面,具有抽象性,缺乏社会内容,而"我们的分析必须聚集在生命权力的生产维度上"[2]。内格里试图让生命政治与马克思的社会生产联系起来,为生命政治找到历史基础和真实动力。于是,内格里重新界定了福柯的生命政治,力图解释资本主义的发展给我们带来的断裂和对抗,不断再现矛盾的各种经典因素。

而内格里之所以以福柯的生命政治框架进行解读,是他认为福柯的生命权力理论在新的时代条件下,确认了马克思曾经讨论过的"资本对劳动实质吸纳"观点。内格里认为,随着资本主义的发展,资本权力渗透到生活的方方面面。这正是类似马克思的资本对劳动力的吸纳已经从形式吸纳过渡到实质吸纳阶段的思想。内格里所提到的这一观点,其实是马克思讨论的"劳动对资本的形式上的从属和实际上的从属"观点[3]。内格里认为,马克思对劳动与资本关系的讨论富有洞见,但其"实际吸纳"思想更多的是局限于物质生产领域,还没有涵盖社会的经济或文化维度,甚至整个社会有机体。因此,内格里强调指出,非物质劳动所生产出来的新的主体性,虽然对人类发展有一定的积极意义,但在本质上是资本新的极权统治,是资本对劳动的深入剥削。主体

---

[1] 汪民安:《福柯的界线》,南京大学出版社2008年版,第154页。
[2] Antonio Negri and Michael Hardt. Empire, Harvard University Press, 2000, p. 27.
[3] 《马克思恩格斯全集》(第49卷),人民出版社1982年版,第95页。

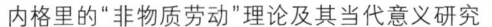

性的生产被要求与资本的价值生产相一致,而不是为了人自身的全面发展。

按照客观主义或资本同化一切反抗因素的角度来看待,内格里的非物质劳动理论,不管如何强调资本剥削的内涵,但仍然无法摆脱新自由主义倾向。然而,内格里拒斥这样的研究思路。"在马克思对生产力与生产关系的客观法则的强调之外,内格里重新探讨了马克思在社会主体方面的理论贡献。"①他通过对马克思《1857—1858年经济学手稿》(亦即《大纲》)的政治性解读,认为《大纲》中的马克思,是一位充满"革命意志"的行动者,而非只致力于《资本论》第一版序言所谓的"揭示现代社会的经济运动规律"的经济学家。马克思的《大纲》是一个确立革命主体性的文本"②。资本与劳动之间的分离逻辑或对抗关系是其主要内容。劳动阶级作为历史主体,催生了发展、危机、过渡,乃至共产主义。由此内格里认为:"当帝国的行动是有效时,这不应归功于它自身的力量,而是因为这样的事实:它是被反对帝国的民众抵抗的反弹所驱动的。在这个意义上,也许应该说,抵抗实际上是先于权力的。"③资本主义的发展不是自身调节的结果,而是无产阶级反抗和斗争的结果。无产阶级的反抗是优先于资本策略的。因此,内格里强调,劳动才是历史真正的主体,"工人阶级不是资本主义发展的衍生物,而是一种真正对立的主体,它能够通过自己的斗争打破资本的逻辑和资本的统治,建立一种新社会"④。资本主义的历史应该是以工人阶级的反抗为先导的社会重构的结果。资本家为了应对工人阶级的对抗,才采用新技术,不断地变革社会关系,创造新的统治模式。因此,我们要认识到,"每一次当资本通过扩大固定资本和重组劳动过程的方式来回应工人的诉求时,工人阶级就在斗争的新一轮的循环中在政治上重

---

①〔意〕内格里著,刘长缨译:《超越马克思的马克思·前言》,载于《国外理论动态》,2008年第9期,第55—58页。

②Antonio Negri. *Marx beyond Marx*: *Lessons on the Grundrisse*. Trans. Harry cleaver et al, Autonomedia & Pluto Press,1991,p. 8.

③Antonio Negri and Michael Hardt. *Empire*,Harvard University Press,2000,p. 360.

④〔意〕内格里著,刘长缨译:《超越马克思的马克思·前言》,载于《国外理论动态》,2008年第9期,第55—58页。

构了自身"①。在这里,内格里赋予非物质劳动的理论任务就是要不断建构无产阶级的政治主体,试图打破资本主义价值增殖的逻辑,创建新的社会,实现无产阶级的自我价值增殖。

三、内格里"非物质劳动"概念的真实含义

根据上述的讨论,我们可以明确地指出:内格里的非物质劳动,既非认识论意义上的精神劳动,又非经济学意义上狭隘的服务,而是劳动者新主体的生产和建构。而这实际上直接指向的是马克思的"社会个人的发展"思想。这才是内格里"非物质劳动"理论的真实内核。

内格里的非物质劳动理论是受马克思《1857—1858 年经济学手稿》中《机器论片段》"固定资本和社会生产力的发展"章节思想的影响而提出的。内格里等意大利自治马克思主义学者非常重视该文本,认为马克思的这篇手稿包含了对资本主义发展基本趋向的思考。文本中关于"一般智力"的论述影响了内格里。"固定资本的发展表明,一般社会知识,已经在多么大的程度上变成了直接的生产力,从而社会生活过程的条件本身在多么大的程度上受到一般智力的控制并按照这种智力得到改造。"②内格里对它的解读是:如今财富的创造不再取决于直接劳动,而是取决于社会知识、科技等一般智力在生产中的应用和累积。故内格里提出:科技劳动、知识劳动和情感劳动等一切非物质劳动成为了财富创造的源泉,成为了全球化发展的驱动力。这种观点,实质上依然是资产阶级政治经济学的观点,强调资本的重要性,认为劳动仅仅是资本自我实现的活动,而不是真正的主体。内格里没有意识到:在资本主义社会,科技、知识和情感等非物质要素已经异化为资本,因而科技劳动、知识劳动和情感劳动等非物质劳动也成为了异化劳动,而一般智力的发展实质上实现的是劳动者新主体的生产和发展。他们才是财富创造的基石。不过,内格里还是发现了主体性生产的秘密,即主体性的生产是与资本的价值生产相一致,而不是为了人自身的全面发展。

---

① 〔意〕内格里著,查日新译:《超越马克思的马克思·导论一》,载于《国外理论动态》,2008 年第 9 期,第 59—63 页。
② 《马克思恩格斯全集》(第 31 卷),人民出版社 1998 年版,第 102 页。

内格里的"非物质劳动"理论及其当代意义研究
The Contemporary Significance of Antonio Negri's Theory of Immaterial Labor

按照马克思的话语表述是:劳动力的发展是由资本本身规定的。于是,为了改变这样的现实,内格里在理论中强调马克思历史辩证法的阶级主体维度,探讨工人阶级的主体性,在实践中注重发展马克思主义的阶级斗争理论,结合各个时期意大利的区域政治和工人运动的蓬勃发展,不断建构和领导无产阶级政治主体,试图打破资本的逻辑和统治,建立一种新社会,实现人的自由而全面发展。内格里对政治主体的不断建构实际上是对劳动者主体的回归,将劳动看作真正的主体。内格里的言下之意是指劳动者新主体推动了经济全球化,而同时他们又具有摧毁资本全球化的倾向。而这正好呼应了马克思所说的,无产阶级本身存在的秘密就是宣告迄今为止的世界制度的解体。

因此,无论是财富的真正基石,还是资本主义的掘墓人,都是劳动者新主体,而不是非物质劳动。正如马克思在机器大工业时期,面对机器创造巨大财富的表象,始终明确而坚定地指出:"在这个转变中(机器的使用,使得工人不再是生产过程的主要作用者,而是成为了生产过程的旁观者),表现为生产和财富的宏大基石的,既不是人本身完成的直接劳动,也不是人从事劳动的时间,而是对人本身的一般生产力的占有,是人对自然界的了解和通过人作为社会体的存在来对自然界的统治,总之,是社会个人的发展。"①换句话说,无论在哪个时代,财富的基石只能是社会个人的发展或发展了的社会个人,而不是直接劳动、机器、科技等其他因素。因此,真正的经济是劳动时间的节约,真正的财富是所有个人的发达的生产力。"节约劳动时间等于增加自由时间,即增加使个人得到充分发展的时间,而个人的充分发展又作为最大的生产力反作用于劳动生产力。从直接生产过程的角度来看,节约劳动时间可以看作生产固定资本,这种固定资本就是人本身。"②理论上的推导是:社会个人是劳动者在自由时间里自由发展自己个性的结果。"自由时间——不论是闲暇时间还是从事较高级活动的时间——自然要把占有它的人变为另一主体,于是他作为这另一主体又加入直接生

---

① 《马克思恩格斯全集》(第 31 卷),人民出版社 1998 年版,第 100—101 页。
② 《马克思恩格斯全集》(第 31 卷),人民出版社 1998 年版,第 108 页。

产过程。"①人们利用自由时间将自己塑造为另一主体或新的主体。这样的主体作为更大的生产力又加入直接生产过程,促进生产的发展。现实的发展确实也证实了马克思的这一判断——劳动者作为新的主体加入了生产过程。但遗憾的是,这一新的主体不是劳动者自由塑造的结果,而是由资本规定进行塑造的结果。因此,在当下,活劳动或劳动力也如同劳动资料一样,转化为一种与固定资本和资本一般相适合的存在,而劳动力作为直接的劳动力加入资本生产过程时所具有的那种形式消失了,同时劳动力作为自由而全面发展的劳动力加入资本生产过程时所具有的那种形式还没有形成,变成了由资本本身规定的并与资本相适应的形式。这也是马克思说的"固定资本就是人本身"的真实含义。

最终,马克思强调指出:在生产过程中,无论是产品还是科技等都只是要素,而真正的主体只是个人,社会个人。而社会个人不是直接的人本身,而是处于社会关系中的人本身。他表现为社会生产过程的最终结果,是社会塑造出来的全新的主体。他们在这个过程中不断地再生产和更新自身所处的社会关系,创造出前所未有的全新的世界和财富。总之,这是资本按照自身的意志或面貌创造出的全新的世界和全新的主体。

从上述讨论中我们可以看到,内格里"非物质劳动理论"所强调的主体的生产或建构,对于我们理解和深化马克思的"社会个人"思想有极大的帮助,进而有助于我们更好地理解马克思劳动理论的真实内涵。另外,内格里的非物质劳动问题背后所揭示出来的是劳动新主体、资本新剥削和国家新角色等问题,这对中国特色社会主义的创建有极强的现实意义。因为从属于资本的社会关系,虽然使得劳动者的生产力获得了发展,但这对于劳动者的自由而全面发展来说,永远不是最适合的和最好的社会关系。因此,国家现在的角色应当是社会关系生产的主导者,为劳动者新主体的培养和自由发展所服务。

---

① 《马克思恩格斯全集》(第31卷),人民出版社1998年版,第108页。

第二节　基于历史唯物主义的内格里"非物质劳动理论"研究

随着安东尼奥·内格里学术影响的不断扩大,其"非物质劳动理论"开始受到学界关注。该理论回归了对劳动问题的研究,继承了马克思政治经济学批判的传统,揭示了非物质劳动成为了当代生产劳动的主要形式。然而,由于内格里抛弃了历史唯物主义研究方法,这导致非物质劳动理论不但没有触及劳动问题的本质,而且还出现了理论上的倒退。历史唯物主义告诉我们:劳动问题的本质不在于形式,而在于生产的社会关系。中国的社会关系正从资本的社会关系向人的社会关系向前推进。

一、非物质劳动理论回归对劳动问题的研究

马克思将劳动问题置于了哲学的基础之上,并能够在其充分的和完整的意义上来把握劳动。这不仅是对社会现实发展的理论概括,而且还是对传统理论的发展和创新。资本主义社会现实的发展表明:劳动成为了财富创造的源泉。黑格尔对该社会现实进行了理论的把握,肯定了劳动在现代社会中的作用和地位,揭示了人通过劳动可以获得独立和自由。然而,黑格尔所指的劳动是抽象的精神劳动。他只承认精神劳动在社会发展过程中的作用和作为人的自我确证的本质,否认现实的人的活动和历史。虽然黑格尔对劳动理论的把握是历史唯心主义的,但是马克思在历史唯物主义的视角下,还是发现了黑格尔劳动理论的学术价值和重要意义,肯定了黑格尔对社会现实的理论概括,将劳动确定为现代社会的范畴并作为历史真正的基础加以研究。至此,马克思将劳动问题作为理论的基础和政治经济学批判的出发点。

然而,马克思的这一理论创新,在学术界引起了轩然大波。按照传统理论的划分,生产物质生活资料的劳动属于亚里士多德所讲的创制,它是受到自然的必然性所支配的工具性活动,主要由奴隶来承担。这种奴役的劳动怎么可能成为历史的基础?它充其量只能够维持生命的存在,无法产生伦理德行、政治公正和思想,后者是由亚里士多德所讲的实践和理论来完成的。哈贝马斯正是基于此认为,马克思社会理论的规范基础是不明确的。马克思的劳动是物质生产和工具行为,它仅处理人与自然之间的关系,这与社会规范形成和发展的机制是不同的,后者是由处理人与人之间关系的交往行为来实现的。哈贝马斯此举意在掩盖规范的来源,将社会的发展和进步限定在理性层面。马克思曾经指出,无人身的理性是无法推进社会关系的理解的。因此,我们必须从劳动和产生这一现代范畴的社会关系出发,才能揭示社会现实。

不过,随着社会的发展以及后世学者的误读,人们开始怀疑甚至否定马克思的劳动理论。社会的发展表现在:特别是科学技术的发展,使得技术范式强势,导致实证主义盛行,这产生的后果是人们的批判精神开始弱化,产生过分乐观主义的倾向,而马克思对资本主义的政治经济学批判则逐渐被淡忘;后世学者的误读表现在:如法兰克福学派社会批判理论偏离了马克思政治经济学批判,注重文化范式研究,致使人道主义兴起,这产生的后果是遮蔽了社会现实的发展,使得人们陷入了悲观主义的境地,而马克思的劳动解放理想被认为是不可能实现的乌托邦。于是,随着马克思主义的式微,后世学者将研究视角纷纷转向消费、符号、理性、文化、语言、规范等,提出消费社会、符号政治经济学、交往理性、大众文化批判、语用学,否定、修正和重建马克思的历史唯物主义,希望解决资本主义的矛盾。这些研究不能说没有价值,但都只是对结果的讨论,没有说明产生这一结果的原因。历史唯物主义已经明确地指出,任何精神生产都是随着物质生产的发展而发展。因此,如今任何回避生产而讨论生产之外问题的种种理论,都只是在讨论生产所带来的结果,而没有对产生这一结果的原因即生产进行分析。这是舍本逐末的做法,治标不治本。马克思曾明确批评过这样的做法,指出:这只能起到一定的干扰作用,而无法从根本上解决问题。因此,马克思认为,只有从交换、流通和消费等领域转入生产领域的批判,才能真正揭示资本主义的内在矛盾。

可是,后世学者对这位老先生的忠告并不买账,他们有着自己的想法和判断,希望建立新的学说去解释所谓的新社会。如今,社会似乎踏进了新的发展阶段,如消费社会、知识社会、信息社会等。这在许多学者看来,我们已经超越了资本主义社会进入到更加高级的社会,马克思关于资本主义批判的理论过时了。此时,我们需要创造新的理论才能得以解读新社会。事实真是如此吗？可能他们太过乐观了。虽然此时的社会不同于马克思所处的社会,但是此时社会的生产方式并没有发生根本性的变化,仍然是资本主义的生产方式。我们此时需要做的不是去创造许多虚幻的理论,而是运用马克思的历史唯物主义研究方法研究新材料和新情况。因此,这并非意味着马克思主义过时了,而是表明马克思主义需要对新的发展和新的情况进行研究,否则马克思主义就真的落伍了。当学者们纷纷抛弃马克思的政治经济学批判,怀疑甚至否定马克思的劳动理论的时候,意大利马克思主义学者内格里则继承了马克思主义的传统,回归对劳动问题的关注和研究,希望在生产领域揭示新的剥削形式和激发新的革命潜能。"正如马克思要求我们离开喧嚣的交换领域,自上而下地进入生产的潜在住所一样,我们打算使这一立足点的转变发挥类似在《资本论》当中的这种转移的功能。生产的王国是社会不平等清晰的表现所在,甚至是帝国的力量最有效的抵抗和替代出现之所在。"[1]内格里通过对劳动新形式的理论概括,发展出新的劳动理论,即非物质劳动理论,希望为人类的解放提供哲学基础。

随着经济的非物质化,非物质劳动似乎成为了价值创造的主导者。内格里由此认为:劳动形式已经发生了深刻的变化,"在20世纪的最后几十年中,工业劳动失去了它的霸权地位,取而代之出现的是'非物质劳动'"[2]。内格里的"非物质劳动霸权"思想表明:人类的一切活动都成为了雇佣劳动。不仅物质劳动从属于资本,而且非物质劳动也从属于资本。后者甚至成为了雇佣劳动的主要内容。非物质劳动不再是肯定自己的自由的活动,而是成为了一种异己的、不属于自己的活动。它不断强化着异己的力量。这实际上是马克思所讲的自我异化。内格

---

[1]〔美〕迈克尔·哈特、〔意〕安东尼奥·内格里著,杨建国、范一亭译:《帝国:全球化的政治秩序》,江苏人民出版社2008年版,第7页。

[2] Antonio Negri and Michael Hardt. *Multitude: War and Democracy in the Age of Empire*, New York: The Penguin Press, 2004, p. 108.

里认为:在劳动发生变化的同时,无产阶级的构成也相应地经历了转化。如今,无产阶级不仅包括传统的产业工人,而且还包括一切受剥削于、受支配于资本主义的人。内格里将其建构为"大众",试图反抗资本主义生产逻辑。因此,内格里指出,非物质劳动不仅生产价值,同时也生产反抗资本主义的政治主体。

二、非物质劳动是当代生产劳动的主要形式

内格里虽然继承了马克思的批判气质和革命理想,但是他的非物质劳动理论并不是在马克思主义的劳动框架下提出的,而是在新的生命政治的框架下提出的。由于对当时所谓正统马克思主义的排斥,内格里对马克思主义的传统和劳动概念没有任何兴趣。他更愿意用生命政治框架去阐释新的劳动理论。因为这一框架是内格里流亡法国时期法国学界流行的理论。因此,内格里对劳动理论的提炼深受其影响。那么,内格里对马克思劳动理论的摈弃究竟会给他的理论带来什么样的影响?而内格里所推崇的生命政治框架真的可以帮助他建立起新的劳动价值理论吗?这些都需要我们在对内格里的非物质劳动概念的考察中寻找答案。

关于非物质劳动概念的考察,我们首先需要从内格里的代表作《帝国》开始。由于《帝国》的出版并受到热议,非物质劳动概念才得以进入人们的视野。因此,《帝国》中的"非物质劳动"概念是引起学界最多关注和讨论的。内格里依据经济的非物质化现象揭示出,非物质劳动已经成为财富的主要来源,其主要包括:第一是服务,第二是知识劳动,第三是情感劳动。在内格里乘势继续推出的《大众》中,关于非物质劳动的概念也受到了较多的关注,特别是关于非物质劳动替换形式——生命政治劳动的提法,诟病最多。内格里在《大众》中对非物质劳动概念进行了进一步的提炼,认为:非物质劳动,"即创造非物质性产品,如知识、信息、交往、关系,甚或情感反应的劳动"[1]。然而,这一

---

[1] Antonio Negri and Michael Hardt. *Multitude: War and Democracy in the Age of Empire*, New York: The Penguin Press, 2004, p. 108.

提炼并不能使人满意。于是,内格里为了明确非物质劳动概念的特定内涵,将其转换为另一个概念,即生命政治劳动,希望说明它创造的不仅仅是物质的产品,而且还包括社会关系甚至社会本身。我们发现,内格里在《帝国》中对非物质劳动概念的表述和在《大众》中对于非物质劳动概念的进一步提炼,实质上并无二致,无非是量上的变化,而内格里关于非物质劳动概念的转换与其说是明确了内涵,不如说是越转换越混乱。因此,内格里的非物质劳动概念提出之后,遭遇到众多学者的批评。

其一,大卫·卡姆菲尔德(David Camfield)指出:"根据产品的非物质形式所规定的非物质劳动,其方法论是有问题的。该研究方法受到了意大利工人主义传统的影响。他们对劳动的定义是从产品的形式,而不是从劳动生产过程、社会生产关系和阶级斗争方面来界定的。"[1]这一批评可以说是比较准确的。

内格里从产品的形式来定义劳动概念的做法,实际上是经验主义的研究方法。该研究方法只能看到劳动的物质存在形式,而无法揭示劳动的社会存在形式。因此,内格里关于非物质劳动的定义,实际上是犯了与亚当·斯密相同的错误。他们都只是从劳动的物质规定性出发,离开了社会规定性而对生产劳动进行定义的。两者貌似不一样,一个是物质劳动,一个是非物质劳动,而实质上两者是没有任何区别的,它们都只看到劳动问题的表象,没有触及劳动问题的本质。事实上,马克思在考察斯密关于生产劳动的定义时,已经清楚地指出:斯密从资本主义的社会形式来定义生产劳动的做法是触及了劳动问题的本质,即只要是生产资本的劳动都是生产劳动。因此,使劳动成为生产劳动的,不是劳动的具体形式,也不是劳动产品的表现形式,而是劳动得以进行的社会生产关系。比如马克思在讨论非物质生产劳动概念时,就清楚地说明过这一点。马克思指出,资本主义初期,虽然非物质生产劳动相对于物质生产劳动而言,在数量上是微不足道的,但是在质上它们是没

---

[1] David Camfield. *The Multitude and the Kangaroo: A Critique of Hardt and Negri's Theory of Immaterial Labour*, Historical Materialism, vol. 15, 2007, p. p. 21—52.

有区别的,它们都是雇佣劳动,它们都为资本创造剩余价值。而到了所谓资本主义晚期,虽然物质生产劳动相对于非物质生产劳动而言,在数量上开始出现萎缩甚至急剧减少,但是在质上它们仍然是没有区别的,它们仍然都是从属于资本的雇佣劳动,都在为资本创造剩余价值。因而,从这个方面来说,斯密的物质劳动理论和内格里的非物质劳动理论一样,都没有触及劳动问题的本质。

不过,内格里和斯密关于生产劳动的定义虽然都是存在方法论方面的问题,但仍然有一定合理的成分。因为他们揭示了各自所处的资本主义社会发展阶段占主导地位的劳动形式是什么。如,在斯密所处的资本主义发展初期,其占主导地位的劳动形式是物质劳动,社会财富的基本形式是有形的商品。因此,斯密把生产有形商品的物质劳动定义为生产劳动,是更容易被广泛认同和支持的观点。而在如今内格里所处的资本主义发展的高级阶段,其占主导地位的劳动形式是非物质劳动,社会财富更多地表现为非物质商品的形式。因此,内格里把生产非物质商品的劳动定义为生产劳动,也是容易被大家理解和接受的观点。"我们的观点是,所有这一切劳动形式都在某种意义上屈从于资本主义规范和资本主义生产关系。"[1]由此可见,非物质劳动已经成为了当代生产劳动的主要形式,成为财富创造的主要来源。

其二,齐泽克认为:内格里"没有能够在当前的条件下去重复马克思的分析,即无产阶级革命的前途就蕴含在资本主义生产方式的内在矛盾之中。从这个角度说,《帝国》仍然是一本前马克思主义的著作。"[2]这一评判也是比较中肯和有价值的。

齐泽克之所以得出这样的判断,是因为内格里确实没有重复马克思历史唯物主义式的分析,即没有从生产的社会关系出发,而是从后结构主义空洞的术语,如生命政治劳动开始,缺乏对社会现实的发展的深

---

[1] [美]迈克尔·哈特、[意]安东尼奥·内格里著,杨建国、范一亭译:《帝国:全球化的政治秩序》,江苏人民出版社2003年版,第68页。
[2] [斯洛文尼亚]斯拉沃热·齐泽克:《哈特和内格里为21世纪重写了〈共产党宣言〉吗?》,见许纪霖主编:《帝国、都市与现代性》,江苏人民出版社2005年版,第82—92页。

刻洞见。内格里所谓的关于劳动理论的生命政治解读框架,实质上是非历史的和非辩证的抽象人道主义批判。如内格里认为:"我接过了生命政治这一概念,并对它进行了重新界定,目的就是解释资本主义的发展现在给我们带来的断裂和对抗。生命政治……是一种力量。从一种内在的、非辩证的、非目的论的角度来看,我觉得它是非常重要的。"①从内格里对生命政治框架的界定,我们可以清楚地看到:内格里的生命政治是建立在道德谴责的基础上的。马克思曾经已经非常明确地指出过这一点:"辩证法没有了,代替它的至多不过是最纯粹的道德而已。"②无产阶级的政治斗争从来不是从简单地对比善与恶中产生的,而是在社会生产关系的发展过程中不断产生的。因此,内格里关于生命政治劳动的定义,实际上倒退到了马克思早期抽象的人道主义批判阶段。它不但没有推进人们对社会关系的理解,反而遮蔽了社会关系,其理论体系也成为了一种新的幻想。

1932年马克思《1844年经济学哲学手稿》的公开发表,对包括卢卡奇、柯尔施、施密特以及阿尔都塞等人在内的西方马克思主义者产生了巨大的影响。他们将《手稿》中马克思的思想视为"真正的马克思主义",不断地进行研究和发挥,为无产阶级的产生和共产主义的实现探寻新的科学。历史的发展表明:这些学者的努力成为了徒劳,他们的理论都成为了空论和幻想。如今人们已经认识到,《1844年经济学哲学手稿》中马克思的思想是抽象的人道主义批判。马克思在《德意志意识形态》中已经弄清楚了问题,放弃了这种哲学批判的思路,转向了政治经济学批判。因为马克思对于共产主义的要求不是建立在道德谴责的基础上,而是建立在资本主义生产方式的必然崩溃基础上的。关于这一点,马克思在《哲学的贫困》中第一次做了公开的科学的表述。因此,我们必须从哲学批判走向政治经济学批判,用科学的历史唯物主义的方法论,批判性地研究资本主义社会的新发展和新实践,这样才能推进人们对真实的社会关系的理解。然而,遗憾的是,马克思这一历史唯

---

① 〔意〕内格里、〔美〕亨宁格:《马克思主义的发展与社会转型——内格里访谈》,载于《国外理论动态》,2008年第12期。

② 《马克思恩格斯选集》(第1卷),人民出版社1972年版,第112页。

物主义的研究方法一再地被学者遗忘和抛弃,而马克思早期的人道主义的研究方法却一再地被提起和运用。如由卢卡奇开创的西方马克思主义的传统就是坚持抽象的人道主义批判。而如今的内格里所代表的意大利自治马克思主义传统也是退回到了马克思早期的人道主义批判。"在分析生命政治的生产时,我们会发现自己被迫从剥削概念返回异化概念,这跟马克思的思想发展轨迹正好相反——当然,我们并没有回到他早期的那种人道主义理论。"[1]内格里所谓的"没有回到马克思早期的那种人道主义理论",无非指的是他比马克思拥有更多新的材料。因此,由于研究方法的缺陷,内格里对劳动问题的回答永远是外在和贫乏的。

三、劳动问题的本质是生产的社会关系

如今,我们需要通过抽象力把已经发展了的、具有多样形式的劳动概括为马克思主义意义上的生产劳动,否则会出现理论的混乱。

其实,关于劳动问题的本质,马克思在对斯密生产劳动概念二重性的考察中,已经清楚地加以说明了。马克思指出:斯密的巨大科学功绩之一就是触及了劳动问题的本质,揭示了与资本相交换的劳动是生产劳动。因此,劳动问题的本质是生产得以进行的社会关系。马克思不是仅仅围绕自然需要来讨论劳动,而是主要地围绕社会需要来讨论劳动。因为撇开劳动的社会形式,单纯从劳动的物质规定性来定义劳动,这不仅对于分析资本主义社会的生产过程是绝对不够的,而且对于分析社会主义社会的生产过程也是如此。如马克思曾经指出:"黑人就是黑人。只有在一定的关系下,他才成为奴隶。纺纱机是纺棉花的机器。只有在一定的关系下,它才成为资本。脱离了这种关系,它也就不是资本了,就像黄金本身并不是货币,砂糖并不是砂糖的价格一样。"[2]黑人是人的自然属性,而奴隶是黑人的社会属性。黑人之所以成为了奴隶,是因为黑人身处资本主义特定的社会关系中所致。劳动也是如

---

[1] Michael Hardt and Antonio Negri. *Commonwealth*, The Belknap Press of Harvard University Press, 2009, p. p. 139—140.
[2]《马克思恩格斯全集》(第6卷),人民出版社1961年版,第486页。

此。劳动是人的自然属性,而生产劳动是劳动的社会属性。劳动之所以成为了生产劳动,是因为劳动从属于资本主义特殊的社会关系所致。可见,使劳动成为生产劳动的,不是劳动本身,也不是劳动的具体形式或劳动产品的特殊形式,而是劳动所处的特定的社会关系。因此,决定劳动问题本质的是生产的社会关系。脱离了一定社会关系的劳动,它就不能称其为生产,只能算作本能地生存。

至于斯密关于生产劳动的第二个定义,即物质劳动,还有内格里的非物质劳动,都是因为忽视了劳动的社会规定性,才提炼出了错误的劳动概念。前者认为只要是生产物质产品的劳动就是生产劳动,后者则认为创造非物质产品的劳动才是生产劳动。这导致他们的劳动理论不但没有触及劳动问题的本质,而且还会带来认识上的混乱。就这一问题,马克思也曾明确地讨论过。如"同一内容的劳动可以是生产劳动,也可以是非生产劳动。比如,弥尔顿自己创作《失乐园》,他是非生产劳动者。相反,为书商提供工厂式劳动的作者,则是生产劳动者"①。如果我们没有对劳动问题的本质有一个清楚的把握,我们很难分得清楚,哪一种劳动是生产劳动,哪一种不是生产劳动。正是因为马克思对劳动问题的本质有了明确的认识,马克思才可以清楚地区分:弥尔顿在什么情况下的劳动是生产劳动,在什么情况下的劳动是非生产劳动。而在当代社会,关于这一问题的讨论,已经不仅仅停留在物质劳动是否是生产劳动的讨论上,而且还发展为非物质劳动是否是生产劳动的讨论上,还包括物质劳动和非物质劳动到底哪一个是生产劳动的讨论上。这样的一些讨论都是因为没有弄清楚劳动问题的本质所引起的。无论是物质劳动或哪一种物质劳动,还是非物质劳动或哪一种非物质劳动,只要能够实现资本的增殖,都可以是生产劳动。

讨论到这里,我们都能够发现一个问题,就是:是否只有实现资本增殖的劳动才是生产劳动？其实,劳动问题的本质已经清楚地回答了这一问题。劳动问题的本质是生产的社会关系,而不是只是资本。资本只不过是资本主义社会中的生产关系,后者体现在资本身上,并赋予

---

① 《马克思恩格斯全集》(第26卷),人民出版社1972年版,第432页。

了资本以独特的社会性质或力量。而当社会发展进入到共产主义社会,劳动问题的本质就不再是资本,而是社会财富,即全面发展的社会个人。此时,生产的社会关系不再是资本的社会关系,而是人的社会关系;人的能力也不再体现为资本的能力,而是体现为人类共同的、社会的生产能力;资本的社会力量越发地变小,全面发展的社会个人的力量变得越发强大。因此,在共产主义社会中,只要是实现人的自由而全面发展的劳动都是生产劳动,只要有悖于这一目的的都是非生产劳动。

据上所述,我们就能理解:自1978年改革开放至今,当中国运用资本和市场发展生产力的时候,为什么物质财富成为了社会的共同追求。因为根据"劳动问题的本质是生产的社会关系"思想,当生产的社会关系主要是资本时,那么只有带来资本的活动才是被社会承认的劳动,只有这样的劳动才能创造财富,而没有带来资本的活动则不是,即使它可能在某种程度上实现了社会个人的发展。而当社会生产力的发展达到资本自身的界限时,如生态问题的凸显,那么国家就会开始约束资本,从而保障社会个人的发展。当社会个人获得自由而全面发展时,社会生产力就会实现更加快速的发展,如人才和创新。这正是国家提出"五位一体"战略和"大众创业、万众创新"的时代背景,也是中国特色社会主义创建的实质内容。

小结

在历史唯物主义的视角下,内格里的非物质劳动理论开始还原本来的面目。按照历史唯物主义的话语表述,所谓的非物质劳动理论,不是劳动出现了非物质化的倾向,而是越来越多的人类活动成为了雇佣劳动。因为在资本的社会关系下,人的一切活动都必将成为雇佣劳动,不断实现资本的增殖。而只有在人的社会关系下,人的活动才会成为自由的活动,真正实现社会个人的发展。因此,劳动问题的本质不在于形式,而在于生产的社会关系。由此,我们发现,中国的社会现实是处于向前不断发展过程中的,中国的社会关系正从资本的社会关系向人的社会关系推进。

第六章
内格里"非物质劳动理论"的学术价值

第一节 劳动重心的转移：从物质劳动到非物质劳动

内格里的非物质劳动理论虽然有诸多的不足，但它所提供的经验让我们意识到：劳动的重心出现了转移。资本主义社会生产劳动的主要形式已经从物质劳动、工业劳动转移到了非物质性的劳动。关于这一点，我们可以通过对知识在资本主义经济发展所起作用的考察中得到证明。

当物质劳动和工业劳动不再是财富创造的主要内容时，人们很快就抛弃了劳动创造财富的观念，尤其是当社会发展到所谓的知识社会，纷纷指出是知识创造财富，不再是劳动。这样的观点虽然揭示了资本主义社会最新发展的一些特征，但它一方面看不到劳动的历史作用，另一方面，更重要的是掩盖了现实的社会生产关系。知识创造财富的观点只是看到了耀眼的知识，而没有看到知识发挥作用的劳动载体和社会历史条件。首先，知识不可能脱离人的劳动而独立地创造财富，其次，知识也不可能脱离现实的社会生产关系而抽象地创造财富。因此，知识创造财富的庸俗经济学理论，只看到了资本主义社会最新发展的

第六章 内格里"非物质劳动理论"的学术价值

一些特征。如比较有代表性的有丹尼尔·贝尔的《后工业社会的来临》(1973),彼得·德鲁克的《后资本主义社会》(1993),杰里米·里夫金的《工作的终结》(1995)、《第三次工业革命》(2011),阿尔文·托夫勒的《财富的革命》(2006)和安德烈·高兹的《告别工人阶级》(1982)、《非物质:知识、价值和资本》(2010)等。

贝尔在《后工业社会的来临》中主要阐述"后工业社会的两大方面,是理论知识的首要性以及相对于制造业经济的服务业部门的扩张"[1]。第一方面指的是知识价值论,"后工业社会的特点并不在劳动价值论,而在知识价值论"[2]。第二方面指的是服务价值论,"在后工业社会里,工作的基本内容是人与人的交往,而不是人与机器的相互影响"[3]。也就是说,"后工业社会是以服务业为基础的"[4],服务取代工业劳动成为了劳动的主要内容。贝尔的观点实际上是希望达到两个目的。一是,用后工业社会试图消解资本主义社会的意识形态性,二是,用知识试图掩盖劳动的作用。历史发展表明:资本主义社会正是朝着这一方向快速推进。于是,资本主义开始像进入机器大生产时期一样,进入了知识大生产的时代,知识开始外化为资本与劳动者相对立而存在,劳动的地位再一次被贬低。

德鲁克在《后资本主义社会》中主要阐述人类社会将从资本主义社会走向知识社会:"在新社会真正支配性的资源、绝对决定性的生产要素,既不是资本、土地,也不是劳动力,而是知识。在后资本主义社会中,社会主导阶级不是资本家,而是'知识工作者'与'服务工作者'。"[5]

关于这一转变,德鲁克认为:"这场大变动是由知识意义的剧烈改

---

[1] [美]丹尼尔·贝尔著,高铦等译:《后工业社会的来临》,新华出版社1997年版,第16页。
[2] [美]丹尼尔·贝尔著,高铦等译:《后工业社会的来临》,新华出版社1997年版,第10页。
[3] [美]丹尼尔·贝尔著,高铦等译:《后工业社会的来临》,新华出版社1997年版,第179页。
[4] [美]丹尼尔·贝尔著,高铦等译:《后工业社会的来临》,新华出版社1997年版,第138页。
[5] [美]彼得·F.德鲁克著,傅振焜译:《后资本主义社会》,东方出版社2009年版,第4—5页。

变所推动。无论是在西方或在东方,在这之前,知识一直被视为'道',但一夕之间,知识就变成'器'。这就是说,知识变成一种资源、一种实用利器。知识原本一直被视为属于个人层面的东西,当时却变成属于社会层面的东西。"①

追溯历史,"苏格拉底认为,知识的功能只在促进个人的智慧、道德与精神的成长"。而对于儒家而言,知识是在于修身齐家治国平天下的经世治国之道。"对于道家与禅宗而言,知识是促成自我了悟、清明的静修之道。"②到了资本主义社会,知识的意义改变时,知识就开始被运用在工具、流程、产品、工作甚至知识本身之上,从而引发生产力革命,改变了资本主义必然产生的矛盾,最终向知识社会转变。

德鲁克认为,生产力的革命的最大受益者是劳方,而不是资方。通过生产力的革命,无产阶级转变为收入丰厚的中产阶级,受雇的知识工作者成为专业经理人取代资本家成为经济的主导阶级。他甚至强调,知识工作者虽然在组织中是受雇的,但与资本主义社会中的受雇者不同。因为他们既拥有生产资料(退休基金),又拥有生产工具(知识)。

离开社会生产关系去讨论知识的意义和功能,是抽象和空洞的。知识意义的改变不是自身就可以改变的,也不是社会发展的决定性要素,而是因为社会生产关系的改变所导致的。同理,正如决定知识工作者是不是雇佣劳动者,不在于知识工作者拥有多少知识,而在于知识工作者处于什么样的社会生产关系中。因此,无产阶级转变为收入丰厚的中产阶级,受雇的知识工作者成为专业经理人取代资本家成为经济的主导阶级,这些人物身份的转换就可以说明资本主义社会进入后资本主义社会了吗?当知识在社会财富创造过程中具有重大作用,就可以说明社会已经发展进入到知识社会了吗?实际上,这些都是欲盖弥彰。身份的转换是因为工作的内容和方式发生变化所致,而工作的性质并没有改变,仍然是雇佣劳动。知识之所以重要是因为知识可以改

---

① [美]彼得·F.德鲁克著,傅振焜译:《后资本主义社会》,东方出版社2009年版,第3页。
② [美]彼得·F.德鲁克著,傅振焜译:《后资本主义社会》,东方出版社2009年版,第9页。

变劳动的形式和提高劳动的效率,但无法改变劳动的本质即现实的社会生产关系。这些都是德鲁克的知识社会理论所掩盖的真相。

里夫金在《工作的终结》中"考察技术创新和面向市场的力量正在把我们推向一个没有工人的世界"[①]。

"第三次工业革命对善与恶都是强大的推动力量。新的信息和通讯技术具有在即将来临的世纪既解放文明又破坏文明的潜力。新技术是使我们的生活增加闲暇还是导致大规模失业和可能的全球经济萧条,在很大程度上依赖于每个国家如何处理生产率的进展问题。"[②]新的信息和通讯技术之所以既是善的又是恶的,让人又爱又恨,是因为新的信息和通讯技术本身是可以增加我们生活的闲暇,实现人的自由而全面发展,但是资本的社会关系会迫使人在闲暇时间的发展是按照资本的意志来进行的。这一问题不是提高生产率就可以解决的,而是需要改变现实的社会生产关系才能根本性地解决。

"文明从一开始在很大程度上就是围绕工作的概念而构成的。从旧石器时代的狩猎和新石器时代的农耕到中世纪的工匠和本世纪的装配线工人,工作是日常生存的不可缺少的一部分。现在,在人类历史上,正在第一次系统地将人类劳动从生产过程中完全消除掉。在不到一个世纪的时间里,市场领域中大规模生产有可能在世界上的所有工业化国家里被逐步淘汰掉。新一代复杂的信息和通信技术已加快了进入各种工作机构的步伐。有智能的机器正在无数的工作岗位上代替人的劳动,迫使上百万的蓝领和白领工人进入失业者的行列,或更糟,进入了等待救济的行列。"[③]马克思早就说过,一般性地讨论工作或劳动,这对于研究资本主义的工作或劳动是远远不够的。首先,在任何情况下,人类劳动不可能被消除,因为它是财富创造的源泉;其次,大量工人的失业和工作的减少不能说明资本主义雇佣劳动性质的工作终结了,

---

① 〔美〕杰里米·里夫金著,王寅通等译:《工作的终结——后市场时代的来临》,上海译文出版社1998年版,第2页。
② 〔美〕杰里米·里夫金著,王寅通等译:《工作的终结——后市场时代的来临》,上海译文出版社1998年版,第4页。
③ 〔美〕杰里米·里夫金著,王寅通等译:《工作的终结——后市场时代的来临》,上海译文出版社1998年版,第7页。

而只能说越来越多的人类活动被资本所吸纳,成为了雇佣劳动。

"较早时期的工业技术代替的是人类劳动的体能方面,即用机器代替肢体和肌肉,而新的以电脑为基础的技术取代的却是人的头脑本身。以能思考的机器来代替人的情况正在整个经济活动的范围内展开。"①里夫金认为这具有深远的意义。确实,从人的解放这一角度来说,其意义是非常深远的。它可以使人从繁重的体力劳动和简单重复的劳动中解放出来,可以使人有精力和时间去实现自由的发展。这是未来发展的必然趋势。然而,现实的发展并非是顺着人的意志和理性自然而然向前发展的,而是受到现实社会生产关系的支配在发展。如果现实的社会生产关系是资本,那么未来的发展就不是以人为本,而是以资为本,就会最大程度地贬低劳动的地位和作用。遗憾的是,里夫金便是在这样的思路下指出:"由于越来越复杂的电脑的引入,最重要的生产要素的作用注定要像马在农业生产中的作用一样。由于拖拉机的采用,马的作用开始缩小,然后是消失。"②里夫金将人只是看作实现资本增殖的手段和工具,甚至认为资本可以离开劳动而独立存在。如"机器是新的无产阶级","自动化步伐的加速正在使全球的经济走向无工人工厂的一天"。③ 固定资本可以离开劳动者自己创造价值。不仅产业工人被替代,而且服务部门和白领工作的岗位也会被取消掉。"虽然产业工人正在退出经济过程,很多经济学家和当选的官员继续希望服务部门和白领工作岗位仍能够吸收成百万寻找工作的失业者。但他们的希望可能会破灭。自动化和企业改革已经在广大的与服务有关的领域内进行,新的'思考机器'能够以更快的速度完成很多现在由人担任的脑力劳动的任务。"④

---

① 〔美〕杰里米·里夫金著,王寅通等译:《工作的终结——后市场时代的来临》,上海译文出版社1998年版,第10页。

② 〔美〕杰里米·里夫金著,王寅通等译:《工作的终结——后市场时代的来临》,上海译文出版社1998年版,第10页。

③ 〔美〕杰里米·里夫金著,王寅通等译:《工作的终结——后市场时代的来临》,上海译文出版社1998年版,第12页。

④ 〔美〕杰里米·里夫金著,王寅通等译:《工作的终结——后市场时代的来临》,上海译文出版社1998年版,第14页。

第六章　内格里"非物质劳动理论"的学术价值

从技术层面来讲,自动化确实可以带来生产率的提高,促进经济的发展。但是从社会层面来讲,自动化究竟会将人类社会带向何方? 这看似是一个扑朔迷离的问题,但实际上却很清楚:技术本身是没有问题的,问题在于使用技术的社会生产关系。如果整个社会使用技术是为了增加人的自由闲暇时间,那么社会最终实现的发展自然是人的自由而全面的发展。如果整个社会使用技术是为了资本的快速增殖,那么社会最终实现的自然是财富的增长,人的生存和发展受到抑制。这就是为什么现实的发展常常出现人们难以理解的悖论。"对有些人——特别是科学家工程师和雇主——而言,一个没有工作的世界标志着历史上一个新的时代开始出现,在这个新时代里,人类经过多少艰难岁月终于从累断腰的辛劳和简单的重复劳动中解放出来。而对其他一些人来说,无工作的社会会召来梦魇——冷酷的大规模失业和全球贫困的前景、加上日益增加的社会不安和动荡。"[1]

由于里夫金只是经验性地考察社会的发展,因此,社会是以悖论的方式在他的著作中出现。而他对这一悖论的回答也是经验性的,他只看到了结果的不平等,希望通过对结果进行干预,缩短贫富差距,消除社会动荡。"在现代历史上第一次大批的人可以从正规工作场所的长时间的劳动中解放出来,自由地进行闲暇活动。但同样的技术力量也可以很容易地导致失业的增加和全球(经济)萧条。是乌托邦式的天堂还是地狱般的未来在等待着我们,在很大程度上取决于对信息时代生产率提高所产生的收益如何分配上。"[2]另外,里夫金还将人类的希望寄托在企业和政府领导人所理解的经济概念的转变上。"在每一个工业国家里,人们开始问,为什么存在很久的关于财富充裕、享受闲暇的梦想——为一代又一代辛勤劳动的人们所如此殷切地期待——在信息时代来临时看来比过去半个世纪的任何时候都要离我们更为遥远? 答案在于对鲜为人知但却非常重要的经济概念的理解,因为这种经济

---

[1] 〔美〕杰里米·里夫金著,王寅通等译:《工作的终结——后市场时代的来临》,上海译文出版社1998年版,第17页。
[2] 〔美〕杰里米·里夫金著,王寅通等译:《工作的终结——后市场时代的来临》,上海译文出版社1998年版,第19页。

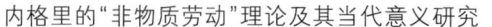

概念[1]长期支配着全世界的企业和政府领导人的思想。"[2]这是本末倒置的做法。现实的社会生产关系的改变才可以实现观念的转变,而不是观念的转变就可以改变现实的社会生产关系。因此,里夫金的种种设想和努力,都因为经验主义缺乏洞见而付诸东流。

里夫金认为,随着第三次工业革命的到来,我们需要重新审视工作的含义。他将就业领域分为市场、政府、非正规经济和公民社会四类。由于智能技术的应用,市场、政府和非正规经济领域的就业机会都将减少。最后,就业领域主要集中在公民社会,也即人们经常说的市场和政府之外的第三部门。该部门常常会被贴上"非营利"、"非政府组织"的标签,而且会被认为没有那么重要,然而实际情况并非如此。首先,公民社会不仅是非营利和非政府组织那么简单,而是更加丰富和具体。"公民社会由各种社会利益组成——包括宗教、文化组织、教育、研究、医疗保健、社会服务、体育活动、环境团体、休闲娱乐活动和许多致力于创造社会纽带的倡议组织。"[3]其次,公民社会还是新兴的经济力量,可以创造社会资本,可以提供大量的就业机会。如一些发达国家的数据显示,第三部门占国内生产总值的5%。"这意味着,非营利部门对这些国家国内生产总值的贡献率目前超过了公共事业,而且令人难以置信的是与建筑业(5.1%)基本持平,并接近银行、保险公司和金融服务机构(5.6%)。运输、仓储和通信业平均占国内生产总值的7%,可以看出非营利部门的国内生产总值贡献率也在逼近这个数字。"[4]另外,第三部门就业人员占所有从事经济活动人口的5.6%,而且是发展最快的就业部门。最后,最重要的是,第三部门是人类可以实现自由发展的部门。"在第三部门人际交往的目的就是其本身,因此体现了人的

---

[1]这种经济概念是指技术渗滴说。该学说认为,技术创新永远可以促进经济增长和就业。

[2]〔美〕杰里米·里夫金著,王寅通等译:《工作的终结——后市场时代的来临》,上海译文出版社1998年版,第19页。

[3]〔美〕杰里米·里夫金著,张体伟、张豫宁译:《第三次工业革命:新经济模式如何改变世界》,中信出版社2012年版,第280页。

[4]〔美〕杰里米·里夫金著,张体伟、张豫宁译:《第三次工业革命:新经济模式如何改变世界》,中信出版社2012年版,第281页。

第六章　内格里"非物质劳动理论"的学术价值

内在价值,而不仅仅是实用价值。"①因此,里夫金由此认为,"第三次工业革命和合作时代为人类提供了一个机会,摆脱束缚在功利世界里机械地生活,享受自由带来的愉悦:活着是为了游乐。"②里夫金对工作的展望太过乐观了。在不改变资本主义社会生产关系的情况下,第三次工业革命带来的机会不可能是劳动的解放,而只能是资本对劳动的更加深入剥削。如同马克思曾经指出的,在资本主义社会中,机器的发明和使用,不但不会使得工人的劳动减轻和劳动时间缩短,反而是极度地损害工人的神经系统,压抑肌肉的多方面运动,侵吞身体和精神上的一切自由活动。因此,在资本主义社会中,第三次工业革命的到来,只会让大多数的劳动者失业,然后以威逼利诱的方式迫使劳动者在新的工作部门中就范,进一步地挖掘劳动者的潜能,为资本增殖所服务。第三部门不可能是实现人类自由发展的部门。这一部门的工作仍然是按照资本的意志并与资本相适应的形式来设定和要求的,不存在是为了纯粹的乐趣而自由开展的可能性。

托夫勒在《财富的革命》中阐述道:如今新经济是"以知识为基础的财富体系"③,这是当代社会的深层原理。他认为:"正如最新的、以知识为基础的财富体系所展示的那样,我们正在走向这样的一个未来:我们将看到,在未来会有更多的人'工作'(义务劳动——编者注),但是拥有'职业工作'(即雇佣劳动——编者注)的人却更少了。它将极大地改变劳资关系、众议院的各个部门、立法和整个劳动市场。"④因为第三次浪潮财富体系"不仅能够增加金钱财富,而且还能增加人类财富——那种我们为自己和亲人所创造的非金钱财富"⑤。从经验层面

---

①〔美〕杰里米·里夫金著,张体伟、张豫宁译:《第三次工业革命:新经济模式如何改变世界》,中信出版社2012年版,第282页。
②〔美〕杰里米·里夫金著,张体伟、张豫宁译:《第三次工业革命:新经济模式如何改变世界》,中信出版社2012年版,第283页。
③〔美〕阿尔文·托夫勒、海蒂·托夫勒著,吴文忠、刘薇译:《财富的革命》,中信出版社2006年版,第6页。
④〔美〕阿尔文·托夫勒、海蒂·托夫勒著,吴文忠、刘薇译:《财富的革命》,中信出版社2006年版,第26页。
⑤〔美〕阿尔文·托夫勒、海蒂·托夫勒著,吴文忠、刘薇译:《财富的革命》,中信出版社2006年版,第23页。

来看,托夫勒关于知识创造财富和知识改变世界的观点似乎是有道理的。拥有多少知识就意味着可以带来多少财富。拥有较多的知识就意味着可以改变我们的生活和世界。但是,从历史唯物主义的层面来看,我们会发现,托夫勒的观点是站不住脚的,而且还掩盖了现实的社会生产关系。知识之所以可以创造财富,不是知识本身可以创造财富,而是现实的社会生产关系决定了知识可以创造财富。如可以为资本带来利润的知识才可以创造财富,反之则不可以,甚至知识本身都不具有合法性。这就是所谓的知识创造财富的真实情境。因此,在不改变资本主义的社会生产关系的前提下,想要通过知识改变劳资关系,这是本末倒置的做法,根本就不可能实现。

高兹在《告别工人阶级》中指出,随着资本主义的发展,传统工人阶级开始减少和分化,甚至消失。"具有多重技能的工人——生产劳动的潜在主体,因此是社会关系革命性变革的潜在主体——的消失也意味着能够担起社会主义规划并将它转变为现实的阶级的消失。从根本上讲,社会主义理论和实践的衰退的根源就在这里。"[1]因此,高兹认为,为了理论和实践需要,我们需要告别工人阶级,依靠"非工人的非阶级",也即后工业的新无产阶级。这表明,在后工业社会中,工人已经不再是主要的劳动者,工业劳动自然也不是劳动的主要形式。而关于后工业社会中的主要劳动是什么劳动,高兹此时还没有明确的认识。而在《非物质:知识、价值和资本》中,高兹明确地指出:"我们正经历一个多种生产方式共存的时期。以大量利用物质固定资本的现代资本主义,正逐步让位于一个大量利用所谓非物质资本的后现代资本主义,这些所谓的非物质资本被称为'人力资本'、'知识资本'或'智力资本'。随着劳动的新变化,过去简单的抽象劳动被认为是价值的来源,现在正让位于复杂的劳动,以时间来衡量物质生产劳动的衡量标准已不再适用,现在正让位于非物质的劳动。"[2]也就是说,非物质劳动成为了当代社会的主要劳动形式。

---

[1] Andre Gorz. *Farewell to the Working Class*, Pluto Press London, 1982, p. 66.
[2] Andre Gorz. *The Immaterial*: *Knowledge, Value and Capital*, London: Seagull books, 2010, p. p. 1—2.

第六章 内格里"非物质劳动理论"的学术价值

然而,他们只看到了表象,只愿意揭示知识劳动对于资本主义社会发展的积极作用,不愿意揭示知识劳动在资本主义社会中受剥削的社会现实。内格里的非物质劳动理论则向前推进了一步,不仅看到了非物质劳动创造财富的表象,看到了非物质劳动已经成为资本主义社会劳动的霸权形式,而且还揭示了非物质劳动是资本剥削劳动的最新形式,以及其蕴含着人类解放的潜能。比如,"从知识在经济生产中的发展轨迹可以看出,当下出现了两个重要事实。首先,知识不再只是创造价值的工具,知识的生产本身就是价值创造。其次,不仅知识不再是资本主义控制的机器,而且资本也面临着一个吊诡的境况:资本越是被迫通过知识生产去实现价值增殖,知识就越是脱离其统治"[①]。

内格里的非物质劳动理论揭示了,当代劳动的重心已经发生转移,生产劳动的主要形式从物质劳动转移到了非物质劳动。这是经验主义研究提供给我们的重要发现。它提醒我们,时代已经发生了变化,劳动的形式也发生了变化。我们需要跟上时代的步伐,看到劳动的形式可以是千变万化的,但不能有乱花渐欲迷人眼的感觉。如今劳动形式虽然千变万化,但实际上万变不离其宗,都是皆为利益往来,受资本所胁迫,而并非真的是人的自由发展。但是,遗憾的是,内格里并没有能够继续向前推进,揭示劳动问题的本质。脱离社会关系抽象地讨论知识等非物质劳动,这是表象式的讨论,不是本质式的揭示,其理论批判最终会倒向抽象的人本主义批判。我们一般性地知道知识等非物质劳动可以创造财富,但不知道究竟是什么样的知识等非物质劳动可以创造财富。这是因为选择知识等非物质劳动的机制不在于个人的兴趣爱好,而是在于资本,也即是现实的社会生产关系。是现实的社会生产关系决定什么样的知识等非物质劳动可以创造财富,换句话说,就是能够帮助资本带来利润的知识等非物质劳动才是生产劳动,才会被认为能够创造财富,而不能为资本带来利润的知识等非物质劳动就不是生产劳动,不被认为能够创造财富。于是,后者就会被社会边缘化。如果后

[①] [美]哈特、[意]内格里著,王行坤译:《大同世界》,中国人民大学出版社2015年版,第207页。

者,如艺术家等,不甘心经济上的落魄,常常会抛弃自身的独立性去迎合资本,实现自身经济上的富有。这就是为什么文艺难以繁荣的根本原因。因此,我们讨论非物质劳动,必须要在现实的社会生产关系基础之上加以讨论,否则就会陷入迷茫,迷失方向。而且,只有在现实的社会生产关系基础之上来讨论非物质劳动,我们也才会在理论上真正揭示出资本主义生产方式的内在矛盾,不至于陷入抽象的人本主义批判的困境。

第二节 新固定资本和社会生产力的发展

固定资本往往会被理解为机器,它一度表现为财富创造的巨大源泉。然而,随着固定资本的全面普及和劳动生产力的快速提高,曾经作为固定资本最适当形式的机器,其价值和重要性日趋下降,逐渐表现为流动资本的属性,而社会个人的作用和价值开始凸显,逐步表现为生产和财富的宏大基石,表现为固定资本的最适当的新形式。正如马克思所言,这种固定资本就是人本身。至此,生产方式已经发生变革,在大工业中以劳动资料为起点,而在后工业中则以社会个人为起点。因此,我们首先应该研究的,不再是劳动资料如何从工具转变为机器,而是社会个人如何从人本身转变为了新固定资本。

马克思在《1857—1858年经济学手稿》(以下简称《手稿》)中,既认为机器是固定资本最适合的形式,又认为固定资本是人本身。这前后不一致的论述,一方面使得马克思主义学者产生困惑,不明白固定资本为什么既是机器又是人,另一方面也引起了资产阶级经济学家的批判,认为马克思的理论概念混乱。究其原因,是人们对马克思劳动理论的误读所造成的。人们往往把马克思的劳动理论理解为经济学意义上的劳动价值论。持这样观点的人,跟黑格尔一样,都站在了现代国民经济学家的立场上,认为劳动仅仅是资本自我实现的活动,而不是真正的主体。意大利学者安东尼奥·内格里力图建构无产阶级政治主体的"非物质劳动"理论,在当代,为我们揭示出了劳动者新主体的生产和再生产,有助于我们理解马克思的劳动理论和"固定资本就是人本身"的论断。

面对资本主义生产方式的普遍化和全球化,多数国外马克思主义学者认为:资本已经全面控制了社会生活和人类意识,无产阶级已经告别了历史的舞台。而内格里则认为:"我们要认识到,劳动与反抗的主体已经发生了深刻的变化。无产阶级的构成已经历了转化,故而我们的理解也必须转变。"[1]无产阶级已经不再是昔日的模样,但这并不意味着他们是消亡了,而是发生了变化,我们必须在新的时代条件下,重新构建无产阶级这一主体,这将是一个非常艰巨而又重要的任务。内格里正是在社会主体方面作了探索和贡献。内格里是意大利自治马克思主义的代表人物之一。这一流派的"一个主题就是试图理解近些年劳动实践的变化方式,以及新形式的劳动可能带来什么样的新的、更大的潜能"[2]。他们主要研究劳动形态的变化对主体性的影响,尤其是政治影响,试图不断重构无产阶级政治主体,并在意大利的区域政治运动中实践自己的理论,为新社会的创建进行不懈的斗争。内格里的"非物质劳动理论"正是在这样的传统中发展出来的。内格里试图继续马克思的政治经济学批判,不断地从当代劳动和生产领域中寻找解放力量。他继承了马克思"资本主义发展本身为无产阶级解放创造条件"的思想,认为,如今,作为资本主义发展的最新劳动形式并具备了霸权地位的非物质劳动,既是资本主义经济发展的主要驱动力,同时,又是生产无产阶级主体性的活动。然而,遗憾的是,内格里指出,主体性的生产是与资本的价值生产相一致。这意味着人的发展是由资本所规定的,那么,社会塑造出来的全新的主体,即社会个人就具有了资本属性,而当社会个人表现为财富创造的宏大基石时,社会个人就取代了机器,表现为了新固定资本的形式。此时,人本身已成为新的固定资本,在物质上同直接劳动相对立而存在。用马克思的话说,固定资本就是人本身。那么,马克思在《手稿》中提出的"固定资本既是机器又是人"的说

---

[1] Antonio Negri and Michael Hardt. *Empire*, Harvard University Press, 2000, p.52.
[2] Paolo Virno and Michael Hardt, eds. *Radical Thought in Italy: A Potential Politics*, Minnesota: University of Minnesota Press, 1996, p.5.

法就可以理解了。

通过与马克思文本对照的方式,我们来考察固定资本的演变以及人本身如何转变为新固定资本的。

一、固定资本的演变:从机器到社会个人

固定资本通常会被理解为机器,而且这样的认识至今依然影响着我们看待世界的方式。殊不知,固定资本已经发生了变化。如今,固定资本就是人本身。如果人们的观念不能及时更新,那么人们很难理解这个世界到底发生了什么以及这种变化会对人产生什么样的影响。

固定资本被理解为机器,实质上是劳动资料转化为固定资本的历史进程在人类思想中的反映。这一段历史,马克思在《手稿》中揭示得非常清楚。劳动资料,一开始是直接被资本所利用,后来受到资本所规定,被构造为与资本相适合的形式,即固定资本。如马克思所言:"只要劳动资料仍然是本来意义上的劳动资料,像它在历史上直接地被资本纳入资本价值增殖过程时的那种情形那样,它所经受的就只是形式上的变化,也就是说,现在它不仅从物质方面来看表现为劳动的资料,同时还表现为由资本的总过程决定的特殊的资本存在方式——表现为固定资本。"[1]也就是说,在资本主义初期,劳动资料还只是形式上从属于资本,自身还没有发生变化,如劳动工具依然是农业和手工业时期的劳动者使用的工具,唯一的变化是此时的生产由小作坊式的分散生产变为工厂式的集中生产。然而,随着资本主义的进一步发展,劳动资料开始变化,如劳动工具逐渐发展为机器,成为了与资本相适应的存在,开始实质上从属于资本。"在机器中,尤其是在作为自动体系的机器装置中,劳动资料就其使用价值来说,也就是就其物质存在来说,转化为一种与固定资本和资本一般相适合的存在,而劳动资料作为直接的劳动资料加入资本生产过程时所具有的那种形式消失了,变成了由资本本身规定的并与资本相适应的形式。"[2]

---

[1]《马克思恩格斯全集》(第31卷),人民出版社1998年版,第90页。
[2]《马克思恩格斯全集》(第31卷),人民出版社1998年版,第90页。

第六章 内格里"非物质劳动理论"的学术价值

劳动资料之所以首先形成固定资本,是因为劳动者的自主性迫使资本家采用机器。资本主义发展之初,劳动者技艺能够主导整个生产过程。资本家为了改变这一被动局面,"为了抵制罢工等等和抵制提高工资的要求而发明和应用机器"①。机器代替了劳动者变成了能工巧匠,颠覆了劳动者的地位,使得劳动者变成了附属。比如,"从劳动作为支配生产过程的统一体而囊括生产过程这种意义来说,生产过程已不再是这种意义上的劳动过程了。相反,劳动现在仅仅表现为有意识的机件,它以单个的有生命的工人的形式分布在机器体系的许多点上,被包括在机器体系的总过程中,劳动自身仅仅是这个体系里的一个环节,这个体系的统一不是存在于活的工人中,而是存在于活的(能动的)机器体系中,这种机器体系同工人的单个的无足轻重的动作相比,在工人面前表现为一个强大的机体"②。机器成功打击了劳动的自主性,极大程度贬低劳动者的地位和作用,以至于使得劳动似乎成了生产过程中多余的部分。"在这里,机器就直接成了缩短必要劳动时间的手段。同时机器成了资本的形式,成了资本驾驭劳动的权力,成了资本镇压劳动追求独立的一切要求的手段。"③这一时期正是资本主义机器大工业迅猛发展的时期。身处这个时代的马克思由此认为:"因此,只有当劳动资料不仅在形式上被规定为固定资本,而且扬弃了自己的直接形式,从而,固定资本在生产过程内部作为机器来同劳动相对立的时候,而整个生产过程不是从属于工人的直接技巧,而是表现为科学在工艺上的应用的时候,只有在这个时候,资本才获得了充分的发展,或者说,资本才造成了与自己相适合的生产方式。"④这正好体现了马克思所说的:"生产方式的变革,在工场手工业中以劳动力为起点,在大工业中以劳动资料为起点。因此,首先应该研究,劳动资料如何从工具转变为机器。"⑤

---

① 《马克思恩格斯全集》(第32卷),人民出版社1998年版,第387页。
② 《马克思恩格斯全集》(第31卷),人民出版社1998年版,第91页。
③ 《马克思恩格斯全集》(第32卷),人民出版社1998年版,第387页。
④ 《马克思恩格斯全集》(第31卷),人民出版社1998年版,第93页。
⑤ 《马克思恩格斯全集》(第23卷),人民出版社1972年版,第408页。

而当内格里说资本在当代已经形成新的极权统治时,这意味着资本主义又创造了与自己相适合的生产方式。那么,生产方式的变革,在后工业中又该以什么为起点呢?实际上,无论我们赋予后工业以什么样的内涵或特征,如知识社会、信息社会、消费社会、景观社会等等,最终指向的都是劳动者新主体的生产和塑造。因此,生产方式的变革,在后工业中以劳动力为起点。但此时的劳动力与工场手工业中的劳动力是不同的,前者已经发生了实质上的变化,劳动者的形象、能力、需要、关系、观念等都已被更新为与资本相适应的形式,后者仅仅是形式上的变化,劳动者只是在形式上被直接纳入生产过程。随着科技的进步和生产力的发展,机器的重要性程度逐渐下降,如制造业的衰落可以充分说明这一点,而劳动者在生产中应有的地位被承认,这可以在服务业的蓬勃发展中得到印证。在这一阶段,虽然我们都知道劳动方式的变化和劳动地位的被承认并没有改变资本剥削劳动的实质,但受经济学意义上的劳动价值论的观念所束缚,只关注到劳动者劳动的知识化等非物质倾向,却没有意识到劳动者主体自身已发生变化以及这种变化是以什么样的方式进行的。事实上,如今无论是科技、知识、信息还是情感等,都已经具有资本属性并外化为异己的力量与劳动者相对立而存在。如哈贝马斯已经揭示科学技术成为了资本的意识形态。因此,不管是科技劳动、知识劳动、信息劳动,还是情感劳动创造价值的提法,都是资本主义政治经济学的观点。这些观点实质上都是在强调资本的作用,仅仅将劳动看作资本自我实现的活动或环节,而不是看作具有主体性的人本身,有意或无意地忽略了劳动者作为真正主体的地位和历史作用。而随着社会生产力和生产关系的发展,劳动者自身实际上也获得了相应的发展,具有了新的构成。但是,在社会生产力是用固定资本来衡量的和社会生产关系是由资本所主导的社会条件下,劳动者最终被塑造为与资本相适应的存在,变成了新的固定资本,一种全新的主体。这是我们没有意识到的。新的主体,从自己的物质方面失去了自己的直接形式,并且在物质上作为资本同直接劳动相对立而存在,表现为资本的属性,即新的固定资本。此时,这样的主体不再是本来意义上的劳动者,而是作为异己的力量,作为资本本身的力量,与劳动者相对立而存在,构成了社会的主流。比如,如今人与人之间的关系,形式上表现为劳动者之间的相互承认,实际上实现的是新固定资本对直接劳动的规范和要求。

人一开始也是直接被资本所利用,后来受到资本所规定,被塑造为与资本相适应的存在,如工作机器和欲望机器。只要劳动者仍然是本来意义上的劳动者,像它在历史上直接地被资本纳入资本价值增殖过程时的那种情形那样,如资本强行地提高劳动强度和延长劳动时间等,它所经受的就只是形式上的变化或从属。而劳动者当下被资本纳入资本价值增殖过程时的情形,如劳动者成为生产领域的主体和消费领域的"上帝",表现为财富创造和实现的主要源泉,它所经受的则是实质上的变化或从属。此时,劳动者不仅从物质方面来看表现为劳动者,同时还表现为由资本的总过程决定的特殊的资本存在方式——表现为固定资本。因此,在当下,劳动力也如同劳动资料一样,转化为一种与固定资本和资本一般相适应的存在,而劳动力作为直接的劳动力加入资本生产过程时所具有的那种形式消失了,同时作为自由而全面发展的劳动力加入资本生产过程时所具有那种的形式还没形成,现在变成了由资本本身规定的并与资本相适应的形式,按照资本本性所培养和塑造的具有全面关系、多方面需求和全面能力的存在,如具备功利的社会关系、虚假的社会需要和非人的社会能力的人。因此,主体无论在哪一个方面都不表现为具有独立性和个性的劳动者。主体的特征决不是像具有独立性和个性的劳动者那样,可以自由地实现自我价值;相反,主体的活动表现为它只是实现资本增殖的手段或工具而已,它所获得的发展也只是由资本规定的发展。

由此可见,固定资本不会局限在一种使用价值形式,如大工业时代的机器,而是会根据形势的发展,采用任何适合的使用价值形式,如后工业时代的劳动者新主体,来实现自身的价值增殖。正如马克思所说:"机器体系表现为固定资本的最适当的形式,而固定资本——就资本对自身的关系来看——则表现为资本一般的最适当的形式。另一方面,就固定资本被束缚在自己一定的使用价值的存在中这一点来看,它是不符合资本的概念的,因为作为价值来说,资本采取任何特定的使用价值形式都是无所谓的,它可以把任何一种使用价值形式作为自己一视同仁的化身来加以采用或抛弃。从这方面来看,从资本对外部的关系来看,流动资本同固定资本相比表现为资本的适当形式。"①不过,有一点倒是一直不变:无论是直接形式的人本身,还是处于资本社会关系中新主体,都不过是资本实现自身目的的手段而已。

因此,正如马克思在机器大工业时代所指出的:"决不能从机器体系是固定资本的使用价值的最适合的形式这一点得出结论说:从属于资本的社会关系,对于机器体系的应用来说,是最适合的和最好的社会生产关系。"②劳动者也是如此。决不能说在资本主义条件下,劳动者在能力、需要和关系方面获得了巨大发展,就得出结论说:资本主义是人类存在和发展的最好的最终的社会形态。我们一定要清醒的是:从属于资本的社会关系,对于劳动者的自由而全面发展来说,永远不是最适合的和最好的社会关系。如在对劳动资料转化为固定资本的考察中,马克思讨论了机器生产对工人的影响,驳斥了资产阶级经济学家关于"机器使劳动减轻"的观点,指出:"说什么由于资本家利用固定资本使工人的劳动减轻了(相反,资本家利用机器使工人的劳动失去了一切独立性和吸引力),或者使工人劳动的时间缩短了,所以工人就和资本家分享劳动产品了,这种说法是极其荒谬的资产阶级滥调。"③如马克思关于"机器生产对工人的直接影响"的研究充分地说明了这一点。第一,资本对补充劳动力的占有,如妇女劳动和儿童劳动,以增加资本剥削的人身材料。机器的采用降低了对劳动者身体条件的要求,这使得妇女和儿童也被吸纳到资本的生产中来。"因此,资本主义使用机器的第一个口号是妇女劳动和儿童劳动!这样一来,这种代替劳动和工人的有力手段,就立即变成了这样一种手段,它使工人家庭全体成员不分男女老少都受资本的直接统治,从而使雇佣工人人数增加。为资本家进行的强制劳动,不仅夺去了儿童游戏的时间,而且夺去了家庭本

---

①《马克思恩格斯全集》(第31卷),人民出版社1998年版,第93页。
②《马克思恩格斯全集》(第31卷),人民出版社1998年版,第94页。
③《马克思恩格斯全集》(第31卷),人民出版社1998年版,第96页。

第六章 内格里"非物质劳动理论"的学术价值

身通常需要的、在家庭范围内从事的自由劳动的时间。"①第二,工作日的延长。机器具有不间断生产的欲望,力图通过无限度地延长工作日侵吞工人的全部生活时间。"因此,机器的资本主义应用,一方面创造了无限度地延长工作日的新的强大动机,并且使劳动方式本身和社会劳动体的性质发生这样的变革,以致打破对这种趋势的抵抗,另一方面,部分地由于使资本过去无法染指的那些工人阶层受资本的支配,部分地由于使那些被机器排挤的工人失业,制造了过剩的劳动人口,这些人不得不听命于资本强加给他们的规律。由此产生了近代工业史上一种值得注意的现象,即机器消灭了工作日的一切道德界限和自然界限。"②第三,劳动的强化。机器的发展,通过在每一时刻内榨取更多的劳动或不断地加强对劳动力的剥削,使人们能在越来越短的时间内提供惊人的增长的产品。"资本手中的机器所造成的工作日的无限度的延长,使社会的生命根源受到威胁,结果像我们所看到的那样,引起了社会的反应,从而产生了受法律限制的正常工作日。在正常工作日的基础上,我们前面已经看到的劳动强化现象,就获得了决定性的重要意义。"③"毫无疑问,当法律使资本永远不能延长工作日时,资本就力图不断提高劳动强度来补偿。"④如通过如下两种方法达到:一种是提高机器的速度,另一种是扩大同一个工人看管的机器数量,即扩大工人的劳动范围。综上所述,"机器劳动极度地损害了神经系统,同时它又压抑肌肉的多方面运动,侵吞身体和精神上的一切自由活动。因此,所谓减轻劳动实际上成了折磨人的手段。因为机器不是使工人摆脱劳动,而是使工人的劳动毫无内容"⑤。

而在对劳动者转化为新固定资本的考察中,我们发现:"在如今科技发达的社会,人已经获得了自由而全面发展"的观点也是站不住脚的。当劳动者转化为固定资本时,说明资本的统治和剥削正在深化。

---

① 《马克思恩格斯全集》(第23卷),人民出版社1972年版,第433页。
② 《马克思恩格斯全集》(第23卷),人民出版社1972年版,第447页。
③ 《马克思恩格斯全集》(第23卷),人民出版社1972年版,第448页。
④ 《马克思恩格斯全集》(第23卷),人民出版社1972年版,第457页。
⑤ 《马克思恩格斯全集》(第23卷),人民出版社1972年版,第463页。

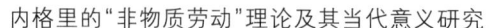

其表现主要是如下几个方面:第一,资本不仅占有劳动者的人身材料,而且还继续占有劳动者的一切,如需要、能力、关系甚至意识等。如劳动者已经不仅被要求成为生产性的工人,而且还被塑造为消费者。第二,资本不仅在生产领域绝对或相对延长劳动时间,而且还控制了劳动者的生活时间。如劳动时间已经渗透到生活时间,以至于两者之间的界限变得模糊,而生活时间则又被无所不在的广告所包围。因此,劳动者几乎所有的时间都被资本所占据。第三,资本不仅增加了劳动的强度,而且还提高了劳动的要求。如资本不仅要求劳动具有效率,而且还要求劳动进行"创新"。这里所谓的创新,主要的目的是为了实现资本的增殖,如创新产品的制造、包装和销售等,而不是为了人自身多样性的发展。由此,我们看到,当劳动者转化为新固定资本时,不仅人们的身体,而且人们的心灵、需要、社会关系、意识、生活方式等都被资本所吸纳和利用。人的一切时间和发展都受到资本所控制和规定。

二、社会个人:从人本身到新固定资本

马克思所处的大工业时代,劳动处于边缘化的地位。在这样的背景下,理论的推导自然遵循着继续贬低劳动的逻辑,认为无论是机器的引入,还是交往的扩大,劳动者都只是可有可无的一个环节或要素,财富的创造较多地取决于机器或交往,而不是直接劳动。但现实的发展却并没有沿着上述的逻辑继续发展下去从而进一步贬低劳动者,而是开始不断地抬高和吹捧劳动者,将劳动者置于生产和消费的中心,按照资本的要求不断地去培养和塑造劳动者的能力、需要和关系,以至于财富的创造较少地取决于机器、交往和科学,而是较多地取决于具有更大生产力的新的劳动主体或新固定资本。

其实,马克思在机器大工业时代已经清醒地指出:虽然财富的创造不再取决于直接劳动和劳动时间,但也不取决于机器,如马克思对罗德戴尔之流的批判:资本本身离开劳动是不可以创造价值的,"是道路的修建者,而不是'道路'本身,可以分享道路的使用者所得到的利益"[1],

---

[1]《马克思恩格斯全集》(第31卷),人民出版社1998年版,第98页。

而是取决于对人本身一般生产力的占有,即社会个人的发展。如"在这个转变中(机器的使用,使得工人不再是生产过程的主要作用者,而是成为了生产过程的旁观者),表现为生产和财富的宏大基石的,既不是人本身完成的直接劳动,也不是人从事劳动的时间,而是对人本身的一般生产力的占有,是人对自然界的了解和通过人作为社会体的存在来对自然界的统治,总之,是社会个人的发展"①。马克思之所以得出这样的判断,是因为马克思认为,机器大工业生产,一方面使得现实财富的创造较少取决于直接劳动时间的量,另一方面使得"直接的物质生产过程本身也摆脱了贫困和对立的形式"②。这样,劳动者就在一定程度上获得了解放,他们不仅拥有了更多可以自由支配的时间,而且还从困苦的直接劳动中解脱出来,为个人生产力的充分发展创造了可能和空间。马克思由此认为:劳动者的"个性得到自由发展,因此,并不是为了获得剩余劳动而缩短必要劳动时间,而是直接把社会必要劳动缩减到最低限度,那时,与此相适应,由于给所有人腾出了时间和创造了手段,个人会在艺术、科学等等方面得到发展"③。而获得了充分发展的社会个人,就会作为最大的生产力又加入直接生产过程,成为生产和财富的宏大基石。

马克思的上述判断,是基于如下的理论逻辑得出的:"真正的财富就是所有个人的发达的生产力。那时,财富的尺度决不再是劳动时间,而是可以自由支配的时间。"④也就是说,在未来社会中,财富不再表现为商品的巨大堆积,也不再表现为固定资本的宏大规模,而是表现为个性得到自由发展的所有社会个人。因为马克思认为:"以劳动时间作为财富的尺度,这表明财富本身是建立在贫困的基础上的,而可以自由支配的时间只是在同剩余劳动时间的对立中并且由于这种对立而存在的,或者说,个人的全部时间都成为劳动时间,从而使个人降到仅仅是工人的地位,使他从属于劳动。因此,最发达的机器体系现在迫使工人

---

①《马克思恩格斯全集》(第31卷),人民出版社1998年版,第100页。
②《马克思恩格斯全集》(第31卷),人民出版社1998年版,第101页。
③《马克思恩格斯全集》(第31卷),人民出版社1998年版,第101页。
④《马克思恩格斯全集》(第31卷),人民出版社1998年版,第104页。

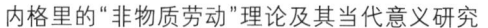

比野蛮人劳动的时间还要长,或者比他过去用最简单、最粗笨的工具时劳动的时间还要长。"①以劳动时间作为财富的尺度,这意味着社会有将所有个人的全部时间都变为劳动时间的倾向,这样的倾向所导致的结果是劳动者没有时间去实现个人的充分发展,因而劳动者自身的生产力也得不到有效提高,最后必然是劳动者越发的贫困,经济发展难以为继。也正由于生产中首要的生产力即劳动者的发展被压制,所以劳动者自身的重要性就得不到社会认可,而且劳动者也难以真正发挥首要生产力的作用。在机器大工业时代,马克思揭示机器迫使工人劳动更长的时间,使得工人仅仅沦为附属工人的地位,浪费了人的精神和血肉;而在信息化时代,关于"个人的全部时间都成为劳动时间"的现象愈加严重。社会通过经济利益诱使劳动者将全部时间都转化为劳动时间,进一步贬低劳动者的地位,使其仅仅成为拼命工作的机器,同时又通过媒体的宣传攻势入侵劳动者的生活时间,将劳动者塑造为消费者,使其沦为欲望的机器。因此,如今,不仅工作时间与生活时间的界限已经模糊,而且生产已经渗透到生活的方方面面,如工作手机保持24小时开机和无孔不入的广告植入等,以至于有些国家工会要求立法:规定公司在下午6点到早上9点之间不允许向员工发送工作信息。而关于广告的投放地点、播放时段、时间和植入方式等也开始有了越来越完善的规定。然而,随着社会的发展,人们渐渐意识到"发展了的人"的重要性,如学历和技能的提升可以实现劳动能力和收入的提高,换句话说,人们开始认识到:财富的尺度是可以自由支配的时间。个人和社会都有意识地对人本身进行发展和塑造,如个人会在工作之余挤出时间来进行"充电"和继续深造,公司会在生产的淡季安排员工进行各种"免费"培训,而社会则会以有偿或无偿的方式为公民提供多种培训。因此,马克思认为:"真正的经济——节约——是劳动时间的节约。而这种节约就等于发展生产力。……发展生产力,发展生产的能力,因而既是发展消费的能力,又是发展消费的资料。消费的能力是消费的条件,因而是消费的首要手段,而这种能力是一种个人才能的发展,生产

---

① 《马克思恩格斯全集》(第31卷),人民出版社1998年版,第104页。

力的发展。"①节约劳动时间最终要实现的不是劳动生产率的提高,而是社会个人的发展。这是生产力的核心。这也解释了为什么劳动时间的节约就等于发展生产力。在这里马克思还具体说明了生产力是如何发展的。生产力的发展包括劳动者生产能力的提高和消费能力的发展,而消费能力的发展更重要,尤其是在商品极大丰富的时代,这一点尤为明显。这种消费能力的发展其实不仅仅是个人才能的发展,个人需要层次的提升,而且现在发展为更多的是社会对所有个人的培养和塑造,使得每一个人都具有多样的消费需求,甚至可能是虚假需求。这样就可以尽可能地消费大量的商品,将商品中所包含的剩余价值实现出来。由此可见,真正的经济是劳动时间的节约,真正的财富是所有个人的发达的生产力。

然而,在现实直接生产过程当中,社会个人是如何发展的? 社会个人又发展为了什么样的存在? 马克思曾经指出:"生产力和社会关系——这二者是社会个人的发展的不同方面——对于资本来说仅仅表现为手段,仅仅是资本用来从它的有限的基础出发进行生产的手段。但是,实际上它们是炸毁这个基础的物质条件。"②由此可知,社会个人通过两个方面实现发展:一是生产力的发展促进着社会个人的发展;二是社会关系的发展规定着社会个人的发展。比如,当作为第一生产力的科技的进步和发展,要求社会个人掌握一定的科学知识,而作为社会关系主要内容的资本的威逼和利诱,要求社会个人成为经济的主体。而马克思的分析是:"节约劳动时间等于增加自由时间,即增加使个人得到充分发展的时间,而个人的充分发展又作为最大的生产力反作用于劳动生产力。从直接生产过程的角度来看,节约劳动时间可以看作生产固定资本,这种固定资本就是人本身。"③也就是说,生产力的快速发展,如科技的长足进步和广泛应用,这可以使得劳动者可以从艰苦的劳动中解放出来,而且也节约了劳动时间,增加了自由时间。劳动者在自由的时间里,学习科技和文化知识,使得个人得到充分的发展,提高

---

①《马克思恩格斯全集》(第31卷),人民出版社1998年版,第107页。
②《马克思恩格斯全集》(第31卷),人民出版社1998年版,第101页。
③《马克思恩格斯全集》(第31卷),人民出版社1998年版,第108页。

自身的生产力,以便更好地适应和推动社会的发展。正如马克思指出:"自由时间——不论是闲暇时间还是从事较高级活动的时间——自然要把占有它的人变为另一主体,于是他作为这另一主体又加入直接生产过程。"①马克思在这里非常明确地说明,人们利用自由时间将自己塑造为另一主体或新的主体,这样的主体作为更大的生产力又加入直接生产过程,促进生产的发展。现实的发展确实也证实了马克思的这一判断,劳动者作为新的主体加入了生产过程,极大地推动生产力的发展,但不同的是,这一新的主体不是劳动者自由发展的结果,而是由资本规定进行塑造的结果。在资本主义的直接生产过程中,由于对劳动者的使用是从属于资本的社会关系的,那么,劳动者在自由时间里所实现的发展必然是由资本所规定的,而处于这样社会关系中的人本身,即社会个人也就成为了与资本相适应的存在,即新固定资本。这就是马克思所说的"节约劳动时间可以看作生产固定资本"和"这种固定资本就是人本身"的内在逻辑。虽然生产力的发展可以有效地促进社会个人的发展,但在从属于资本的社会关系中,社会个人的发展是受到资本所规定的发展,而不是自由而全面的发展。这对于社会健康持续的发展是不利的。

最后,马克思指出:"如果我们从整体上来考察资产阶级社会,那么社会本身,即处于社会关系中的人本身,总是表现为社会生产过程的最终结果。具有固定形式的一切东西,如产品等等,在这个运动中只是作为要素,作为转瞬即逝的要素出现。直接的生产过程本身在这里只是作为要素出现。生产过程的条件和对象化本身也同样是它的要素,而作为它的主体出现的只是个人,不过是处于相互关系中的个人,他们既再生产这种相互关系,又新生产这种相互关系。这是他们本身不停顿的运动过程,他们在这个过程中更新他们所创造的财富世界,同样也更新他们自身。"②因此,在生产过程中,无论是产品还是生产过程的条件等都只是要素,而真正的主体只是个人,社会个人。这里的社会个人

---

① 《马克思恩格斯全集》(第31卷),人民出版社1998年版,第108页。
② 《马克思恩格斯全集》(第31卷),人民出版社1998年版,第108页。

不是直接的人本身,而是处于社会关系中的人本身,他表现为社会生产过程的最终结果,是社会塑造出来的全新的主体。作为新的主体,他们不断地再生产和更新自身所处的社会关系,创造出前所未有的全新的世界和财富。改革开放至今,我国在经济上取得的巨大成就已经证明了新主体的作用。他们有能力去创造新的世界。这一历史进程所实现的并非仅仅是收入分配机制的健全和完善,而是生产方式本身已经提高到了更高级的形式,即人本身已经转变为新固定资本。

回顾历史,我们发现:资本主义发展到现在,经过了三个阶段,第一阶段是劳动者被要求成为生产性的工人,这是资本主义初期,资本家急需"自由"的工人进行生产,然而,在这一时期,劳动者在劳动过程中具有极大的自主性,一旦熟练的劳动者进行罢工和抵抗,那么生产就会面临瘫痪。资本家为了摆脱这种被动的局面,纷纷引入机器,企图颠覆劳动者在生产过程中的地位,使得劳动者彻底沦为附属,这就是第二阶段,即劳动者成为了机器的附属。第二阶段是资本主义发展中期。但是,随着社会的进一步发展,资本家发现,通过增加固定资本如机器、厂房的投入来压制劳动者作用的策略,难以适应社会发展的需要,因为劳动者毕竟是生产中的首要生产力,这是不能被否认的,否则就会成为生产力发展的短板,另外,更加迫切的现实的问题是,机器大量生产的商品无法被实现,科技含量高的机器无人会使用,这就需要培养劳动者的多方面的需要、全面的能力和关系,使其更好地为资本的增殖所服务。于是就进入第三阶段,劳动者被塑造为驯顺的主体。这一阶段正是我们所经历的阶段,也是劳动者被塑造成为消费者和被要求成为主体的时代。虽然这在客观上促进了劳动者主体性的发展,赋予了劳动者适当的自主性,但在实质上实现的却是资本对劳动更深层次的极权统治和剥削。总之,这是资本按照自身的意志或面貌创造出了全新的世界和全新的主体。

小结

当社会个人从人本身转变为了新固定资本时,马克思指出,这意味着生产方式本身发展到了更高的形式。因为作为社会个人发展的两个

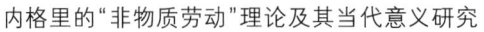

方面是生产力和社会关系。一旦生产力和社会关系发展到更高阶段，那么社会个人的构成就会发生变化。如今，科技是第一生产力，资本是社会关系的主要内容。因此，科技和资本成为了社会个人发展的主要方面。而当科技和资本结合，科技极易沦为资本的意识形态。最终，整个世界和社会个人是按照资本的意志所创造的。那么，社会个人的构成就是固定资本。这虽然可以实现生产力的快速发展，但对于人的全面发展和社会的长远发展是不利的。只有当社会关系发展到以社会规范为主要内容时，社会个人的发展才能回归到人本身，实现自由而全面的发展，成为社会真正的财富。

第七章
内格里"非物质劳动理论"的现实意义

第一节 非物质劳动理论深化和发展了马克思的劳动理论

内格里的非物质劳动理论虽然饱受争议,但仍然有重要的学术价值。非物质劳动理论揭示了非物质劳动是当今资本主义生产劳动的主要形式,看到了劳动当代的表现形式。这让人们意识到,马克思的劳动理论不仅包括物质劳动,而且还包括非物质劳动。而这又会引起人们的进一步思考,马克思的劳动理论到底是物质劳动理论,还是非物质劳动理论?随着思考的深入,人们会逐渐明了:马克思劳动理论的本质不在劳动的表现形式,而在劳动的社会生产关系。至此,人们就会对马克思的劳动理论有了深入和科学的认识。因此,可以说,内格里的非物质劳动理论在一定程度上深化和发展了马克思的劳动理论。

一、非物质劳动理论丰富了马克思的劳动理论

通过对非物质劳动理论的研究,使我们认识到:我们以前对马克思劳动理论的理解具有时代的局限性。工业化大生产的历史背景使我们只看到物质劳动可以创造财富,以致我们将马克思劳动理论误以为是

物质劳动理论。随着时代的发展,后工业社会的来临,如知识社会、消费社会、信息社会等,这使我们看到非物质劳动也可以创造财富。这一事实开始冲击着以往我们对马克思劳动理论的理解。此时,人们会有两种本能反应:一种是认为马克思的劳动理论过时了,需要提出新的劳动理论;一种是固守马克思的物质劳动理论,否认现实的发展。这两种反应一段时期内影响着我们对马克思劳动理论的认识。当我们可以冷静地看待这些反应的时候,我们会发现,这些只能说明我们需要更新和丰富马克思的劳动理论,而不是抛弃和教条化。

  如今,国内学界关于马克思劳动理论研究大多是这样的两种研究路向,即经济学和伦理学研究路向,要么将马克思的劳动概念看作是一个经济学概念,要么是认为马克思的劳动应该是一种伦理性或规范性的活动。前者的研究主要集中于马克思"劳动价值论"的研究,后者则是钟爱"人本学"意义上的异化劳动理论。经济学意义上的劳动价值论研究,在发展生产力方面自然有着重要的意义,然而马克思劳动理论的纯粹经济学研究,极易偏离甚至背离马克思政治经济学批判和中国特色社会主义的最终要义。比如,在文化、科技、消费甚至信息喧嚣尘上的时代,马克思的劳动理论一再被否定和批判,似乎一切劳动理论都该退出历史舞台了,事实不然,虽然具体的物质劳动已经难以作为衡量财富的尺度,但财富的主要来源依然是劳动,而且当代资本主义并没有超越马克思的理论问题域,马克思的劳动理论仍然具有重要的时代价值;而人本学意义上的异化劳动理论研究,虽然面向现实、批判现实,但并没有改变现实的社会生产关系,极易陷入伦理反对派的尴尬境地。尽管这一研究路向可能会对生产过程产生干扰,有一定的意义,但是,这只是对结果的攻击,而产生这些结果的原因仍然存在。因此,这样的研究只是对生产过程的干扰,而生产过程的牢固基础仍然有力量通过或多或少暴力的反作用,使这种干扰成为只是暂时的干扰并加以控制。因此,纯粹经济学或人本学意义上的劳动理论研究,难以彰显马克思劳动理论的意义和价值,无法真正分析和指导我国的经济发展。前者倒退到了马克思之前的政治经济学阶段,后者则是停留在马克思早期人本主义阶段。而两者共同的问题是对劳动现实的发展缺乏关注,没有看到劳动非物质化的现实,因而没有对劳动的这一新变化进行深入的研究。

马克思的劳动理论绝非类似于资产阶级政治经济学的劳动价值论,马克思的劳动理论绝不可能是自己批判对象的理论。马克思自始至终都坚持认为,劳动力是价值的源泉,而不是直接劳动、抽象劳动和死劳动。马克思晚期在讨论"固定资本和社会生产力的发展"章节非常明确地指出:表现为生产和财富的宏大基石的是对人本身的一般生产力的占有,即社会个人的发展。如果我们对劳动的把握仅仅理解为直接劳动,那么在机器大工业时代、信息化时代等,我们就无法解释社会财富到底是由劳动者所创造的,还是由机器或科技所创造的。身处机器大工业时代的马克思就曾非常清醒地指出,财富的创造绝不是来源于机器,而是来源于劳动者,只不过此时的劳动者不是直接的人本身,而是处于社会关系中的人本身,即社会个人或全新的主体。马克思原以为这样的社会个人是劳动者在自由时间里自由发展自己个性的结果,然而,现实的情况是这样的主体是受资本规定并与资本相适应的主体,而不是真正自由发展意义上主体。虽然全新的主体是按照资本的本性所培养和塑造的人,但毕竟客观上促进人的自主性的发展,如全面的关系、多方面的需求和全面的能力,然后这样的主体作为更大的生产力又加入直接生产过程,促进生产力的发展。但是需要注意的是,决不能从全新主体是更大的生产力中得出,从属于资本的社会关系就是最适合的和最好的社会生产关系,相反,这是资本对劳动更加深入的统治和剥削。

而内格里的非物质劳动理论也绝非认识论意义上的唯心主义学说,这也是荒谬的。内格里的非物质劳动理论绝非贝克莱的非物质主义学说,因为两个时代的问题域截然不同。贝克莱时期的哲学主题是认识论问题,而内格里时代的哲学关切是人类解放问题。不过内格里没意识到"非物质劳动"概念的历史,这着实给他的理论带来了不小的麻烦,使得他的理论贡献几乎被掩盖殆尽。此为其一,其二是内格里关于非物质劳动的提法,也引起了不小的争议。"非物质劳动"给人的第一印象是劳动缺乏物质内容,而且概念本身过于宽泛,抓不住关键。

这些都让人摸不着头脑,不知道非物质劳动理论究竟想要表达什么东西。虽然内格里后来建议用"生命政治劳动"作为替换形式,凸显了劳动主体的生产,但"非物质劳动"概念的影响已经形成,很难彻底改变不利局面和消除负面影响。但作为专门研究内格里的非物质劳动理论的学者来说,却不能也不应该受到上述方面的影响,否则极易错失其劳动理论所具有的理论贡献。虽然内格里明确否定了马克思劳动理论的科学内涵,认为马克思的劳动理论已经过时,但内格里借用生命政治的框架却重新发现了马克思的劳动理论。因为内格里否定的是所谓正统马克思主义的劳动理论,而内格里发现的则是真正意义上的马克思的劳动理论。内格里的非物质劳动理论揭示了劳动者作为新的主体被不断建构出来,作为更大的生产力加入生产过程,促进生产力的发展。这已经回归了马克思的劳动理论。其中难能可贵的是,内格里的非物质劳动理论无论是在理论上还是在政治实践中,依然继承了马克思劳动理论的批判和解放因素,试图在劳动领域中不断挖掘革命和解放的潜能。因此,正如塞耶斯所说:"随着计算机和信息技术的广泛使用,新型劳动形式已经得到发展。哈特和内格里试图用理论来阐述这些变化及其产生的特殊影响。"[1]

二、非物质劳动理论推进了马克思的劳动理论

通过对非物质劳动理论的研究,我们发现,内格里推进了马克思的劳动理论。

许多学者关于非物质劳动的解读,往往都是望文生义式地加以理解和批判,既不了解内格里,又不了解马克思,就轻易地给出了自己的判断。这也在所难免,毕竟每个人的时间和精力都是有限的,不可能对所有的学术问题都进行深入的了解。

事实上,在学术如此喧嚣的时代,马克思劳动理论的理论价值和内格里劳动理论的学术贡献都还没有被清晰地沉淀下来,我们的批判或

---

[1] 〔英〕肖恩·塞耶斯著,周嘉昕译:《现代工业社会的劳动——围绕马克思劳动概念的考察》,载于《南京大学学报》(哲学·人文科学·社会科学),2007年第1期,第33—41页。

多或少流于表面,缺乏耐心和真诚。马克思的劳动理论是否仅仅是我们通常理解的经济学意义上的劳动价值论?内格里的非物质劳动理论是否仅仅是传统哲学认识论意义上的精神劳动理论?这些都是要打问号的。如果我们的批判仅仅停留于一些成见上,那么很难要求我们的理论可以走得更远。

有学者认为:内格里的非物质劳动理论是建立在对马克思劳动理论误读的基础上的。如英国学者塞耶斯指出:"哈特和内格里的批判是建立在对马克思思想误读的基础上。"[1]国内学者闫海潮也认同这样的观点,认为:"这种对马克思劳动理论的判断和理解虽然有值得称道的一面,但更多的是对马克思劳动观点的误读。"[2]这样的判断本身是没有问题的,内格里确实存在误读马克思劳动理论的问题,他将马克思的劳动理论理解为物质劳动理论而加以抛弃,但是因此而否定内格里"非物质劳动理论"所蕴含的学术价值是不恰当的。如塞耶斯说内格里的非物质劳动理论对于我们理解劳动的新形式没有什么帮助——"哈特和内格里正确地指认了,自工业革命以来劳动形式已经发生了彻底的改变;然而,非物质劳动和生态政治活动的范畴在理解这些改变方面并未提供多少帮助。"[3]

事实上,通过之前的相关讨论,我们发现,内格里的非物质劳动理论在理解劳动新形式方面是有帮助的。内格里的非物质劳动理论虽然没有摆脱新自由主义的话语表述方式,但是一定程度上恢复了马克思政治经济学批判的传统,揭示了劳动新形式的剥削内涵,继承了劳动解放的思想。因此,内格里的非物质劳动理论不仅描述了当代劳动的新变化,指出一般趋势,而且还力图揭示劳动的新变化对劳动主体的影

---

[1]〔英〕肖恩·塞耶斯著,周嘉昕译:《现代工业社会的劳动——围绕马克思劳动概念的考察》,载于《南京大学学报》(哲学·人文科学·社会科学),2007年第1期,第33—41页。

[2]闫海潮:《非物质劳动:马克思劳动观点的发展还是误读?》,载于《内蒙古农业大学学报》(社会科学版),2009年第2期,第292—294页。

[3]〔英〕肖恩·塞耶斯著,周嘉昕译:《现代工业社会的劳动——围绕马克思劳动概念的考察》,载于《南京大学学报》(哲学·人文科学·社会科学),2007年第1期,第33—41页。

响,尤其是政治影响,并赋予马克思式的人类解放的理论任务和政治目的。"与其他学者的观点相比,麦克尔·哈特和安东尼奥·奈格里提出的非物质劳动概念,显示出了更强的理论辨析能力。从表面上看,非物质劳动概念所讲的内容,譬如服务业劳动及知识生产劳动的重要性的凸显、个性化劳动的增加等,在其他学者那里也已得到阐述,但问题是,哈特和内格里不仅阐述了劳动特征的上述新变化,而且还阐述了这些新变化是如何基于劳动过程本身的变化而来的,并且还进一步地阐述了劳动过程的这种变化在生命政治、危机及解放等维度上的效应。"[1]这里,内格里对劳动的解读从资产阶级的政治经济学分析推进到了人本主义批判的阶段,为我们历史唯物主义地解读劳动的新形式做了准备。这一阶段正是马克思历史唯物主义形成过程中经历的一个阶段,即《1844年经济学哲学手稿》阶段。如果没有这一阶段,马克思很难从历史唯心主义阶段过渡到历史唯物主义阶段。因此,如果没有内格里"非物质劳动理论"的推动,我们对劳动新形式的理解可能还会停留在资产阶级政治经济学分析的阶段而难以自拔。

第二节 非物质劳动理论为中国特色社会主义的创建提供理论启示

一、非物质劳动是当代经济的主要特征

通过对非物质劳动理论的研究,我们发现,非物质劳动成为了当今生产劳动的主要形式,通俗点说,就是非物质劳动成为了财富创造的源泉。这对于社会发展的启示是,我们需要在社会主义生产方式下大力发展第三产业,需要进行万众创新,在促进经济发展的同时,创建生态

---

[1] 唐正东:《非物质劳动与资本主义劳动范式的转型》,载于《南京社会科学》,2013年第5期,第28—36页。

第七章　内格里"非物质劳动理论"的现实意义

文明。

内格里的非物质劳动理论可以说揭示了经济发展的一般趋势,即经济和劳动的非物质化。20世纪70年代以来,诸如服务性劳动、知识劳动、情感性劳动等非物质劳动开始成为生产的主导类型。内格里对它们进行了理论上的概括,提出了非物质劳动理论,试图抓住信息社会和高技术生产条件下的一些新的现象。"今天,在这些国家,商品生产仍然是必需的。工农业生产至关重要。但是一些像知识、文化、思想、娱乐、信息、社会关系、社会管理、企业管理等事物产生了。发达国家进入了非物质生产的时代。这种生产占主导和支配地位。非物质生产不仅仅可以帮助商品生产,它还帮助诸如满足健康的需要、文化的需要,或者老年人的护理。"[1]因此内格里指出:"非物质劳动力量(从事通讯交往、合作及各种情感的生产与再生产)在资本主义的生产图式和无产阶级的构成结构中占据了核心位置,且这种核心性仍在与日俱增。"[2]但这"并不是说当今世界的绝大多数工人主要生产的是非物质产品。相反,农业劳动许多世纪以来一直都在数量上居主导地位,而全球的工业劳动在数量上也没有降低。非物质劳动只占全球劳动的一小部分,而且集中在地球上的支配性地区。我们的观点是非物质就质的方面而言已成为霸权,并且决定了其他的劳动方式和社会本身发展的趋势"[3]。

而内格里的非物质劳动霸权思想说明了当今全球经济产业结构的变化和升级,尤其是信息产业的发展。如中国的"互联网+"就是希望能够跟上这一潮流,搭上新一轮产业革命的快车。"非物质劳动的霸权取代工业劳动的霸权,不仅导致了社会生活的深刻变革,而且引发了新一轮的产业革命。信息产业和服务产业作为新兴产业、主导产业,对原来的第一产业和第二产业进行渗透、革新,以致以工业化为主要特征

---

[1] [法]让·克罗德·迪劳内:《非物质生产概念及马克思理论》,载于《海派经济学》,2010年第30期,第119—124页。
[2] [美]迈克尔·哈特、[意]安东尼奥·内格里著,杨建国、范一亭译:《帝国:全球化的政治秩序》,江苏人民出版社2003年版,第68页。
[3] [美]迈克尔·哈特、[意]安东尼奥·内格里:《帝国主义与后社会主义政治》,见罗岗主编:《帝国、都市与现代性》,江苏人民出版社2006年版,第32页。

的现代化不再是经济发展和竞争的关键,产业发展不再严格地循序渐进地经历各个技术发展阶段,有可能超越工业化阶段,直接进入信息化阶段。这就是信息经济的方兴未艾为工业化阶段落后的国家带来的前所未有的发展机遇:它们没有必要经过一个完整的工业化阶段,可以直接发展信息经济,并以信息经济来推动产业的全面革新,从而有可能缩短与发达国家之间的差距。"[1]正如吉登斯所说:"新技术的发展为我们提供了机会,使我们能跳过工业发展的某些阶段,这些阶段在过去是新兴国家所必经的。"[2]

意大利的经济发展已经证明了这一观点的科学性,这为发展中国家快速发展本国经济提供了借鉴。"自20世纪50年代以来的意大利经济的转化清楚地表明,经济相对落后的地区并不简单遵循优势地区经历过的相同阶段,而是以可替换的和混合的模式发展起来。二战后,意大利仍是一个主要以农民为基础的社会,但在五六十年代,它经过了激烈却并不彻底的现代化和工业化,创造了一个重大的经济奇迹。后来在七八十年代,当工业化的过程仍未完成时,意大利经济又开始了另一种转变,一个后现代化的过程,并创造了第二次经济奇迹。"[3]

"通讯技术和计算机的广泛使用,第三产业的快速发展,使得非物质劳动逐步取代了工业劳动的霸权,人类进入了知识经济、信息经济或者说'无重量经济'、'非物质经济'的新时代。非物质经济推动了资本在全球的迅速扩张和吸纳,使主要资本主义国家实现了奇迹般的富有,并引起了社会生活的重大变革。……不仅如此,经济的非物质化,被正统经济学家和众多学者认为是解决日益严重的全球环境问题的希望所在。"[4]非物质经济确实极大地推动了经济的发展,以至于西方学者甚至希望通过非物质经济解决全球生态问题。如高兹就认为经济的非物

---

[1] 陈志刚:《非物质经济与社会变革》,载于《马克思主义研究》,2007年第6期,第49—57页。

[2] 〔英〕威尔·赫顿、〔英〕安东尼·吉登斯编:《在边缘——全球资本主义生活》,生活·读书·新知三联书店2003年版,第71页。

[3] Antonio Negri and Michael Hardt. *Empire*, Harvard University Press, 2000, p. 288.

[4] 陈志刚:《非物质经济与社会变革》,载于《马克思主义研究》,2007年第6期,第49—57页。

质化可以解决资本主义的生态危机。但是,由于没有意识到经济的非物质化并没有改变资本主义固有的内在矛盾,高兹的方案必然流于空想。"环境问题的解决不是简单的技术问题,而是制度问题。不能否认,技术的提高对于环境问题的解决有促进作用。很多污染问题的缓解,就技术来说已经不成问题,如全球二氧化碳排放增加很大程度上是由于汽车的广泛使用,就事物的简单逻辑来说,削减汽车的广泛使用必然大大缓解二氧化碳的排放。但问题的关键在于技术的推广和污染产业的控制被利润最大化的逻辑所遏制。虽然,可持续发展观念在几十年前就几经提出,但资本主义政府却将可持续发展等同于技术的升级。"①关于这一点,福斯特已经说得相当清楚了:"将可持续发展仅局限于我们是否能在现有生产框架内开发出更高效率的技术是毫无意义的,这就好像把我们整个生产体制连同其非理性、浪费和剥削进行了'升级'而已。我们只能寄希望于改造制度本身,这意味着并不是简单地改变该制度特定的'调节方式',而是从本质上超越现存积累体制。能解决问题的不是技术,而是社会经济制度本身。在发达的社会经济体制下,与环境建立可持续关系的社会生产方式是存在的,只是社会生产关系阻碍了这种变革。"②所以,我们要想真正解决生态问题,必须"沿着社会主义方向改造社会生产关系。这种社会的支配力量不是追逐利润,而是满足人民的真正需要和社会生态可持续发展的要求"③。这对于中国生态文明的创建有着重要的启示。

二、非物质劳动为人的自由发展创造条件

通过对非物质劳动理论的研究,我们发现,劳动问题的本质在于社会生产关系,通俗点说,就是什么样的劳动可以创造财富,不是由个人意志决定的,而是由社会生活条件决定的。这对于社会发展的启示是,

---

① 陈志刚:《非物质经济与社会变革》,载于《马克思主义研究》,2007年第6期,第49—57页。

② 〔美〕约翰·贝拉米·福斯特著,耿建新等译:《生态危机与资本主义》,上海译文出版社2006年版,第95页。

③ 〔美〕约翰·贝拉米·福斯特著,耿建新等译:《生态危机与资本主义》,上海译文出版社2006年版,第96页。

我们需要进一步创造我们的社会生活条件。因为我们现在还处在创造自己的是社会生活条件的过程中,还没有从社会生活条件出发去开始我们自己的社会生活。换句话说,人们还受到一定的狭隘的生产关系,如资本社会生产关系的制约,还不能真正实现自由的发展。但是,我们不能说这一关系是狭隘的就否定它本应具有的历史作用。因为它是在为人的自由发展创造条件。通俗点说,就是我们不能否认我们都曾经年轻过,发达国家不能否认他们都曾经不发达过。因此,中国特色社会主义,不是依据个人意志和愿望就能实现的,而是要根据现实的社会生产关系进行发展才能完成。这不仅需要深刻的洞见,而且需要巨大的勇气。

非物质劳动,既非认识论意义上的精神劳动,又非经济学意义上的服务,而是劳动者主体的生产和再生产,也即是马克思所指的"社会个人"的发展。这意味着:非物质劳动所实现的,并非是对社会现实的认识,也不是经济价值的增殖,而是对主体的统治和剥削。这一点至关重要。马克思早就揭示出,资本主义最重要的生产是社会关系的生产与再生产,而不是商品的生产。而人的本质是一切社会关系的总和,那么社会关系的生产与再生产就是劳动者主体的生产与再生产。因此,从非物质劳动生产出主体性这一事实出发,我们清楚地发现,资本主义生产的真正目的是社会关系的生产。然而,资本主义所生产的主体性,所培养的具有全面的关系、多方面的需求以及全面的能力的人,最终都是为资本增殖服务的,而不是人的自由而全面的发展。这就揭示了,非物质劳动并非真正解放劳动者,而是对劳动者更加深入的统治和剥削,虽然客观上促进了劳动者主体性的发展。这正是本课题研究的关键点。劳动者主体在资本主义的条件下最终成为的只是固定资本,而不是人本身。劳动者成为了满足资本本性要求的一架高级机器,人性、德行以及人的生老病死被无情地否定。这里,资本正在做的是,规训生产力中的首要因素,即劳动者,因为高科技的发展需要人的知识、需求和能力的提高,否则资本快速增殖的目的难以实现。在资本主义社会,资本与国家进行共谋,实现规训主体的历史进程,而在社会主义社会,则需要国家控制资本,实现人的自由而全面的发展。

非物质生产是思想、文化、知识、社会关系的生产。"但是这些特殊产品处在资本主义制度下发展",其最终的目的是为了资本的增殖,而不是真正意义上的满足人类的需要。"这就意味着他们的发展需要依照大众的需要进行调整,需要有比物质资料更加紧密的社会控制。物质产品的生产可以分散,市场本身可以引导这种分散生产。非物质产品的生产有可能是基于一个更集中的社会行动。因为它涉及社会关系、文化和社会的未来。"[1]因此,非物质劳动只有处在社会主义制度下发展,一切以人民利益为根本,才能实现人的自由发展,创建具有中国特色的社会主义。

我国是以马克思主义理论、中国特色的社会主义理论为指导的社会主义国家,所以一切现实的发展必然要纳入马克思主义理论的视野中加以考察。马克思主义理论,说得简单一点,就是人和人的全面发展理论。现实中的个人,即现实的历史的具体的个人是马克思唯物史观的前提,也是它的最终目的,实现个人自由而全面的发展。我国则是结合自己的国情和马克思主义的理论,提出了"以人为本"的重要思想。

马克思曾经讨论过,资本是迄今为止最有效的经济发展方式,它使人摆脱了政治、地域、宗教、风俗等束缚,极大地促进了生产力的发展。"资产阶级在它的不到一百年的阶级统治中所创造的生产力,比过去一切世代创造的全部生产力还要多,还要大。"[2]但马克思同时也指出:资本主义是以资本为本的,资本的本质就是蔑视人,资本在其创造人类历史最大财富的同时,却使人类最主要的生产力——劳动者受到了极大的伤害。"资本主义生产比其他任何一种生产方式都更浪费人和活动,它不仅浪费人的血和肉,而且浪费人的智慧和神经。"[3]资本成为人世间一切"匮乏和穷困、愚昧和罪恶的真正根源"。马克思以后的西方马克思主义的许多学派,也在理论上批判过当代资本主义的发展对人的压迫和奴役。如西方马克思主义法兰克福学派指出,科技、文化以及社会关系被吸纳入资本的生产,成为统治人、奴役人和压迫人的主要手

---

[1] 〔法〕让·克罗德·迪劳内:《非物质生产概念及马克思理论》,载于《海派经济学》,2010年第30期,第119—124页。
[2] 〔德〕马克思、〔德〕恩格斯:《共产党宣言》,人民出版社2006年版,第32页。
[3] 《马克思恩格斯全集》(第32卷),人民出版社1998年版,第405页。

段,如科学技术成为了资产阶级的意识形态,文化工业成为欺骗大众的启蒙,发达工业社会是单向度的社会等等就是典型体现。资本主义的经济发展注重的是科学技术的运用,但人的作用和地位被不断地边缘化,人的发展只是被要求作为能够为资本创造剩余价值的"生产工人"的再生产,人们丧失了自己的个性、独立性和创造性。这正是体现了马克思指出的:资本的趋势就是最大程度地提高剩余价值和否定必要劳动。资本运用科学技术的巨大力量,颠覆劳动者在生产过程中的地位,贬低劳动者必要劳动的价值,从而使得生产力中最重要的因素——劳动者被浪费。

马克思上述关于资本与资本主义的讨论,使我们认识到,在一定程度上资本可以促进生产力的极大发展,但资本主义制度完全是以"资"为本的,仅仅是为了实现资本的增殖,从而贬低和阻碍了人的自由而全面的发展。因此,我国要实现社会经济的发展,必须要借助"资本"在发展生产力方面的作用,但又要限制和控制资本,以便实现"人"的全面发展,而不是资本的发展。发展的最终目的不是物质财富的增长,而是人的全面发展。虽然物质财富很重要,而且是必经的阶段,但这只是手段,而不是目的。真正的经济是个人的全面发展,而个人的全面发展又作为最大的生产力反作用于劳动生产力。因为"人"或者说"人才"是生产力中最最重要和核心的要素。因此,真正的固定资本不是物,不是机器、厂房,而是人本身。仅仅是生产性的工人是很难实现我们国家提出的创新型社会的构建,只有全面发展的个人才是创新的主体。

经济新常态不是新在数量上的变化,"大量无质量"的重复远远无法与"少量有质量"的创新可比。财富的创造亦是如此。再多的廉价劳动力所创造的财富都是有限的,一个全面发展的人所创造的财富将是无穷无尽的。如知识产权最能体现这一点:当你拥有一项发明创新,你就会因此获得源源不断的财富。如果你没有,你就会沦落到为别人打工的地步,其收入自然少得可怜,甚至异化到你所生产的产品"只可远观不可亵玩"。如中国的苹果手机代工厂,不仅中国劳动者从中所获得的收益是微薄的,而且中国消费者在第一时间还买不到苹果手机。这就是创新所具有的能量和权力。因此,经济新常态是新在质的变化。

生产力的发展不再依赖廉价劳动力,而是依赖获得发展的社会个人。因此,中国的财富之源不再是廉价的劳动力,而是获得发展的社会个人,这才是财富创造的基石。非物质劳动正是在这方面做了许多贡献,促使人们获得了全面的发展。然而,关键的问题是,非物质劳动在社会主义生产方式下才能实现人的自由而全面的发展,而在资本主义生产方式下只能实现资本的增殖,会压制人的发展。

因此,中国社会的性质之所以不好界定,如既不是资本主义社会,又不是共产主义社会,而是中国特色的社会主义社会,是因为中国在创造历史,创造适合人生存和发展的社会生产方式。新事物的出现、发展和成型需要一个过程,而人们对新事物的认识也是需要一个过程。因此,现在人们还处在这一历史过程之中,创造它的人在励精图治,认识它的人在盲人摸象。我们希望,未来的中国是一个理想之国。在那里,人们可以没有后顾之忧地尽情追逐自己的理想。所以,我们都在为之努力奋斗,哪怕会有挫折和牺牲,我们都会百折不挠地去实现它。

小结

内格里的非物质劳动理论最重要的理论贡献是揭示了非物质劳动已经成为了当代资本主义生产劳动的主要形式,但是其在理论批判上不够彻底。

非物质劳动与斯密的物质劳动概念一样,是经验主义意义上的概念,只看到劳动的表现形式,没有抓住劳动问题的本质,即社会生产关系。如在资本主义社会中,只要是实现资本增殖的劳动就是生产劳动,因此它与劳动产品形式和劳动的具体形式无关。

而作为非物质劳动替换形式的生命政治劳动概念实际上是马克思异化劳动的福柯式表达,是人本主义意义上的概念,只有抽象的道德批判,缺乏历史唯物主义的洞见,即生产方式批判。如人的解放和自由而全面的发展,不是通过贫穷和爱实现的,而是通过生产方式矛盾的解决和变革实现的。

这给我们的启示是,对社会现实的发展进行道德的批判和经验的认识都是不够的,唯有依据马克思历史唯物主义的洞见,才能看清社会

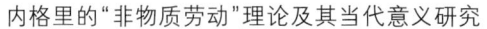

的本质,找到人类解放的正确途径。如我们对中国特色社会主义的认识,之所以一直处于盲人摸象的困境,是因为我们遗忘了马克思历史唯物主义的洞见。当我们意识到这一点,我们就发现,中国占主导地位的公有制决定了我国居统治地位的社会生产关系是社会主义的生产关系。虽然资本的社会生产关系在数量上占优,如非公有制经济组织在数量上可以占到市场主体的90%,就业贡献率超过80%,可以快速地推动生产力的发展,但是它并不起到支配性的作用。因此,社会主义生产关系居统治地位的中国可以保证人的自由而全面的发展,而不仅仅是资本的增殖。从社会生产关系这一视角出发,我们就会发现,中国社会的性质自然是社会主义社会,而人的解放和发展的途径自然是生产方式的变革。

结语
堂·吉诃德与风车

当资本主义社会发展进入知识社会时,我们要想认识知识社会,不仅需要马克思主义理论,而且还需要时间和经验。如马克思曾经分析机器大生产时所指出的:"工人要学会把机器和机器的资本主义应用区别开来,从而学会把自己的攻击从物质生产资料本身转向物质生产资料的社会使用形式,是需要时间和经验的。"[①]我们要想把知识和知识的资本主义应用区别开来,从而把自己的批判从科学意识形态转向科学的社会使用形式,自然也是需要时间和经验的。内格里正是在这条路上前行的艰难探索者。他为我们的理论研究提供了宝贵的经验。

然而,在对内格里的非物质劳动理论进行研究的过程中,内格里给我的感觉特别像西班牙作家塞万提斯笔下的堂·吉诃德。他挥舞着长矛去攻打他幻想出来的风车巨人,最终落得个折戟沉沙、头破血流。内格里的经历与堂·吉诃德的遭遇有着惊人的相似。内格里带领着无产阶级诸众去攻打他幻想出来的资本主义帝国,最终落得个身陷囹圄、流亡他乡。对于他的执着和勇敢,我们心生敬意;对于他的挫折和失败,我们心生怜悯。即便如此,但是我们还是需要对内格里的理论进行批判性研究,以免重蹈内格里的覆辙。毕竟误己事小,误国事大。理论的

[①]《马克思恩格斯文集》(第5卷),人民出版社2009年版,第493页。

内格里的"非物质劳动"理论及其当代意义研究
The Contemporary Significance of Antonio Negri's Theory of Immaterial Labor

研究需要揭示现实,而不是掩盖现实。内格里的非物质劳动理论,不是以马克思的历史唯物主义研究方法,即从生产的社会关系出发,而是以非批判的经验主义和抽象的人本主义研究方法,即从一系列抽象的范畴,如非物质劳动、生命政治生产等出发展开研究的。因此,该理论不但没有推进人们对社会关系的理解,反而遮蔽了社会关系,其理论体系也就成为了一种新的幻想。

因此,根据上述研究,我们发现,内格里的非物质劳动理论可以说是"政治批判性有余而理论批判性不够"[1]。内格里不断强调非物质劳动成为当今资本剥削劳动者的主要形式,所有非物质劳动者都是新无产阶级(诸众)的一分子,呼吁大家团结起来进行抗争,打破资本的价值增殖机制,实现无产阶级的自我价值增殖机制,建立新型社会。然而,由于内格里的研究思路是非批判的经验主义,他并没有把自己的理论思路推进到现实社会关系的层面,以至于他会不假思索地直接借用资本主义政治经济学的术语,这就导致内格里的非物质劳动理论呈现出理论批判性不强的特征。因此,通过对内格里"非物质劳动"理论的研究,我们意识到,对劳动问题的研究,我们需要从经验主义回归到历史唯物主义。

"我们曾经是一般性思想和理论的专制统治的俘虏,它们在某些方面已使我们付出了如此大的代价,以致它们在某种程度上已不为我们所信任。我们更喜爱回到事实、特殊情况和理论的应用。不应对此感到遗憾,这是一种新的进展和向知识和真理跨出的一大步。"[2]而我们现在是经验事实和数据的专制统治的奴隶,人们盲目推崇量化和大数据的重要性,以致人类的思想开始出现退化的倾向。比如,在科学至上的时代,技术范式取代了社会历史范式,成为了人们解读人类社会的主要架构。这是我们这个时代的问题。而且意大利有一个新实证主义马克思主义的传统,它"反对黑格尔化的马克思主义和抽象的人道主

---

[1] 唐正东:《从斯密到马克思——经济哲学方法的历史性诠释》,江苏人民出版社2009年版,第320页。
[2] [法]弗朗索瓦·基佐著,程洪逵等译:《欧洲文明史》,商务印书馆1998年版,第61页。

义,力图用自然科学实验的方法来证明马克思主义的科学性"[1]。从这一背景来看,我们就能够理解内格里的劳动理论为什么会出现经验主义的倾向了。

然而,内格里的非物质劳动理论恰恰提醒了我们,关于劳动问题的研究,我们必须要摆脱经验主义的束缚,回归历史唯物主义的研究方法,才能真正揭示社会生产关系。

安德森说1968年法国的五月暴动是"不受官僚化的党所控制的革命群众之重新出现,使得马克思主义理论同工人阶级的实践再度统一,有了潜在的可能"[2]。那么,意大利共产党外的工人自治运动也可以说是马克思主义和工人阶级实践的再度统一,具有推动马克思主义理论发展的可能性。内格里的劳动理论是在无产阶级政治实践中概括总结出来的,一定程度上使得马克思的劳动理论得到了发展,但是经验主义的方法却使得内格里的劳动理论难以继续向前推进,看不到劳动的社会形式,看不到资本主义社会生产关系的内在矛盾。这表明西方马克思主义对马克思的历史唯物主义已经异常地生疏,没有把握住历史唯物主义的核心思想,使得其理论批判缺乏洞见。因此,当前的理论任务是我们需要了解马克思的历史唯物主义。正所谓,工欲善其事,必先利其器。没有对历史唯物主义准确地把握,我们既不可能揭示资本主义社会的当代发展,也不可能概括出中国特色社会主义的理论。内格里的劳动理论正是我们向这方面迈进必不可少的环节。没有内格里劳动理论的探索和推进,我们对劳动理论的理解可能还将停留在传统马克思主义的劳动理论中。

---

[1] 孙乐强:《新实证主义马克思主义的兴起、问题域及其历史定位》,载于《理论视野》,2010年第12期。

[2] 〔英〕佩里·安德森著,高铦、文贯中、魏章玲译:《西方马克思主义探讨》,人民出版社1981年版,第121页。

参考文献

[1]《马克思恩格斯文集》(第1—10卷),人民出版社2009年版。

[2]《马克思恩格斯全集》(第30、31卷),人民出版社1995、1998年版。

[3]〔德〕马克思:《资本论》(第1、2、3卷),人民出版社2004年版。

[4]〔美〕迈克尔·哈特、〔意〕安东尼奥·内格里著,杨建国、范一亭译:《帝国:全球化的政治秩序》,江苏人民出版社2008年版。

[5]〔美〕哈特、〔意〕内格里著,王行坤译:《大同世界》,中国人民大学出版社2015年版。

[6]〔意〕内格里著,张梧、孟丹译:《大纲:超越马克思的马克思》,北京师范大学出版社2011年版。

[7]汪民安主编:《生产》(第一辑),广西师范大学出版社2004年版。

[8]罗岗主编:《帝国、都市与现代性》,江苏人民出版社2006年版。

[9]复旦大学当代国外马克思主义研究中心:《当代国外马克思主义评论》(5),人民出版社2007年版。

[10]复旦大学当代国外马克思主义研究中心:《国外马克思主义研究报告》,人民出版社2007年版。

[11]周穗明等著:《20世纪末西方新马克思主义》,学习出版社2008年版。

[12]陈培永:《大众的语法:国外自治主义马克思主义的政治主体建构学》,广东人民出版社2016年版。

[13]宋晓杰:《政治主体性、绝对内在性和革命政治学:奈格里政治本体论研究》,人民出版社2014年版。

[14]宋贝玲:《非物质劳动能否支撑大众革命——哈特和内格里的非物质劳动理论评析》,中山大学,2010年。

[15]李春建:《安东尼奥·内格里非物质劳动理论探析》,复旦大学,2011年。

[16]钱梦旦:《安东尼奥·内格里的非物质劳动理论研究》,南京大学,2014年。

[17]徐示奥:《"非物质劳动"概念研究》,吉林大学,2015年。

[18]汪民安、陈永国、马海良编:《福柯的面孔》,文化艺术出版社2001年版。

[19]汪民安著:《福柯的界线》,中国社会科学出版社2002年版。

[20]黄瑞祺主编:《再见福柯:福柯晚期思想研究》,浙江大学出版社2008年版。

[21]〔英〕莱姆克等著,陈元等译:《马克思与福柯》,华东师范大学出版社2007年版。

[22]〔法〕福柯著,刘北成、杨远婴译:《规训与惩罚》,生活·读书·新知三联书店2003年版。

[23]〔法〕福柯著,钱翰译:《必须保卫社会》,上海人民出版社1999年版。

[24]〔法〕吉尔·德勒兹著,刘汉全译:《哲学与权力的谈判:德勒兹访谈录》,商务印书馆2002年版。

[25]〔法〕吉尔·德勒兹著,杨凯麟译:《德勒兹论福柯》,江苏教育出版社2006年版。

［26］〔美〕汉娜·阿伦特著，王寅丽译：《人的境况》，上海人民出版社 2009 年版。

［27］〔美〕汉娜·阿伦特著，王寅丽译：《马克思与西方政治思想传统》，江苏人民出版社 2006 年版。

［28］〔美〕丹尼尔·贝尔著，高铦等译：《后工业社会的来临》，新华出版社 1997 年版。

［29］〔美〕彼得·F. 德鲁克著，傅振焜译：《后资本主义社会》，东方出版社 2009 年版。

［30］〔美〕杰里米·里夫金著，王寅通等译：《工作的终结——后市场时代的来临》，上海译文出版社 1998 年版。

［31］〔美〕杰里米·里夫金著，张体伟、张豫宁译：《第三次工业革命：新经济模式如何改变世界》，中信出版社 2012 年版。

［32］〔美〕阿尔文·托夫勒、海蒂·托夫勒著，吴文忠、刘薇译：《财富的革命》，中信出版社 2006 年版。

［33］〔匈〕卢卡奇著，杜章智、任立、燕宏远译：《历史与阶级意识》，商务印书馆 2009 年版。

［34］〔德〕霍克海默著，李小兵等译：《批判理论》，重庆出版社 1989 年版。

［35］〔德〕霍克海默、〔德〕阿多诺著，渠敬东、曹卫东译：《启蒙辩证法》，上海人民出版社 2003 年版。

［36］〔美〕弗洛姆著，刘林海译：《逃避自由》，工人出版社 1987 年版。

［37］〔美〕马尔库塞著，刘继译：《单向度的人》，上海译文出版社 2007 年版。

［38］〔美〕马尔库塞著，程志民译：《理性和革命：黑格尔和社会理论的兴起》，上海人民出版社 2007 年版。

［39］《本雅明文选》，中国社会科学出版社 1999 年版。

［40］刘北成：《本雅明思想肖像》，上海人民出版社 1998 年版。

［41］〔德〕施密特著，欧力同、吴仲昉译：《马克思的自然概念》，商务印书馆 1988 年版。

[42]〔德〕哈贝马斯著,郭官义译:《重建历史唯物主义》,社会科学文献出版社 2000 年版。

[43]〔德〕哈贝马斯著,曹卫东译:《交往行为理论》(第 2 卷),重庆出版社 1994 年版。

[44]〔德〕霍耐特著,胡继华译:《为承认而斗争》,上海人民出版社 2005 年版。

[45]〔英〕约翰·贝拉米·福斯特著,耿建新等译:《生态危机与资本主义》,上海译文出版社 2006 年版。

[46]〔英〕佩里·安德森著,高铦、文贯中、魏章玲译:《西方马克思主义探讨》,人民出版社 1981 年版。

[47]陈学明主编:《20 世纪西方马克思主义哲学历程》(第 1—4 卷),天津人民出版社 2013 年版。

[48]唐正东:《从斯密到马克思——经济哲学方法的历史性诠释》,江苏人民出版社 2009 年版。

[49]〔美〕大卫·哈维:《后现代的状况》,商务印书馆 2003 年版。

[50]〔美〕大卫·哈维著,胡大平译:《希望的空间》,南京大学出版社 2005 年版。

[51]〔法〕鲍德里亚著,夏莹译:《符号政治经济学批判》,南京大学出版社 2009 年版。

[52]〔法〕居伊·德波著,王昭凤译:《景观社会》,南京大学出版社 2006 年版。

[53]〔英〕布鲁厄著,陆俊译:《马克思主义的帝国主义理论:一个批判性的考察》,重庆出版社 2003 年版。

[54]颜岩著:《批判的社会理论及其当代重建——凯尔纳晚期马克思主义思想研究》,人民出版社 2007 年版。

[55]〔英〕斯密:《国民财富的性质和原因的研究》(上卷),商务印书馆 1972 年版。

[56]〔德〕黑格尔著,贺麟、王玖兴译:《精神现象学》,商务印书馆 1979 年版。

[57]〔苏〕列宁:《帝国主义是资本主义的最高阶段》,人民出版社

1964年版。

[58]〔德〕鲁道夫·希法亭著,福民等译:《金融资本》,商务印书馆1994年版。

[59]〔德〕西美尔著,陈戎女等译:《货币哲学》,华夏出版社2002年版。

[60]〔苏〕巴赫金著,李辉凡、张捷译:《巴赫金全集》(第2卷),河北教育出版社1998年版。

[61]〔英〕唐纳德·萨松著,王慧敏、胡康大等译:《当代意大利:1945年以来的政治、经济和社会》,中国社会科学出版社1992年版。

[62]〔英〕安德森、〔英〕卡米勒主编,张亮、吴勇力译:《西方左派图绘》,江苏人民出版社2001年版。

[63]〔美〕詹姆逊著,陈清侨等译:《晚期资本主义的文化逻辑》,生活·读书·新知三联书店1997年版。

[64]〔意〕安东尼奥·内格里著,刘长缨译:《超越马克思的马克思·前言》,载于《国外理论动态》,2008年第9期,第55—58页。

[65]〔意〕安东尼奥·内格里著,李石译:《超越马克思的马克思》中文版序言,载于《马克思主义与现实》(双月刊),2009年第4期,第204页。

[66]〔意〕安东尼奥·内格里著,查日新译:《超越马克思的马克思·导论一》,载于《国外理论动态》,2008年第9期,第59—63页。

[67]〔意〕安东尼奥·内格里著,刘耀辉译:《超越马克思的马克思·导论二、三》,载于《国外理论动态》,2008年第9期,第64—69页。

[68]〔意〕毛里齐奥·拉扎拉托著,高燕译:《非物质劳动》(上),载于《国外理论动态》,2005年,第41—44页。

[69]〔意〕毛里齐奥·拉扎拉托著,高燕译:《非物质劳动》(下),载于《国外理论动态》,2005年,第44—47页。

[70]〔英〕肖恩·塞耶斯著,周嘉昕译:《现代工业社会的劳动——围绕马克思劳动概念的考察》,载于《南京大学学报》(哲学·人文科学·社会科学),2007年第1期,第33—41页。

[71]〔美〕迈克尔·哈特、〔意〕安东尼奥·内格里著,陈飞扬摘

译:《大众的历险》,载于《国外理论动态》,2004 年第 8 期,第 38—41 页。

[72]〔美〕迈克尔·哈特:《当代意大利激进思想·序言》,载于《国外理论动态》,2005 年第 3 期,第 36—40 页。

[73]〔美〕迈克尔·哈特著,陈越译:《非物质劳动与艺术生产》,载于《国外理论动态》,2006 年第 2 期,第 50—51 页。

[74]〔美〕尼古拉·布朗、〔美〕伊莫瑞·泽曼著,王逢振译:《什么是群众?——迈克尔·哈特和安东尼奥·内格里访谈录》,载于《文艺研究》,2005 年第 7 期,第 108—117 页。

[75]〔意〕内格里、〔美〕亨宁格:《马克思主义的发展与社会转型——内格里访谈》,载于《国外理论动态》,2008 年第 12 期,第 83—86 页。

[76]〔美〕巴绪尔.阿布·马勒著,杨莉译:《帝国》的错觉,载于《江西社会科学》,2004 年第 11 期,第 213—222 页。

[77]陈学明:《评〈帝国〉一书对当代资本主义的最新批判》,载于复旦大学国外马克思主义研究中心编:《当代国外马克思主义评论》(5),人民出版社 2007 年版,第 291—332 页。

[78]孙承叔:《是一种生产,还是四种生产?——读〈1857 — 1858 年经济学手稿〉》,载于《东南学术》,2003 年第 5 期,第 97—106 页。

[79]汪行福:《〈帝国〉:后现代的宏大叙事》,载于复旦大学当代国外马克思主义研究生中心编:《当代国外马克思主义评论》(5),人民出版社 2007 年版,第 333—366 页。

[80]陶文昭:《〈帝国〉的大众政治评析》,载于《政治学研究》,2005 年第 3 期,第 75—80 页。

[81]陶文昭:《哈特的非物质劳动论评析》,载于《新视野》,2008 年第 3 期,第 87—89 页。

[82]刘怀玉、陈培永:《从非物质劳动到生命政治——自治主义马克思主义大众政治主体的建构》,载于《马克思主义与现实》(双月刊),2009 年第 2 期,第 73—82 页。

[83]闫海潮:《非物质劳动:马克思劳动观点的发展还是误读?》,

载于《内蒙古农业大学学报》(社会科学版),2009年第2期,第292—294页。

[84]周洪军、罗建平:《哈特的非物质劳动论对西方马克思主义理论困境的超越》,载于《新疆社科论坛》,2009年第3期,第73—76页。

[85]周洪军、罗建平:《哈特和奈格里的非物质劳动论评析》,载于《理论界》,2009年第10期,第77—79页。

[86]李春建:《哈特和奈格里的非物质劳动理论》,载于《理论界》,2010年第5期,第80—81页。

[87]丁瑞兆、周洪军:《非物质劳动霸权:新世界的"染色体"——哈特的非物质劳动概念浅析》,载于《理论月刊》,2010年第10期,第66—68页。

[88]李春建:《内格里"非物质劳动"的由来、研究现状及其意义》,载于《福建论坛》(社科教育版),2011年第2期,第8—9页。

[89]陈庆松:《当代自由实现路径探讨——哈特和奈格里非物质劳动理论的政治意义》,载于《求索》,2012年第10期,第101—103页。

[90]唐正东:《非物质劳动与资本主义劳动范式的转型》,载于《南京社会科学》,2013年第5期,第28—36页。

[91]唐正东:《非物质劳动条件下剥削及危机的新形式——基于马克思的立场对哈特和奈格里观点的解读》,载于《哲学研究》,2013年第8期,第21—27页。

[92]户晓坤:《"非物质劳动"与资本逻辑——意大利自治马克思主义对政治经济学批判传统的复归》,载于《教学与研究》,2014年第2期,第84—90页。

[93]李春建:《对安东尼奥·内格里"非物质劳动"概念的学术考察》,载于《马克思主义与现实》,2015年第1期,第123—130页。

[94]徐示奥:《论"非物质劳动"与全球时代的资本权力》,载于《长白学刊》,2015年第3期,第49—54页。

[95]冯琼:《非物质劳动与当代政治经济学批判的复兴》,载于《哲学动态》,2015年第7期,第14—20页。

[96]李春建、马丽:《论内格里"非物质劳动理论"——基于历史唯

物主义的视角》,载于《学术交流》,2016年第6期,第30—34页。

[97]陈俊宏:《论马克思主义劳动概念的形成及其在创立唯物史观过程中的作用》,载于《哲学研究》,1984年第5期,第9—16页。

[98]汪行福:《批判理论与劳动解放——对哈贝马斯与霍耐特的一个反思》,载于《马克思主义与现实》,2009年第4期,第112—117页。

[99]孙乐强:《新实证主义马克思主义的兴起、问题域及其历史定位》,载于《理论视野》,2010年第12期,第24—26页。

[100]陈志刚:《全球化条件下反对帝国统治的新联合与斗争——兼评帝国》,载于《探索》,2009年第2期,第177—182页。

[101]陈志刚:《非物质经济与社会变革》,载于《马克思主义研究》,2007年第6期,第49—57页。

[102]赵文:《意大利极左政治与〈帝国〉》,载于《国外理论动态》,2003年第1期,第32—34页。

[103]黄晓武:《帝国的逻辑》,载于《国外理论动态》,2004年第8期,第27—32页。

[104]黄晓武:《帝国研究——刘禾访谈》,载于《国外理论动态》,2003年第1期,第26—31页。

[105]黄晓武:《帝国与大众(上)——内格里论全球化的新秩序》,载于《国外理论动态》,2003年第12期,第39—43页。

[106]黄晓武:《帝国与大众(下)——内格里论全球化的新秩序》,载于《国外理论动态》,2004年第1期,第44—48页。

[107]彭利平、颜海平:《"帝国时代"——哈特和内格里对〈帝国〉的后续阐释》,载于《国际观察》,2004年第4期,第74—78页。

[108]俞可平:《全球化时代的资本主义——西方左翼学者关于当代资本主义新变化若干理论的评析》,载于《马克思主义与现实》(双月刊),2003年第1期,第4—22页。

[109]万毓泽:《意大利自主主义运动与政治马克思主义:对〈帝国〉的脉络化解读与批判》,载于《政治与社会哲学评论》,2006年第18期,第93—149页。

[110]汪民安:《政治经济秩序的全球断裂——评迈克尔·哈特、安东尼奥·内格里〈帝国:全球化的政治秩序〉》,载于《文艺研究》,2004年第3期,第139—143页。

[111]张梧、王巍:《重建主体:对〈经济学手稿(1857—1858年)〉的政治解读》,载于《马克思主义与现实》,2009年第5期,第180—184页。

[112]张一兵:《西方马克思主义、后现代马克思思潮和晚期马克思主义》,载于《当代国外马克思主义评论》,2000年,第265—269页。

[113]张一兵:《何为晚期马克思主义》,载于《南京大学学报》(哲学、人文科学、社会科学),2004年第5期,第5—8页。

[114]彭学农:《帝国是全球资本主义的新阶段吗?——评哈特和内格里的〈帝国:全球化的政治秩序〉》,载于《浙江工商大学学报》,2008年第1期,第92—96页。

[115]周穗明:《〈帝国〉:全球化时代的无政府主义思潮与战略》,载于《国外社会科学》,2007年第1期,第75—82页。

[116] Antonio Negri. *Marx beyond Marx: Lessons on the Grundrisse*, Trans. Harry cleaver *et al*. New York; London: Autonomedia & Pluto Press, 1991.

[117] Michael Hardt and Antonio Negri. *Labor of Dionysus: A Critique of the State-Form*. Minneapolis: University of Minnesota Press, 1994.

[118] Paolo Virno, Michael Hardt, eds. *Radical Thought in Italy: A Potential Politics*, Minnesota: University of Minnesota Press, 1996.

[119] Antonio Negri, Michael Hardt. *Empire*, Harvard University Press, 2000.

[120] Antonio Negri, Michael Hardt. *Multitude*, New York: The Penguin Press, 2004.

[121] Antonio Negri, Michael Hardt. *Commonwealth*, Cambridge, Massachusetts: The Belknap Press of Harvard University Press, 2009.

[122] Harry Cleaver. *Reading Capital Politically*, Leeds: Antitheses, 2000.

[123] Steve Wright. *Storming Heaven: Class Composition and Struggle in Italian Autonomist Marxism*, London: Pluto Press, 2002.

[124] Timothy S. Murphy and Abdul-Karim Mustapha, ed. *The Philosophy of Antonio Negri*, vol. 1: *Resistance in Practice*, London: Pluto Press, 2005.

[125] Timothy S. Murphy and Abdul-Karim Mustapha, ed. *The Philosophy of Antonio Negri*, vol. 2: *Revolution in Theory*, London: Pluto Press, 2007.

[126] Andre Gorz. *Farewell to the working Class: An Essay on Post-Industrial Socialism*, Pluto Press London, 1982.

[127] Andre Gorz. *The Immaterial: Knowledge, Value and Capital*, London: Seagull books, 2010.

[128] David Camfield. *The Multitude and the Kangaroo: A Critique of Hardt and Negri's Theory of Immaterial Labour*, Historical Materialism, 15 (2007), p. p. 21—52.

[129] Alberto Toscano. *From Pin Factories to Gold Farmers: Editorial Introduction to a Research Stream on Cognitive Capitalism, Immaterial Labour, and the General Intellect*, Historical Materialism, 2007, 15(1), p. p. 3—11.

[130] Thomas Atzert. *About Immaterial Labor and Biopower Capitalism*, Nature Socialism, 2006, 17(1), p. p. 58—64.

[131] Jason Read. *The Hidden Abode of Biopolitical Production: Empire and the Ontology of Production*, Rethinking Marxism, 2001, 13(3/4), p. p. 24—30.

[132] Sean Sayers. *The Concept of Labor: Marx and His Critics*, Science & Society, 2007, 71(4), p. p. 431—454.

后记

当我在复旦学习哲学的时候,感觉我像是进了大观园一样,眼花缭乱,目不暇接,最后热闹是看了点,门道却一点也没看出来就毕业了。因此,内心一直很愧疚,愧对导师和复旦的培养。所以,在这里还是要感谢复旦自由的学术氛围,感谢一下恩师孙承叔老师的包容,感谢陈学明老师的鼓励。

而当我工作之后,漫不经心地、有一搭没一搭地做着博士期间没有做完的研究工作时,感觉自己好像摸着点门道了。但是,自己又不好意思跟别人提起,生怕贻笑大方,而且也没有人告诉我你的研究路子是对的,因此一直没有信心。这是其一。其二是,我总觉得自己的学术功底太浅,思考还不成熟,还很难将内格里的非物质劳动理论说清楚,怕写出来之后惨不忍睹。因此,关于出书的计划就一拖再拖,一直拖到现在不能再拖了,才不得不仓促成书,还望大家海涵,也一并请大家多提宝贵意见。不过,比较欣慰的是,对于非物质劳动理论,我还是有了初步的判断,可以作一下暂时性的总结了。

在我读博士的期间,内格里来复旦做过讲座。当时是汪行福老师作陪,我同学赵伟做翻译。机缘巧合的是,那天我去听了内格里的讲座。听下来的感受是,一个意大利人,用法语作着学术报告[①],讲着一堆我听不懂的理论。没想到的是,后来竟然就是做着跟内格里有关的理论研究。真是匪夷所思。当了解了内格里的思想和生平后,关于他的奇怪感受就变得可以理解了。内格里是一个流亡法国14年的意大利人,习惯了用法语讲述自己兼收并蓄的学说。现在我虽然很难说已经对内格里庞杂的理论有了清晰的把握,但也算有了一定程度的了解,有了一些想法,想与大家分享。

在书稿即将出版之际,还是需要感谢一下我的导师孙承叔老师。孙老师在百忙之中一直挂记着学生的书稿,为书稿写了长序,对书稿不遗余力地进行介绍和推荐。学生感激不尽!最后,还要特别说明的是,原本只欲冒昧地邀请陈学明老师为本书稿写一篇序言,未曾料到,陈学明老师不仅欣然接受写序的邀请,而且还主动帮我联系到重庆出版社,将我的书稿纳入到复旦大学《当代国外马克思主义研究丛书》中。在此,特别感谢陈老师的帮助!

[①]该报告后来被翻译出来,以题为《劳动、政治与民主》发表在《哲学动态》2009年第7期上。